Alec Woods

Die bunt schillernde Welt des Christentums

Wie man den Menschen zum Narren hält

Alec Woods

Die bunt schillernde Welt des Christentums

Wie man den Menschen zum Narren hält

Rediroma-Verlag

Bibliografische Information der Deutschen Nationalbibliothek:
Die Deutsche Nationalbibliothek verzeichnet diese Publikation in der Deutschen Nationalbibliografie; detaillierte bibliografische Daten sind im Internet über http://portal.dnb.de abrufbar.

ISBN 978-3-98527-177-1

Umschlagillustration: Ihnatovich Maryia
(shutterstock.com)

www.rediroma-verlag.de
14,95 Euro (D)

Dieses Buch widme ich Herrn Prof. Dr. Horst Herrmann. Mit seiner wunderbaren Rezension meines ersten kirchenkritischen Buches ehrte er mein kleines Werk, wofür ich ihm nachträglich noch meinen großen Dank aussprechen möchte.

Inhalt

Lieber Leser, liebe Leserin dieses Buches,

was ich mir jetzt, genau in dem Augenblick, wo Sie beginnen, das Buch zu lesen, wünsche, ist, dass Sie, viel Freude an diesem Buch haben werden, auch wenn ich mich das ein oder andere Mal bei einem ganz bestimmten Thema, dem Geld, wiederhole. Doch genau darum geht es der Kirche. Geld, Geld, Geld und nochmal Geld – auf ihren vielen Konten, ob bekannt oder unbekannt. Was bekommen die (gläubigen) Menschen für ihr Geld? Zumindest viel Schein, aber nichts wirklich ... Heiliges. Und nicht zu vergessen, Macht über jeden und alles, was sich mit Geld gut verbinden, erkaufen lässt.

Dieses Buch ist ganz sicher kein „Tit-for-Tat-Buch", dafür aber etwas sehr Ehrliches, wenn auch ich mich hin und wieder etwas deftig derb in das Buch eingebracht habe. Da ich nicht perfekt bin, darf es auch mal etwas rustikaler mit meinen Worten zugehen, oder? Wer damit nicht klarkommt, der denkt sich halt seinen Teil über meine Fehltritte in diesem Werk.

Lange habe ich mir überlegt, ob ich dieses Buch überhaupt schreiben soll, da es bereits vieles über meine ach so geliebte röm. katholische Kirche zu lesen gibt. Für mich war das Thema Kirche, Glaube, Priester und der viele Unsinn, der durch sie verbreitet wird, eigentlich ad acta gelegt worden. Zumindest was das geschriebene Wort betrifft. Doch denkste, so einfach konnte ich mich nicht von der Kirche lösen, dafür wurde sie mir zu stark eingeprägt, als ich noch ein Kind war. Meine Gedanken rasten fast täglich um sie, und schließlich haben sie mich dazu gebracht, meine Gedanken zu einem Buch zu machen. So entstand dieses Buch über die vielen kruden Seltsamkeiten des Christentums, seiner Vertreter und den Milliarden Anhängern des Götzenkultes.

Schnell merkte ich, während ich auf der Suche nach Schreibbarem war, dass es einen riesigen Fundus, betreffend der heiligen röm. katholischen Kirche (Blendwerk Gottes; Beten macht Glücklich – haha) gibt, ob in Büchern und/oder im Internet, den man niemandem vorenthalten darf und der kommentiert veröffentlicht werden muss.

Als meine Suche immer intensiver wurde, bin ich dabei immer tiefer in eine bunt schillernde Schatzkiste des verrückten und auch brutalen Christentums gestoßen, was ich mit einem Blick so aber nicht sofort erkannte, obwohl ich schon viel über die Grausamkeiten des katholischen Blendwerkes wusste und, abgesehen davon, selbst erlebt und mitgemacht habe.

Bei den Grausamkeiten und auch herrlich verrückten Fundstücken, die die katholische Kirche bietet, wenn auch unwissend, musste ich mich schon genauer damit beschäftigen und sie auch mal von unterschiedlichen Seiten betrachten, um auf Erkenntnisse zu stoßen, die mir sonst verborgen geblieben wären. Wohl mit Absicht der katholischen Kirche, vertreten durch deren rabulistisch perfekt geschulte Männer. Die Kirche will ja nicht, dass man den Dreck hinter ihren Mauern sieht – womit jetzt, ein klein wenig zumindest, in diesem Buch Schluss gemacht wird.

Zumindest ich möchte meinen kleinen Beitrag dazu leisten. Und das auch noch mit viel Sarkasmus, kleinen, aber feinen Piksern und Wortspielen. Der Charakter der Sachlichkeit wird in diesem Buch mit Ironie und einer guten Portion Polemik untermauert.

Das Genre Kirche und das Sub-Genre Priester ist schon, wie ich es für mich festgestellt habe, was Spannendes, oft aber auch etwas Erheiterndes, ... wenn man in dem Gebilde Kirche und Glauben und dem geäusserten Gedankengut ihrer Mitarbeiter, gekleidet in Macht- und Einschüchterungsgewänder, herumkramt. Mir zauberte es oft ein Schmunzeln ins Gesicht bei dem ein oder anderen Fundstück, obwohl der Katholikenglaube es todernst meint. Hoffentlich nicht auch mit mir, wenn jemand dieses Buch aus der Gilde der Gottesheilsverkünder gelesen und anderen Mitbrüdern davon erzählt hat und in ihnen schwuppdiwupp brennend heiße Rachegedanken hervorruft, weil ich so ehrlich bin mit dem, was ich veröffentlicht habe. Wäre ja nicht das erste Mal, dass so etwas vorkommt. Doch ein guter Christ denkt nicht daran, anderen Schaden zuzufügen, auch wenn er sich zutiefst gekränkt, gedemütigt und auch abgewatscht fühlt. Ein wahrer, ein guter Christ erkennt, was Wirklichkeit ist, auch wenn es für ihn mal schmerzhaft ist. Er/sie weiß auch, dass nicht alles, was sie verkünden, in Wort und Schrift, stets nur Heiterkeit bei den Menschen entfacht. Ihre Verkündigungen stecken oft schmerzhaft im Körper des Glaubenden und auch Nichtglaubenden.

Für mich ist vieles von dem, was die Kirche macht, kirchlicher Betrug an den Menschen, und das mit Niveau und Eleganz. Sie wanzt (schleimt, kriecht) sich bei den Menschen mit schmierigem Propagandamist ein, um sie missionieren zu können, was den „Heiden“ viel Geld kostet. Doch wer will sich schon mit einer christlich verkniffenen Fröhlichkeit einlullen und bekehren lassen? Oh, man glaubt es kaum, es sind viele, ja, sehr viele, die das wollen. Hier frage ich mich nach dem Warum. Ich werde mich ganz sicher nicht mehr bekehren lassen. Diese Zeiten sind vorbei – für immer.

Vielleicht will die Kirche nicht, dass ich veröffentliche, was ich über sie denke, aber wer ist schon perfekt, um alles zu verhindern, was jemand denkt und auch mal niederschreibt, um andere daran teilhaben zu lassen, was für mich bereits Fakt ist? Das System der katholischen Kirche ist für viele Menschen eine einzige Katastrophe für ihre geschundene Seele. Ganz zu schweigen von dem geschundenen Körper.

Die Kirche jedenfalls ist nicht perfekt, da selbst ihr Gott nicht perfekt ist, was man jeden Tag sehen kann, auch wenn sie es felsenfest behauptet, (ihr) Gott sei perfekt, und das jedem, immer und immer wieder, in das Hirn labern möchte. Doch wahrhaft glaubhaft ist das, was man von ihr zu hören und auch zu sehen bekommt, ganz sicher nicht. Dann vielleicht schon eher das, was ich über sie geschrieben habe.

Am Schreiben dieses Buches hatte ich viel Freude. Gott sei Dank! Was, Gott sei Dank? Nun, wem soll ich sonst danken? Ach ja, den Vertretern Gottes auf Erden? Ok, ... danke für vieles, was ihr verbreitet und an dem ich teilhaben musste und auch durfte – und dass ihr es mir so ermöglicht habt, mit eurem Brimborium und euren Schlechtigkeiten dieses Buch zu schreiben. Mit all dem, was mir an euch nicht gefällt, füllte ich viele weiße Blätter mit vielen Informationen, ob Grausames, Neutrales, aus wessen Sicht auch immer, aber auch den verborgenen, ungewollten Heiterkeiten, die ich nun für den Leser versucht habe, ans Tageslicht zu bringen.

Und so schafft es die katholische Kirche doch auch noch, bei kirchenkritischen Denkern einmal Freude an ihr zu haben. Sapperlot, hat das jetzt sein müssen?

Und nun lieber Leser, hab Freude an den vielen unterschiedlichen Themen, zu denen ich meine Anmerkungen und Ansichten abgab.

Mit freundlichen Grüßen

Alec Woods

Ganz zu Anfang schon mal ein Zitat von Papst Franziskus, was Kirchenkritiker in seinen Augen sind: „Kirchenkritiker sind Freunde des Teufels".

Nun denn, dann will ich mal versuchen, seinem Zitat ein wenig gerecht zu werden. Schließlich habe ich mit diesem Buch auch viel Arbeit, aber auch viel Freude gehabt. Teufel, Teufel, was bin ich nur für ein Teufel. Was den Teufel betrifft, da kennt sich die Kirche am besten aus. Schließlich lebt sie mit, von und ... durch ihn. Klar, oder? Ohne Teufel keine Kirche. Und ohne Kirche kein Teufel – so auch mich nicht, das sanftmütige Kirchenkritikerteufelchen. Muss ich jetzt der Kirche, meiner geliebten katholischen Kirche, dankbar sein, weil, nur durch ihren geschaffenen Teufel und den daraus resultierenden teuflischen Taten, geboren in ihren maroden Köpfen, ich so zu vielen Gründen, und das in großer Zahl, gekommen bin, um dieses Buch geschrieben zu haben? Viele Wahrheiten über ihren himmlischen Teufel und dessen teuflische Taten, auch den eigenen, wollen sie verheimlichen, ... aber nicht mit mir und Millionen anderer kirchenkritischer Menschen. Ob Bekehrte oder nie Dazugehörende des Christentums.

Wer braucht den Christenglauben und seine Hüter?

Als Antwort müsste man sagen, und das sollte ausreichend sein, dass alle, die nicht selbstständig denken wollen und sich bevormunden lassen möchten, dem Christenglauben gehorsam folgen und sich von den Herren dieses Christenglaubens wie ein Hund an der Leine führen lassen müssen. Das aber ist aus meiner Sicht nicht genug an Gründen und Begründungen, um den Christenglauben nicht zu seinem Lebensinhalt zu machen. Und die Schwätzer von Lügen und Fälschungen, die diesen Glauben zu der einzigen Wahrheit machen, erst recht nicht. Folgend nun einige wenige Aufzählungen (Kapitel) mit Gründen, weshalb ich, aber auch jeder andere, diesen Gottesglauben nicht zu sei nem Heilsbringer machen sollte. Und wenn man diesem bereits zugehört, dann schnellstmöglich von ihr davonlaufen muss, ja muss, und nicht nur ... soll. Außer man möchte Gottes Narr bleiben oder einen Job als Hofnarr bei Gott erhalten. Offene Stellen dafür finden sich immer in den Außenstellen Gottes.

Was sind denn eigentlich die Menschen für die Götter des Christentums – die Priester und Prälaten - besonders für die höheren? Sind sie Proleten? Gesindel? Eine niedrige Spezies? Die Putzteufel ihrer Paläste? Bürger der unteren Volksschicht, und nichts anderes? Ja, das sind sie, und so gehen die Kirchenmänner auch, aus ihrer ureigensten Sicht, mit der Créme de la Créme der Unterschicht um. Sie behandeln sie, als wenn sie dreckige, verlauste, kläffende und vor Hunger knurrende Straßenköter wären. Viele der sogenannten „Unterschicht“ haben das schon am eigenen Leibe schmerzhaft, mit einem geschmeidig ausgeführten Schlag eines Bischofstabes, einem mit kirchlichen Schnitzereien, wie Engelein, Jesulein, Gottesschäfchen usw. versehenen Schlagstock zu spüren bekommen. Der kreuzgeformte Stütz- und Bischofsstab wurde den Niederen schwungvoll auf das eh schon gebeugte Kreuz gedroschen, und bei jedem Schlag mit den Worten begleitet: „Im Namen des Vaters, des Sohnes und des Heiligen Geistes“, und damit man auch nicht vergisst, wer einem das Kreuz (fast) gebrochen hat, gab es noch einen bischöflichen Nachschlag, mit dem heiligen Schlagstock und den zugefügten Worten: „Und dem Schlag deines geliebten Bischofs.“ Ja, so sans de liabm Kraitzritta des Glaubens – immer spendabel mit den Schlägen der Kirchenherren. Und dieser Liebeserweis wurde, wie schon gelesen, geschmeidigst erwiesen. Man erkennt, dass sie in diesen lieblichen Zuwendungen sehr professionell geschult und versiert waren. Ja, mit steten Wiederholungen bringt man es zur Meisterschaft mit den schwungvollen und elegant verabreichten Schlägen auf das Kreuz, ... für das Kreuz Jesu.

Bei so viel Liebesbekundung erlaube ich mir, einen Satz wiederzugeben, den ich bei Wikipedia gelesen habe, der all das aussagt, was ich selbst nicht besser zum Ausdruck bringen könnte – auch, wie ich selbst die Gottesanbeter im Talar einordne. Damit meine ich deren überspitzte Unverschämtheit, die sie mit angeblicher Gottesgnade durch ihre Priesterweihe erhalten haben, um so dann mit Berechtigung, wie sie glauben, auf die Menschen, die ohne Priesterweihe sind, herabblicken zu können, wenn sie sie schon nicht auch noch schlagen dürfen. Dabei merken sie, die Schein-Heiligen Männer, selbst nicht (mehr), was aus ihnen durch ihre Priesterweihe geworden ist, mit all ihrem Handeln und Tun. Ihr Verhalten nenne ich deshalb Hybris. Aber es kann auch ohne weiteres sein, durch die Weihung zum Priester, dass sie zu Hybriden, zu Mischwesen, wurden bzw. werden. Also halb Mensch, und durch die Segnung, halb Monster – mit Gottes Willen. Hier will ich nicht jeden „Geheiligten Mann" zu einem Hybriden abstempeln, denn das wäre zu extrem zu schreiben, dass alle, die Priester wurden, zu Monstern in und mit Gottes Namen mutierten. Doch leider fallen fast immer nur die unangenehm auf, die die Menschen nicht wie Menschen behandeln. Für die die Menschen nur dazu da sind, um mit ihnen zu „spielen". Mit ihnen ein dreckiges Spiel treiben, um sich wohl auf deren Kosten zu amüsieren, weil sie in ihren Augen nur Deppen sind.

Was ist es, was sie so nach außen zeigen lässt? Kann und soll man es Hybris nennen? Hier ist nun zu lesen, was man bei Wikipedia über Hybris geschrieben hat. Die Hybris (Anmaßung) bezeichnet eine extreme Form der Selbstüberschätzung oder auch des Hochmuts. Man verbindet mit Hybris häufig den Realitätsverlust einer Person und die Überschätzung der eigenen Fähigkeiten, Leistungen und Kompetenzen, vor allem von Personen in Machtpositionen.

Oder ist es Ambrosia, die Speise der Götter, die sie vom Allmächtigen erhalten, um mit ihm eins zu werden, und die sie dazu zwingt eine bizarre und von den meisten Menschen, von Insidern jedoch nicht, unerwartete Metamorphose zu vollziehen? Das nenne ich dann eine Gottesdroge, verabreicht an die Priester, um ja nur Gott, ihren Herrn, anzubeten. So sind sie dann auch gezwungen, IHN und seine Missetaten als was Gutes an die Menschen zu verramschen, damit auch diese diesen Christen-Gott anbeten, zu Kreuze kriechen und ihn mit Lobgesängen anhimmeln – bis es sogar ihm, so meine Hoffnung, zu blöd wird, stets lobpreist zu werden. Tja, auch Gott wird es mal, hoffe und bete ich, zu viel mit den himmlischen Speichelleckern.

Unsere Erde hat unsagbar viel Schönes hervorgebracht, ohne dass der Mensch daran beteiligt war, und wenn doch, dann wurde vieles davon von den Menschen wieder zerstört, so wie es die Kirche der Christen immer und immer wieder mit Andersgläubigen und Nichtgläubigen gemacht hat und noch immer gerne machen würde, wenn man sie gewähren lässt. Das Schöne der Erde ist nicht nur zu sehen, zu riechen und zu schmecken, das Schöne ist auch zu hören, wie die wunderbaren Klänge der „singenden" Vögel, die uns am Morgen erwecken und abends wieder wohltönend in den Schlaf begleiten. Warum hat die Natur Menschen hervorgebracht, die vieles von dem Schönen zerstören und an deren Stelle das Böse pflanzen und behaupten, dass nur sie das Gute verbreiten, und das im Namen des Allmächtigen, des lieben Gottes?

Warum lässt ein Gott - ein lieber Gott, wenn es ihn geben sollte -, der die Erde geschaffen hat, solchen Wahnsinn und solchen Glauben und dann noch in seinem Namen zu? Weil er die Menschen liebt, die gestörten Geistes sind und weil diese IHN anbeten und am liebsten ewig abbusseln wollen? Steht er darauf?

Die Erde braucht, um weiter wunderbar zu sein, nun doch auch die Hilfe der Menschen, aber ganz sicher keinen (zerstörerischen) Christenglauben, von dem die Anhänger behaupten, nur durch sie würde die Erde erst erblühen und süße Früchte hervorbringen. O Gott, wie vermessen sind deine Diener? Wer verkündet immer den Weltuntergang, mit lauten Worten und bildlich dargestellten Horrorszenarien? Die Prediger des christlichen Glaubens, und dabei sind sie es doch, die dafür sorgen, zumindest ein großes Scherflein dazu beitragen, dass die Welt untergeht. Sie segnen sogar die Waffen, die die Erde in ihre einzelnen Bestandteile zerlegt, und da braucht mir keiner kommen und mir sagen, dass der Glaube der Katholiken eine Religion der Liebe und der Schönheit sei. Nun ja, vielleicht der Schönheit, erschaffen auf Kosten und sehr oft auch mit den Schmerzen der „Untergebenen", aber ganz sicher ist sie nicht eine Religion der Liebe. Und glaubt mir, ich weiß, wovon ich geschrieben habe. Ganz sicher ist, dass Liebe in seiner Ganzheit, ob in Worten und Taten, nicht ein Konstrukt einer Liebesreligion ist. Schon gar nicht der Katholischen Kirche. Wohl auch nicht bei anderen Religionen. Eine Gesellschaft, die ohne Liebe ist, sich aber anmaßt der Hüter und Geber der Liebe zu sein, trägt dazu bei, und nicht anders sehe ich es, dass die Erde zusammen mit der Liebe zerstört wird, auch wenn es nicht immer gleich sichtbar ist. Hier bedarf es eines scharfen und geschulten Blickes, um zu sehen, durch wen die Erde zerstört wird. Oft auch durch das Einwirken von Religionen. Da sage ich nur ... siehe die Religionskriege – insbesondere der christlichen Religionen. Und die Kirche hat auch ihre Soldaten Christi. Man kennt sie unter den vielen unterschiedlichen Orden, die ihre Ausbildungszentren hinter den Klostermauern überall auf der Erde verteilt haben. Und da man die Emanzipation auch in der Kirche (wenn es unbedingt sein muss, dann in Gottes Namen ... ja.) hochhalten will, gibt es auch die Kriegerinnen Gottes in ihren vielen unterschiedlichen Kampfzentren hinter hohen und dicken Mauern, die ebenfalls auf allen Kontinenten verteilt sind. Doch sie nennen ihre Kampfausbildungseinrichtungen ganz lieblich „Mutterhäuser". Und was machen diese männlichen und weiblichen Gottessoldaten? Sie verteidigen nicht nur das von Gott geschaffene, nein, sie zerstören es auch wieder – im großen Ausmaß. Nun ja, heute ziehen diese Soldaten nicht mehr in den Krieg, obwohl sie in jedem Nicht- und Ungläubigen die Gegner ihres Glaubens sehen, und diese bekämpfen – wenn auch meist nur noch mit Worten. Die Drecksarbeit überlassen sie anderen, die für sie gerne die Waffen in die Hand nehmen, um zu zerstören, was nicht dem Gottesglauben angepasst werden kann und angepasst werden will. Und wenn es gar nicht anders geht, ja, dann sprengt man mal so ganz einfach die Welt (versuchsweise) in die Luft. Und das passt immer, weil es die Ungläubigen, die Ketzer, die Atheisten usw. gleich mit in die Luft jagt. Im Kleinen, in den partiellen Kriegen, bekommen sie das schon ganz gut hin – mit Gottes Hilfe, und durch die Segnung der Vernichtungswaffen durch die Pfaffen.

Wenn die Erde fast zerstört, also fast unbewohnbar ist, und dennoch weiter seine Kreise im Universum dreht, dann ist daran wirklich nichts mehr schön. Schön zu wissen, oder? Klinge ich sarkastisch? Und die Herren der Kirche, die dann noch darauf leben, behaupten, nichts von dem zu wissen, was und wem sie den Segen spendeten, um ja besonders effektiv zu zerstören, was das Ungeliebte ist. Dabei denken sie nicht an die vielen Menschen, die mit dem wahren Frieden verwurzelt sind und auch nur in Frieden und mit der Liebe leben wollen. Und dabei ist es völlig egal, welche Religionen es noch auf dieser unserer Erde gibt.

Wer braucht denn nun solche falschen Wohltäter der Kirche? Jeder vernunftbegabte Mensch muss zu dem logischen Schluss kommen, dass diese Wohltäter gemischte Signale aussenden, was ihre Wohltätigkeit angeht. Und das, was sie geben, kommt nie aus ihrer eigenen Geldschatulle. Es ist immer das Geld von anderen, aber niemals ihr eigenes, das sie aber hüten, als wäre es nur ihr eigenes. Ein Leben für sie, diese Kirchenmillionäre, wäre ohne diesen Mammon nicht zu führen. Wenn sie könnten, dann würden sie ihren Reichtum mit in ihr neues „Paradies“, wo auch immer das sein mag, mitnehmen. Diese, unsere Erde kann und wird es dann nicht mehr sein. Sich einen paradiesischen Platz an einem neuen Ort zu erkaufen, ja, das würden sie sofort, doch bei ihnen reicht da eine Beichte nicht mehr, auch nicht viele. Um in das Reich ihres Herrn zu kommen, da müssen sie, so glauben sie, schon einiges ihres Geldes berappen, um sich einen Platz im Thronsaal, zumindest im Wohnzimmer Gottes, erkaufen zu können.

Voltaire, einer der Großen unter den Kirchenkritikern, hat es sich, wie so mancher der erleuchtenden Kirchenausgetretenen, auf dem Totenbett noch schnell anders überlegt. Er ließ einen Priester kommen, beichtete und nahm, mit Gottes Gnade, die Freisprechung seiner Sünden entgegen. Er, der die Kleriker immer bis aufs Blut verspottet hat, hatte Angst, dass er nach seinem Tode in die Hölle kommt, für all seinen Spott an die Kirche und die Kleriker. So verschaffte er sich zu guter Letzt noch die Eintrittskarte in den Himmel. Ob daraus was geworden ist?

Trotz allem was mir an der Kirche und dem Gottesglauben nicht gefällt, ich sogar abstoßend finde, gehe ich hin und wieder in eine Kirche. Und weshalb? Mir gefällt die gefühlvolle, aber feierliche Atmosphäre dieser Räume, und weil der Geruch nach Weihrauch und Kerzen in mir Kindheitserinnerungen weckt, als ich noch für die Kirche als Ministrant tätig war, wenn auch ich damals schon nicht sehr gläubig war, weil mich damals schon wenig von Gott und der Kirche interessiert hat. Und weil meine Erzieher in Nonnentracht mich als Messdiener sehen wollten und sich so Einfluss auf mein Leben mit Gott, den Gott der Katholischen Kirche, in innigster Weise erhofften. Und schon hört man hier die Gottesglöckchen bimmeln, die - beginnend in meinen frühesten Zeiten bereits - für mein Leben lang, in mich eingeglockt wurden, und mich für immer, auf die ein oder andere Weise, an die Kirche der Katholiken gebunden hat. Vielleicht deshalb, damit ich wieder zu einem zahlenden Gottesanbeter werde? So lange umnebelt von Weihrauch und mit lieblichen Klängen mürbe gemacht? Bin ich jetzt das Fähnchen im Winde, wenn ich ein Gotteshaus besuche, der Kunst wegen, oder bin ich jemand, der nicht weiß, was er will? Für den andere eine Entscheidung treffen, da ich bereits so entscheidungsfreudig werde, wenn ich Kirchenglöckchen höre und duftenden, Hirngewinde beeinflussenden Weihrauch rieche? Jemand, der sich nur in die Richtung begibt, wo es was für ihn zu holen gibt? Ich hoffe, nicht, denn was ich in meiner Kindheit mitgemacht habe, auch mit Widerwillen, steckt dennoch tief in mir drin. Auch das nun sentimentale Gefühl der Vergangenheit, welches tatsächlich immer wieder mal Wohlbefinden hervorruft. Ein gutes Beispiel ist das Weihnachtsfest. Am 24. Dezember werden bei mir viele schöne Kindheitserinnerungen wach und geistig in bunte Lichter getaucht. Ähnliches erlebe ich auch an Ostern und dem einen oder anderen kirchlichen Feiertag. Diese Tage haben sich in mir tief verwurzelt und werden niemals aus mir zu reißen oder zu löschen sein. Und ablegen wie ein Kleidungsstück geht auch nicht. So bleiben auch die vielen schönen Momente aus dieser Prägungszeit in meinem Gedächtnis haften. Ich kann damit leben, und, ja, ich will damit leben und werde damit leben – solange ich halt lebe.

Erinnerungen, die das Schöne wecken, sollte man sich bewahren – jederzeit, auch wenn es in Verbindung mit viel Schlechtem steht, das man gelebt hat, weil man es musste und sich dem nicht gleich entziehen konnte, was dann einige Jahre später geschah. Ich vergleiche mein Tun mit Ex-Abhängigen, egal, ob von Alkohol, Zigaretten oder sonst irgendeiner Droge, derer man nicht mehr bedarf, obwohl man sich doch immer wieder an die Zeit der Einnahme und allen daraus entstandenen schlechten Auswirkungen erinnert. Bei manchen waren es auch „schöne Zeiten“, die sie nur kurz erlebten, ehe sie Nachschub brauchten, um wieder in den Zustand des Schönen, auch mal Entrückten zu kommen. Das Erwachen und Erkennen kommt bei jedem einmal mit grausamer Sicherheit. So auch bei der „Abhängigkeit“ vom Christentum, und da habe ich den Eindruck, dass es viele Abhängige gibt. Ex-Abhängige ganz sicher, die auch noch, und wieder, geistige Reisen in die Vergangenheit machen, wenn sie Kirchen und alles, was dazugehört sehen, hören und riechen. Darunter sind dann auch wohltuende Erinnerungen, die sie nicht verleugnen können, und es auch nicht wollen. Doch der Wunsch, in die Zeit des Grauens und des Verderbens (von Körper und Geist) zurückzukehren, ist nicht mehr vorhanden. Auch die neuen, sehr ausgefeilten und perfiden Verlockungsmethoden der Kirche werden sie nie mehr in das frühere Leben zurückbringen. So wie es bei mir schon seit vielen Jahren der Fall ist.

Ich brauche keine Religion, und das habe ich schon sehr bald in meiner Jugend erkannt, um eine Moral zu haben, die sich in vielen Bereichen erkennbar anders zeigt, als die Moral der Priester im schrill farbenfrohen Gewand ihrer eigenen Verherrlichung. Wenn ich es nicht mehr schaffe, richtig von falsch zu unterscheiden, dann fehlt es mir an Erkennen, Verstehen und auch an Empathie, aber ganz sicher nicht an Religion. Ich habe schon sehr früh mein Tun und Handeln, und die Verantwortung daraus, in meine eigenen Hände genommen, und das ohne Begleitung, Aufsicht, und Beeinflussung durch einen Gottesmann, und/oder einer Gottesfrau. Was jedoch nicht bedeutet, dass ich keine spirituellen und empathischen Mentoren hatte. Davon hatte ich einige und sehr gute – die mich nicht mit

Gott und dem Glauben an ihn halb tot laberten. Und einer meiner größten Mentoren wohnte 18 Jahre Tür an Tür mit mir im gleichen Haus. Es ist sehr erstaunlich, wie viele Menschen jeden Kontakt zum Glauben verlieren und nie oder höchstens an Weihnachten und Ostern in die Kirche gehen. Wahrscheinlich um die Geschenke segnen zu lassen. Trotzdem schrecken sie davor zurück, den letzten Schritt zu tun und sich als ungläubig zu bezeichnen. Eine vage Angst vor Strafe der Hölle spielt dabei häufig eine Rolle, weil sie daran glauben, dass tatsächlich nach dem Tode entweder der Himmel oder die Hölle auf sie wartet. Immer je nachdem, wie sie ihr Erdenleben geführt haben.

Ich selbst glaube nicht an Götter, Fabelwesen, Geister, Höllen- und Himmelskreaturen und was es sonst noch so alles gibt, die sich in christlichen Glaubensschubladen befinden und die man, je nach Bedarf, herausholt, um den geistig der Kirche und dem katholischen Glauben Entfliehenden höllische Angst einjagen zu können, um so die arme Seele doch noch zu retten, bzw. bei sich im Schafstall zum Scheren zu halten. In meiner Kindheit musste ich alles glauben, was die Erzieher/innen in meine Seele einhämmerten, um ja nicht nach meinem Ableben, wann immer das auch sein wird, und dem Gericht des Jüngsten Tages, weil ich ein irdischer Teufel war, in die Hölle zu kommen. Schleichend und mit süßen Worten wurde mir das bereits als Kind wie eine geistige Tätowierung ins Hirn gebrannt. Und wenn das nicht zum erwünschten Erfolg führte, dann wurde auch mal mit harten Bandagen gearbeitet. Es wurde einem eingeprügelt. Mir hatte man es auch „buchstäblich“ eingeprügelt, um ja an Gott und seine Liebe zu glauben, was ich auch, wenn auch widerwillig, nach außen mit einem fröhlichen Gesicht zeigte, weil mir nichts anderes übrig blieb. Ich glaubte, weil ich nicht immer und immer wieder schlagende Argumente einstecken wollte. So schafften sie es, eine Abneigung gegen Gott und die Katholische Kirche in mir aufzubauen. Und das ist noch milde zum Ausdruck gebracht.

Besonders erwähnen möchte ich nun die Religionsbücher mit ihren vielen bunten gottesverherrlichenden Bildern, mit denen man in seiner Präge- und Spielzeit viel und oft kirchlich beeinflusst wurde, wenn man wie ich in einem katholischen Land aufwuchs, in dem der Pfarrer immer das letzte (wahre?) Wort hat. Ganz sicher ist es auch heute noch so – auf dem Lande.

Extrem schlimm ist, aus meiner Sicht, die Bibel des Neuen Testaments, in dem viel über das Leben nach dem Tode, ob im Himmel oder der Hölle, geschrieben steht. Doch sind das Alte und das Neue Testament Bücher, die in sich gesehen nicht logisch sind. Sie widersprechen sich in vielem und sind auch nicht von Gott mit einem Federkiel geschrieben worden. Hier waren sich die Autoren der unterschiedlichen Schriften nicht einig oder jeder schrieb, ohne dass der andere davon wusste. Oder vieles von dem, was in den Büchern steht, wurde zu unterschiedlichen, meist weit auseinanderliegenden Zeiten verfasst und dann sehr viel später zu einem Buch gemacht. Wie die beiden Standardwerke der Kirche zu einem Werk wurden, ist mir nicht gänzlich klar, doch klar ist, dass es viele Ungereimtheiten darin zu lesen gibt. Hier zeigt sich dann, dass sich die Verfasser der Schriften auch nicht grün waren.

Mein Wissen über die Religion der Christen ist nicht wissenschaftlich, doch erhielt ich Wissen über die Kirche und den Glauben der Katholiken bereits in meiner frühesten Erziehungszeit eines ungewollten Christenbuben, und dem jahrelangen Dazugehören zu den Katholiken, ehe ich mich entschied, mich aus der Bindung der katholischen Amtskirche zu lösen. In den vielen Jahren, die danach vergangen sind, habe ich mit Recherchen über die katholische Kirche mein bis dahin bescheidenes Wissen erweitert und mit dem selbst Erlebten verwoben. In dieser Zeit sammelte ich Wissen über Gottesbotschaften, die nie verbreitet werden dürfen bzw. sollten. Nun ist Schluss damit. Das Erzählen von kirchlichen Märchen muss ein Ende haben, denn sie sind in ihrem Inhalt, man mag es oft nicht glauben ... teuflisch.

Ich mag ganz sicher nicht alles über das Christentum wissen. Warum auch, vieles davon ist Fälschung und Lüge. Ich will auch gar nicht alles wissen, weil es mich sonst darunter zu erdrücken droht. Da halte ich es mit dem Spruch: „Zu viel Wissen kann (auch) schaden." Bei der Religion der Christen ganz gewiss.

Schon seit vielen Jahren gehöre ich zu den Ungläubigen und erkannte auch bald, dass Ungläubige niemanden missionieren, aber Aufklärungsarbeit betreiben, um offenzulegen, was beim christlichen Glauben alles falsch läuft. Die meisten der Ungläubigen akzeptieren die Symbole und

Rituale der Gläubigen. Ungläubige führen auch keine Glaubenskriege. Ungläubige sind als Mitbürger unproblematisch und unkompliziert – meist zumindest, soviel Realist muss man schon sein. Warum tut die Kirche, wie sie behauptet, Gutes und begeht doch mehr Schlechtes? Weil sie selbst in Vielem das Schlechte ist, was sie jedoch nicht wahrhaben will. Oder nicht (mehr) erkennt?

Manches Mal frage ich mich, ob die Gläubigen des Christentums nicht eher die Geiseln des Vatikans und der gefühlten Millionen Bischöfe und Kirchenvorsteher sind. Das Fliehen der dem christlichen Gott abhängig Gemachten ist bei den Katholiken nicht erlaubt. Und wer dennoch „flieht", der wird bestraft. Und Mittel der Strafe kennt die Katholische Kirche viele. Darunter auch viele, die nicht nur ich als abartig bezeichne.

„Weit in nebelgrauer Ferne liegt mir das vergangene Glück, und wie an einem schönen Stern hängt mit Liebe noch mein Blick." (Gedichtauszug von Schiller – Die Liebe). Niemals kann jemand mit reinem Herzen und voller Überzeugung diesen Satz sprechen, wenn er als Priester für die katholische Kirchengemeinschaft tätig war, und in dieser Zeit viel Leid über Schutzempfohlene gebracht hat. Doch, man glaubt es kaum, viele der jetzt tätigen Priester können von sich sagen, dass sie mit der Liebe leben. Einer Liebe zum Menschen, wie ich sie verstehe, wenn auch es mir immer wieder schwer fällt das zu glauben. Nicht jeder Priester und nicht jede Nonne ist ein „Monster", soviel ist selbst mir klar geworden.

Für das Christentum gibt es im Allgemeinen nicht das wundervolle Wort Liebe, wenn auch sie es immer wieder ge- bzw. missbrauchen. Schon gar nicht in Verbindung mit Liebesschmerz, wenn man die Liebe nicht (mehr) in sich hat und mit ihr lebt. Und die wahre Liebe erlebt niemand und niemals jemand in der Katholischen Kirche. Die Religion der Christen ist nicht ausgelegt für die Liebe. Was man dort erlebt und zu sehen bekommt, ist heuchlerische Kunst, die sich wie die Liebe dem Gläubigen zeigt – zu zeigen versucht.

Was sie, die Liebesverkünder der Kirchengemeinde, betreiben ist emotionale, theatralische und tendenziell übertriebene Form der Artikulation. Genannt auch (mit übertriebenem) Pathos (geschickte überzeugende Rede). Hier meine ich ganz explizit die Kunst, mit den Worten zu spielen, um damit zu überzeugen – was bei den „Schäfchen des Herrn“ sehr einfach ist.

Vieles, weshalb man keinen Christenglauben und deren Verkünder braucht, habe ich in diesem Buch wiedergegeben. Sicher gibt es noch mehrere Gründe, doch die hat jeder, der aus der Kirche austritt oder bereits ausgetreten ist oder erst gar nicht diesem Gottesglauben und seiner negativen Religionsbotschaften beitreten will, für sich selbst als Grund herausgearbeitet – und das ganz sicher auch mit Berechtigung. Da kann ich nur sagen: „Gut gedacht und gut gemacht.“

Und zum Schluss noch die Frage: Warum kann, konnte, Jesus Blinde und Lahme heilen, aber keine (Sanctus) Bekloppten? Das weiß selbst er nicht einmal.

Rund um Gott

Wie sieht Gott aus?

„Du sollst dir von Gott kein Bildnis machen“ ... und die Kirche zeigt uns einen alten Mann mit Rauschebart.

Das zweite Gebot der Bibel verbietet, dass man sich von Gott ein Bildnis (Gott mit weißem Rauschebart) macht. In den Religionen des Alten Israel (vor dem Christentum) war es üblich, den jeweiligen Gott bzw. die Götter figürlich darzustellen. Es geht nicht nur darum, dass Gott verbietet, irgendeine irdische Gestalt mit ihm gleichzusetzen und anzubeten, doch gibt es einen tieferen Sinn, Gott nicht mit menschlichen Darstellungen zu zeigen und anzubeten. Wer sich vom Göttlichen ein Bild macht, der verliert die Größe Gottes aus den Augen und reduziert seine unendliche Göttlichkeit – was immer das sein mag.

Sieht Gott wie Kermit der Frosch aus, oder vielleicht wie ein Gummibärchen, was ja wiederum nett und putzig wäre. Vermutlich zeigt er sich deshalb nicht, weil er nicht aussieht, wie wir ihn uns vorstellen. Die Vorstellung des Allmächtigen, aus der Sicht der Katholiken, ist ein alter griesgrämig dreinblickender Mann mit schlohweißem Rauschebart. Was man nie sieht, ist, ob er dem Alter angepasst auf Krücken geht. Oder im schwebenden Rollstuhl im Himmel umherschwirrt oder eine rollende Gehhilfe benutzt. Nein, das alles wird nicht der Fall sein. Gott wird von den Engelein herumgetragen, im 24-Stunden-Schichtbetrieb. Und, nein, wie ein Gummibärchen sieht er auch nicht aus, denn Gott ist nicht putzig, süß und ... nett.

2. Mos 20, Du sollst dir kein Schnitzbild machen, noch irgendein Abbild von dem, was droben im Himmel oder auf der Erde unten oder im Wasser unter der Erde ist! Du sollst dich vor ihnen nicht niederwerfen und sollst sie nicht verehren; denn ich, der Herr, dein Gott, bin ein eifersüchtiger Gott.

Wenn ich wieder in die Katholische Kirche eintreten sollte, dann würde ich wahrscheinlich Würmer speien, so blöd, wie ich dann wäre.

Welche Farbe hat der Thron Gottes?

„... vor dem großen weißen Thron". Und wer wird vor diesem Thron Gottes gerichtet? Es wird von den Katholiken deutlich gesagt, dass die Toten gerichtet werden – keine Lebenden. Klar, ein Toter kann sich auch nicht verteidigen. Siehe dazu: Offenbarung 20, 11-15

„Und ich sah einen großen weißen Thron und den, der darauf saß, vor dessen Angesicht die Erde entfloh und der Himmel und keine Stätte wurde für sie gefunden. Und ich sah die Toten, die Großen und die Kleinen, vor dem Thron stehen und Bücher wurden aufgetan; und ein anderes Buch wurde aufgetan, welches das des Lebens ist. Und die Toten wurden gerichtet nach dem, was in den Büchern geschrieben war, nach ihren Werken. Und das Meer gab die Toten, die in ihm waren, und der Tod und der Hades gaben die Toten, die in ihnen waren, und sie wurden gerichtet, ein jeder nach seinen Werken. Und der Tod und der Hades wurden in den Feuersee geworfen. Dies ist der zweite Tod, der Feuersee. Und wenn jemand nicht geschrieben gefunden wurde in dem Buch des Lebens, so wurde er in den Feuersee geworfen."

Das ist aber eine gschlamperte Gottesverwaltung, wenn jemand nicht im „Buch des Lebens" steht und dadurch nicht aufzufinden ist, um verurteilt und dann gerichtet zu werden. Der arme Tropf wird dann in den „Feuersee" geworfen. Damit wird vermutlich die Hölle gemeint sein. Wie auf Erden, so wird auch im Himmel verfahren. Wer nicht da ist zur rechten Zeit, den bestraft das himmlische Leben – jederzeit.

Jeder Metzger muss den Kessel, in dem er die Würste, auch die Blutwürste, kocht, nach Gebrauch auf das Penibelste reinigen, oder etwa nicht? Hat irgendjemand in der Kirche schon mal gesehen, dass man den schweineteuren Kelch, aus dem der Pfarrer das Blut Gottes trinkt, nach Gebrauch reinigt? Damit meine ich, ihn mit reichlich Spüli und heißem Wasser gereinigt hat, um auch den letzten heiligen Blutstropfen, samt den Gotteseiferspeichel herauszubekommen? Als ich noch an den heiligen und unsichtbaren lieben Gott glaubte, weil ich es musste, und ich nicht immer ein guter Ministrant war, ja, da war ich wirklich noch ein Minibub, vor dem Herrschaftsaltar, habe ich nur gesehen, wie der Herr Pfarrer das weiße Tuch, welches man über den Kelch, am Ende der Zauberei legte, zum Auswischen des Kelches nutzte. Wasser hat er dazu nie gebraucht, obwohl reichlich Wasser in einer kleinen Karaffe zum Verdünnen des noch nicht verzauberten Blutes Jesu vorhanden war. Ich habe dem Hausherrn, oder soll ich sagen der „Hausfrau“, auch niemals das verunreinigte Weihwasser gereicht. Er hat es aber auch nie verlangt. Er wird wohl gewusst haben, dass das für tödliche Krankheit sorgt, wenn man es trinkt, oder Giftspuren am Kelchrand hinterlässt, und bei erneutem Gebrauch diesen an die Goschen hält und kurz danach einen eitrigen Ausschlag bekommt. Passend, um jeden Keim, ob das Blut Jesu, oder den Schlapper des Verkünder des Gottesheils, abzutöten.

Göttliche Trinität

Menschen diskutieren über die göttliche Dreifaltigkeit. Die Trinitätslehre könne helfen, sich Gott konkreter vorzustellen, heißt es. Gott, so sagte man es vermutlich im einheitlichen Credo, begegnet den Menschen als Schöpfer und (liebevoller?) Vater. Er, Gott, wendet sich ihnen, also allen Menschen, na wie toll, als Sohn zu und er wirkt in der christlichen Gemeinde als Heiliger Geist. Aha, außerhalb der christlichen Gemeinde wirkt und bewirkt er nichts!? Erst die Vorstellung „der drei Zuwendungsformen des einen Gottes“ könne „den Reichtum (klar, ohne Reichtum geht bei Gott und seiner Kirche nichts) und die Dynamik (klingt wie Dynamit, ... bei Gott ist alles explosiv.) der göttlichen Wirklichkeit“ angemessen zeigen. Die Gottesvorstellung des Christentums sei durchaus komplex – (und sehr verwirrend). „Durch die Trinitätslehre kann sich Gott jedem Menschen (am liebsten seinen Milliarden Verehrern) in seiner Vielfältigkeit (multiplen Persönlichkeit) leichter erschließen." Ein anderer Gelehrter ist der Ansicht, dass man im Christentum wieder den Monotheismus mit einem Gott in den Vordergrund stellen soll. Weiter sagt er, die Dreieinigkeit mache den Gottesglauben unnötig kompliziert. Und was sage ich zu der göttlichen Trinität?

Bei Gott ist nichts unmöglich!

Sehen wir uns das von Gott (Dreieinheit) geschaffene Durcheinander einmal an. Maria sitzt oder steht oder kniet jetzt im Himmel bei ihrem „dreieinen" Gott. Einer von diesem „dreieinen Gott" beauftragt einen aus diesem „dreieinen Gott" mit der Schwängerung der Gottesgebärerin – der irdischen und (noch?) unbefleckten Maria. Nach der Begattung durch den Heiligen Geist gebiert sie auftragsgemäß (nach neun Monaten?) den Jesus-Gott. Das Dogma sagt, und damit ist es fest verankert, dass Gottvater – Gottsohn und Gott-Heiliger-Geist ein und dasselbe Wesen sind. Gott beauftragte sich selbst, einen Gott, also sich selbst, zu zeugen. Dies alles geschah, ohne der Leihmutter Lust zu bereiten, was in Gottes Namen ja nicht der Fall sein darf. Ein Zeugungsakt zur Zeugung eines Gottes muss ohne Lust erfolgen und dazu noch spritzig schnell. Auf diese lustlose Art wurde der neue Gott von der „Erbsünde" freigehalten. Da hatte Gott, der Dritte, aber Glück gehabt, denn zu seiner Geburt gab es noch keine Kindertaufe, um ihn von dieser Sünde zu clearen. Und was ist mit den anderen Gottheiten? Wurden die wenigstens mit Vorspiel, fidelem Hauptakt und sanftem Nachspiel gezeugt? Wie spricht man mit den drei himmlischen Gottheiten? Wie mag Maria den Vater ihres Sohnes ansprechen, der gleichzeitig ihr Sohn ist? Und wie mag sie ihren Sohn ansprechen, der auch gleichzeitig sein Vater ist? Wie redet sie mit dem „Heiligen Geist“, der doch auch Vater, Sohn und Schwängerer ist? Das alles und noch viel mehr kann man den Menschen mit extra ausgesuchten Glaubensdämlichkeiten zumuten zu wissen, denn sie werden mit allem göttlichen Wissen und allen Erkenntnissen durch die Zahlungsverpflichtung an den Vatikan gefüttert. Wie viel kann und wird dem viel gerühmten gesunden(?) Menschenverstand noch zugemutet? Wo bleibt die Vernunft bei denen, die diesen Mumpitz glauben, weil sie ihn glauben müssen. Es scheint, dass derjenige ein besserer Christ ist, der bereit ist, noch mehr von diesem Dreieinigkeitsstuss als Wahrheit anerkennt, gepaart mit dem anderen kirchlichen Quatsch, den man zu glauben hat, wenn man Christ ist. Übrigens, es ist sogar schon die Rede von einer Viereinigkeit Gottes. Dazu später mehr.

Verheiratet mit der göttlichen Trinität

Wie man ja weiß, dürfen katholische Priester nicht heiraten – was für manche von ihnen ein Problem darstellt. Als wenn sie das nicht schon vor dem Eintritt in das Priesterseminar, dem Priesterleben, gewusst hätten, dass das ein Problem werden kann, wenn sie den Verlockungen des weiblichen Geschlechts nichts entgegensetzen können. Auch keinen Gott mit Abkömmling. Und was machen sie in ihrer Not, um doch eine Ehe schließen zu können, eine geheiligte noch dazu? Sie heiraten den Gottvater, den Sohn und den Heiligen Geist, in der Hoffnung, dass er, der Heilige Geist, eine Sie ist. Was auch immer der, die, das sein mag, niemand kann sich da sicher sein, ob das ein Neutrum ist. Anders aufgedrückt, es, der Heilige Geist, ist weder Fisch noch Fleisch. Aus meiner Sicht ist das ES die kirchliche Wunderschöpfung für die Priester und Nonnen, denn die wollen ja auch jemanden heiraten, und da braucht es eine wandelbare göttliche Taube, um mit „ES" eine Ehe eingehen zu können. Warum auch immer. Na ja, wenn`s sei muas und schee macht und befriedigt – den Geist in sich selbst, dann solln's von mia aus heiraten?

Aber was machen sie, die verstörten Kleriker, wenn sie kein irdisches Weibsleit heiraten können? Sie heiraten gleich die drei höchsten Gottheiten des Himmels. Da wird sich dann schon ein weibliches „Wesen" darunter befinden, denn das göttliche Wesen, der, die, das Heilige Geistlein, wird sich schon, bei reichlich bitten, beten und betteln, erbarmen und sich in eine Weibliche im himmlischen Dreigestirn verwandeln – hoffen sie, die Beter, sehr.

Was ist denn an der Sache Heirat so schlimm, wenn man als Priester einen alten Mann oder einen jungen Mann heiratet, oder ein Wesen, das mehr bi und/oder schwul ist? Eigentlich nichts, aber nicht für die verklemmten Männer des katholischen Glaubens im bunt wallenden Rock, die ja so rein in allem sind, was sie machen – und sie machen viel, was sie nicht machen sollten ... zum Wohle des Menschen. Besonders durch die Segnung des Bischofs, der sie zu den Gatten der Heiligen Dreifaltigkeit bei ihrer Priesterweihe macht. Dass sie mit ihnen in göttlicher Verbindung stehen, darf jeder wissen und soll auch jeder wissen, doch bitte nicht, dass sie mit denen durch die Priesterweihe auch verheiratet sind – auf Gedeih, Verderb und Verderbtheit, was ganz sicher der Fall ist.

So mancher, oder doch viele von den Priestermannen, sind stolz, gleich mit zwei göttlichen Männern verheiratet zu sein. Und dann auch noch mit den Höchsten, den Erhabensten des Himmels. Da stört auch nicht, wenn sich herausstellt, dass der Heilige Geist, mit dem sie dann auch noch, zwangsweise, da dieses Wesen zur Trinität gehört, verehelicht wurden, eine Heilige Geistige Weibliche ist – eine Wandelbare, je nach Wunsch und Gebrauch. Jeder Unschlüssige kann dann sagen, dass er mit einer, „der" göttlichen Tussi verheiratet ist. Nein, jetzt nicht die Mutter Gottes. Die schaut nur gnädig und hin und wieder mal etwas verwirrt zu ihren vielen Schwiegersöhnen, auch Schwiegertöchtern, und schenkt ihnen ein (liebliches?) Grinsen. Sie will ja schließlich eine geliebte Schwiegermutter sein und nicht ein Haus- und Himmelsdrachen, wie viele sie bekommen, ob weltliche oder kirchliche Person, wenn sie sich ehelichen.

Und so werden dann für Gott und den Papst und die heilige katholische Kirche reichlich geheiligte Kinder des Himmels gezeugt. Amen.

Viereinigkeit – Gottvater, Sohn, Heiliger Geist und ...

In TheoLeaks steht geschrieben, dass die Dreieinigkeit von Gott Vater, Sohn und Heiliger Geist durch die „Bibel“ hervorgeht. Wiedergeborene bibelgläubige Christen sprechen von der Viereinigkeit Gottes. Die Entscheidung, dies zu behaupten, folgt einer Initiative der „Christlichen Versammlung aufrichtig konservativer rechtgläubiger unabhängiger bibeltreuer Christen“. Cellensis formuliert im 12. Jahrhundert, dass, falls eine Quaternität zulässig wäre, dann diese durch Maria vollendet würde. Das Bild der „Amsterdamer Visionen“ ersetzt den gekreuzigten Gottessohn schlichtweg durch seine menschliche Mutter. Brisant an der Sache ist somit, dass unter massivem Einsatz klassischer und neuer Medien ein Mariendogma, „Maria Miterlöserin“, gefordert wird. Klar, sie war ja die Protagonistin bei der Gotteszeugung des dritten Gottes – mit dabei, wenn auch sie davon nichts mitbekommen haben soll. Da kann sie sich doch getrost in die Reihe der Gottheiten einfügen. Das ist ihr gottverdammtes Recht.

Es ist herauszulesen, dass es Gläubige, ob aktiv als Priester, oder als passiv Glaubende im „Hörsaal“ des Gotteshauses, gibt, die unbedingt die Mutter von Jesus zu der vierten, gleichgestellten Gottheit in der Riege der Männergötter machen möchten. Also Gottvater, Gottsohn, Heiliger Geist und die „Allmächtige Maria, die Gottesmutter“? Oder sollte ich es gleich auf den Punkt bringen, dass man Maria, die Mutter Jesu, auf den Thron des dreieinigen Gottvaters setzen will, um dann über alle zu herrschen? Es ist nur ein kleiner Gedanke, aber ein großer Schritt zum Matriarchat.

Na, da freuen sich aber die frauenfeindlichen Herren und Knechte des Christenglaubens.

Der Heilige Geist – die himmlisch gurrende Taube

Warum es eine Taube war, die Maria, die Mutter von Jesus befruchtet hat, weiß ich nicht. Genauso gut hätte es auch eine Eule vom Kirchturm sein können oder ein süßer kleiner Spatz oder ein Geier aus der Namib Wüste. Doch nur Gott kennt die Antwort. Vielleicht ist eine Taube der bessere Stecher unter den Vögeln und wurde deshalb zum Vögeln auf die Erde zu Maria geschickt. Oder liegt es daran, weil eine Taube so schön gurren kann? Oder weil sie so herrlich schön flattert? Egal, vermutlich liegt es daran, wer fliegen kann, der kann auch vögeln. Oder liegt es an der Kombination aus gurren und flattern einer Taube, sodass Gott eine Taube auserwählt hat, um seinen potenten Samen in Maria zu platzieren? Wurde Maria durch das Gurren, beim One-Night-Stand mit der himmlischen Taube in Hypnose versetzt und dann richtig rangenommen? Klingt das jetzt hart? Zu krass? Nun, wenn es schon ein himmlischer Abgesandter ist, ein Adonis im Federgewand, mit dem Aussehen einer Taube ... Warum eigentlich Taube? Warum nicht eine Kröte oder ein Regenwurm? Warum nicht ein Mann, ein Irdischer? Dafür gibt es sicher eine Begründung Gottes, die ich aber nicht kenne. Kennt die jemand von den Lesern? Ich gehe davon aus, dass der hitzige Akt der Befruchtung auch ordnungsgemäß und zur Gottesfreude erledigt wurde – was es auch war. Nur so konnte der Gottessohn geboren werden, von dem wir auch heute noch was haben. Besonders beliebt ist er zu Weihnachten, zu Ostern und bei seiner Himmelfahrt, wo jeder Neugierige das Spektakel miterleben möchte. Dafür hat die Kirche extra einen Feiertag platziert, damit man an diesem freien Tag auch zusehen kann. Mit viel Fantasie sieht man dann auch, wie Jesus wie eine Rakete abgeht, wenn er zu seinem Paps in den Himmel rauscht. Und so ist und wird es bleiben, alle Jahre wieder, bis in alle Ewigkeit.

Warum es eine Taube war, die uns mit seiner Hilfe Jesus bescherte, soll uns doch Wurst sein. ER ist nun geboren worden und wir müssen nun seit etwas über zweitausend Jahren mit ihm zusammenleben, wenn auch er selbst nicht mehr lebt und auf Erden mittelbar wirkt. Vom Kreuz herab reicht es allemal, was er, zumindest für seine Verehrer, macht. Musste, durfte oder wollte die Taube die Mirjam schwängern? Und eine Taube, die göttliche Taube schlechthin, trug die Frucht, den Samen Gottes in seinem „Sackerl und Lümmel", um diesen in Maria einzupflanzen?

Es war eine fruchtbare männliche Taube und kein hebräischer oder römischer Mann, der sich mit Maria vergnügen durfte und den Menschen Jesus bescherte. Die Gläubigen sagen „uns schenkte" dazu. Vermutlich vögeln die besser, die auch fliegen können. Und eine Taube kann nun mal (besser) fliegen und dabei ...? Männer dagegen liegen, knien, stehen oder sitzen beim Tète-a tète und können dabei auch noch etwas zwitschern und/oder plaudern. Hin und wieder hört es sich wie ein Gurren an. Meist hört es sich jedoch an, als wenn man(n) gerade eine

Schwerstarbeit erledigen muss, will, darf, um für Gott ein Kind zu erschaffen.

Werden geflügelte Wesen des Himmels immer auf die Erde gesandt, damit sie die Jung(en)frauen schwängern, um sich zu vermehren? Wir wissen ja, so die Meinung der Kirche, dass Engel des Himmels auf die Erde kommen, und Engel haben bekanntlich Flügel am Buckel, aber keine Weiber im Himmel. Wie im Vatikan und seinen tausenden Außenstellen gibt es keine Frauen im himmlischen Dienst (Priesterdienst) und so kommen sie auf die Erde, um sich einen schönen Tag zu gönnen. Auch Engel wollen ihren angestauten Hengst-Druck abbauen. Am göttlichsten wäre es, diesen dann gemeinsam mit einer irdischen Jungfrau, es kann auch eine männliche sein, oder es mit einer jungen irdischen Stute himmlisch zu treiben. Und Gott, ihr Papi, sieht herab ... und sieht, es ist gut, was seine „Kinder" auf der Erde Fruchtbares treiben, Gottes Gebot folgend: „Gehet hin und mehret euch."

Falsch, im Himmel haben die Engel Frauen, ex-irdische, aber nur alte und ständig kreischende, giftspritzende Weiber. Und mit denen wollen sie sich nicht vergnügen.

Jetzt aber was Sachliches - wenn auch sehr Seltsames über den Heiligen Geist

Wer oder was ist der Heilige Geist? Was kann ich mir, ergo wir uns, darunter vorstellen? Der Heilige Geist ist eine Person, die in den Menschen wohnt, die Jesus von ganzem Herzen nachfolgen, nachdem er nach seinem Tod auferstanden ist (Apostelgeschichte 2). Jesus sprach zu seinen Aposteln: „... dann werde ich den Vater bitten, dass er an meiner Stelle jemanden zu euch senden soll, der euch helfen wird und euch nie verlässt. Dies ist der Geist der Wahrheit (Heilige Geist).“ Jesus sagt auch: „Die Welt kann ihn nicht aufnehmen, denn sie ist blind für ihn und erkennt ihn deshalb nicht.“ Hier frage ich mich, warum Gott doch den Heiligen Geist auf die Erde gesandt hat, wenn schon sein Sohn wusste, dass die Menschen ihn nicht sehen und auch nicht erkennen werden. Na ja, man kann es ja mal probieren, waren vermutlich Gottes Gedanken als er die weiße Taube, den Heiligen Geist zur Erde sandte.

Was macht den Heiligen Geist so besonders, auch wenn man ihn nie zu Gesicht bekommt? Nun, der Heilige Geist ist weder ein vages Etwas noch eine unpersönliche Kraft. Der Heilige Geist hat Verstand (1. Korinther 2,11), Gefühl (Römer 15,30) und Willen (1. Korinther 12,11), eben alles, was eine Person kennzeichnet. Hä? Aber der Heilige Geist ist doch keine Person. Jeder kennt den Heiligen Geist nur als weiße Taube. Redet der Heilige Geist zu den Menschen? Nein, doch gibt er nur das weiter, was ihm von Gott gesagt wurde. „Auch was in Zukunft auf die Menschen wartet, wird er verkündigen.” (Johannes 16,13) „Der Heilige Geist bewirkt in den Menschen Liebe, Freude, Friede, Geduld, Freundlichkeit, Integrität und Selbstbeherrschung, in einer Weise, wie wir selbst es nicht tun könnten.“ (Galater 5,22-23) Wer ist mit „wir selbst es nicht tun könnten“ gemeint? Ist doch klar, alle Menschen sind damit gemeint.

Mal ehrlich, Gott fordert uns, den Menschen, nicht auf, lieb, nett und freundlich zu sein, sondern er motiviert uns über den Heiligen Geist, sich auf ihn zu verlassen und nach seinen Worten, den Gottesgeboten, zu handeln. Also das Gegenteil von lieb, nett und freundlich zu sein? Er meint damit, so zu sein, wie er im Alten Testament gezeigt wird. Dass wir rachsüchtige Menschen sein sollen, wenn uns jemand Arges angetan hat? Im Alten Testament kann man oft lesen, dass Gott keine Gnade kennt, bei denen, die ihn verärgert haben.

Glaubt denn irgendwer, dass dieser Flattermann für das Gute geschaffen wurde? Der kreist unsichtbar um uns herum und spioniert uns aus, damit er Sündige und die, die vom katholischen Glauben abgeschworen haben bei den Vertretern Gottes im Vatikan verpfeifen kann.

Wenn i den Vogel in d´ Hand griag, dann drah i dem den Hois um. Dann ko er do hi schaun, wo a herkomma is. Oda i nogl den ans Kraiz, wia an Gleichgesindn von eam.

Wenn der Mensch sich auf Gott verlässt und danach handelt, wobei ich noch immer nicht weiß, wonach er handeln soll, dann kommt der Rest (was soll das sein?) von allein, so die Worte. Die Bibel bezeichnet das mit „im Geist leben“ (Galater 5,25) und „mit dem Geist erfüllt sein“ (Epheser 5,18). Moment mal. Wenn ich das jetzt richtig verstanden habe, dann lebe ich in einem Geist und ein Geist, vermutlich ein Heiliger Geist, lebt in mir. Sind das zwei Geister, mit denen ich dann zu tun habe? Einer um mich und einer in mir? Wer von beiden ist dann der Heilige

Geist? Wie auch immer, das kommt mir aber jetzt schon sehr gespenstisch vor.

Es heißt: Der Heilige Geist handelt aber auch an Menschen, die mit Gott noch überhaupt nichts am Hut haben. Es werden davon ganz sicher immer mehr werden, die auf Gottes Heiligen Geist keinen Wert (mehr) legen.

Weiter wird gesagt: „Er spricht zu ihrem Herzen, zeigt Bereiche auf, wo sie gegen Gott leben, und weckt in ihnen den Wunsch, wieder mit Gott ins Reine zu kommen. Er stellt auch klar, dass ein Leben ohne Gott seine Konsequenzen hat (Johannes 16,8-11). Hier verbirgt sich eine Drohung. Kennt man ja, denn wer nicht hören will, hat mit unliebsamen Konsequenzen zu rechnen. Und wie man weiß, droht Gott gerne und viel. Auch hat er angedrohte Taten folgen lassen. Siehe dazu das Alte Testament. Und seine katzbuckelnden Vertreter hier auf Erden blasen in das gleiche Horn. Und wenn das nicht reicht, dann schlagen sie auch selbst mal kräftig zu. Was, und so einer will der Liebe Gott sein? Da dreht sich mir doch der Magen um.

Der Heilige Geist redet mit unserem Herzen, heißt es weiter (das soll er lieber bleiben lassen), und unseren Gedanken bewegt er dazu, von unserem eigenen Weg umzukehren und den Weg zum ewigen Leben zu wählen. Der Heilige Geist dringt ungefragt in unser Gehirn ein und manipuliert uns, wie es ihm gefällt.

Der Heilige Geist im Alten Testament

Im Tanach (Altes Testament) bedeutet das Wort ruach, mit dem später der „Geist“ bezeichnet wird, zunächst „Wind“, dann auch „Hauch“, „Atem“. In anderen Zusammenhängen bedeutet es den geistigen Zustand, die Stimmung, die Haltung, die Einstellung. Nur sehr selten hebt der Tanach die Zugehörigkeit des Geistes zu Gott durch das Attribut „heilig“ hervor. Meist spricht er vom „Geist Gottes“: ruach JHWH – „Atem des Herrn“; ruach ha-Elohim– „Gottesatem“; ruchaká – „dein Atem“. Interessant!

In Bayern steht das Wort „Ruach“ für einen geldgierigen Menschen. Ja, dann passt es ja zu meinen geliebten Gottesdienern.

Im griechischen Neuen Testament erscheint der Begriff „Heiliger Geist“ (pneuma hagion) rund einhundertmal. Im Johannesevangelium wird er auch Paraklet („Tröster“, „Beistand“) genannt.

Römisch-katholische Kirche

Nach der Lehre der römisch-katholischen Kirche geht der Heilige Geist aus dem Vater und dem Sohn durch die Hauchung prinzipiell als eine Person durch. Im Gegensatz zum Sohn, der durch „Zeugung“ aus dem Vater hervorgeht, geht der Heilige Geist auf dem Weg der Hauchung aus dem Vater und dem Sohn hervor. OK, das muss man jetzt (nicht) unbedingt verstehen. Für mich klingt und liest sich das nach theologischem Wortwirrwarr und ist nur von Eingeweihten zu verstehen.

Das Hauchen des Heiligen Geistes, so heißt es im katholischen Glauben, bezeichnet das wechselseitige Ausströmen der Liebe in das Innere der anderen Person. Aha, so nennt man das Einsprotzen in den Körper eines anderen. Schön, dass es dafür die rabulistische Sprache gibt, damit man nicht gleich erkennt, was die Kirche verbergen möchte.

Der hl. Franz von Sales führt in seiner Predigt zum Dreifaltigkeitsfest 1595 aus, dass die „gegenseitige Liebe“ von Vater und Sohn eine dritte Person hervorbringt. Huch, da sag mal einer, dass es keine fruchtbare Liebe unter den Männern geben soll, wenn es Gottvater und sein Sohn schaffen, eine dritte, andere Person zu „(er)zeugen“. Und warum sind dann die Kirchenmänner so strikt gegen die Liebe von Mann zu Mann? Ist der Heilige Geist dann auch männlich?

Der Heilige Geist ist eine Person

Wer das Neue Testament liest, merkt rasch, dass oft vom Heiligen Geist die Rede ist. Es wird schnell deutlich, dass der Heilige Geist eine Person ist und auch die Merkmale einer Person besitzt. Welche Merkmale soll er sonst haben? Es steht auch geschrieben, dass er wie eine Person handelt und auch wie eine Person behandelt wird. Wie soll er denn sonst behandelt werden? Wie ein aufgepumpter Luftballon? Immer schön vorsichtig mit ihm umgehen, sonst platzt er ... vor lauter Zorn.

Er erforscht (1. Kor. 2,10.11), er lehrt und er spricht (Joh.14,26 u. Apg. 13,2) und man kann ihn auch traurig machen (Jes. 63,10). Das alles deutet darauf hin, dass der Heilige Geist nicht nur „Einfluss“ oder eine „Energie“ ist. Er ist eine Person. Aha, und ich dachte immer, er sei eine weiße Taube. So hat man es mir in der Kindheit gesagt ... und ich habe es geglaubt.

Jetzt bin ich mal wie ein Flitzebogen gespannt, ob mir der Heilige-Geist-Mann doch mal über den Weg fliegt, ich ihn als Geist in der Gestalt eines Mannes erkenne und dann mit ihm ein ernstes Wörtchen reden darf. Es können aber auch viele ernste Wörtchen sein. Viel zu plaudern über das, was er hier auf Erden für seinen Gott vertritt, ist schon klärungsbedürftig. Vielleicht kann ich ihn davon überzeugen, dass er und seine Himmelsherren das Christentum auf Erden abschaffen. Was auf anderen Planeten himmlisch Göttliches abgeht, hat hier (noch) keine Bedeutung. Die andere Frage ist die, ob er mit mir, einem Abtrünnigen des Glaubens Jesu, Gott und seiner einer, überhaupt redet. Es kann ohne weiteres sein, dass er beleidigt ist, wie ich mich ihm gegenüber und der Herrlichkeit Gottes und seines Sohnes äußere. Ich kenne ihn nicht und weiß daher nicht, wie eingeschnappt oder wie durchgeknallt er sich zeigt, bzw. reagiert. Wenn er aber ein netter Mann ist, er muss ein Mann sein, da er die Maria, die Mutter Jesu, seines Sub-Chefs beglückt hat, dann schenkt er mir hoffentlich mal sein Gehör und verarbeitet dann das Gehörte eines einst Gepeinigten des Christentums sinnvoll.

Und was macht der Heilige Geist?

Der Heilige Geist hat viele Aufgaben. Besonders wichtig für uns (damit meint man die Christen) ist, dass er uns Gottes Gedanken verständlich macht. Wer von denen, die an einen Gott glauben, kennt und versteht dann seine Gedanken? Dieser seltsame gesendete Heilige Geist spricht, wenn überhaupt, eine Sprache, die nie ein Mensch versteht. So war es, so ist es und so bleibt es – für immer.

Der Heilige Geist hilft uns verstehen, wer Gott eigentlich ist und wie er uns retten will (vgl. 1. Kor. 2, 10-16). Vor wem will er uns retten? Vor dem Christentum, dem katholischen Glauben und seiner Kirche und deren Kirchenfürsten? Nein, davor bewahrt bzw. rettet er niemanden.

Der Heilige Geist hilft den Menschen, zu Gott umzukehren. Warum stellt er sich nicht die Frage, weshalb sich die Menschen von Gott abwenden? Weil sich die Menschen einen guten und lieben Gott suchen und sich ihm zuwenden wollen. Sie wissen durch erfahrenes Leid, dass es einen guten und lieben Gott in der römisch. kath. Kirche nicht gibt. Der oberste Herrscher der katholischen Kirche, den sie Gott nennen, ist, was auch vielen Katholiken bekannt ist, ein Rachegott. Im Neuen Testament hat man versucht, diesen unwirschen und unbeherrschten Gott zu einem guten und lieben Gott zu machen. Was für kläglicher Versuch war das denn? Die Mächtigen der Kirche werden zornig, was sie ja von Gott, ihrem Meister, meisterlich gelernt haben, wenn jemand einen anderen Gott anbetet, der ein lieber und guter Gott ist – sollte es so einen überhaupt geben.

Er, der Heilige Geist zeigt den Menschen deren Schuld, schenkt ihnen das neue Leben und wohnt anschließend in jedem Gläubigen. Und woher kommt die Schuld? Von Gott!? Übrigens, in vielen Christen lebt bereits so manch wirrer Geist, den man nicht mehr vertreiben kann. Da helfen auch keine hoch dosierten Medikamente mehr. Warum dann nicht auch ihr Gott, den sie sich ja mit Unmengen an Huldigungen verdient und erbettelt haben.

Der Heilige Geist schenkt gute Gaben

Wenn jemand wirklich Christ werden will (wovon ich tunlichst abrate), dann möchte er auch mit anderen Christen zusammen sein. Tatsächlich? Ja, so ist es tatsächlich. Pack schlägt sich, Pack verträgt sich. Und die Christen sind untereinander oft sehr teuflisch, wenn es um Macht innerhalb der Kirche geht, und wenn es dabei nur darum geht, andere auszubooten, um in der Gunst beim Herrn Pfarrer zu steigen. Da kennen sie weder Tod noch Teufel, sondern nur sich selbst. Und um das auch zu erreichen, ist ihnen jedes Mittel recht. Hauptsache, es hilft, um Gottes Gnade bereits auf Erden zu erlangen. Ausnahmen gibt es. Wenn es um das Saufen und Fressen geht, da versteht man sich wieder. Tja, Frieden geht durch den Magen und beruhigt die Gemüter. Was ganz sicher nicht lange anhält. Ich habe immer das starke Gefühl, dass Christen nur dann ein zufriedenes Leben führen, wenn sie sich streiten. So nach dem Motto, erst einem oder einer eine auf die Backe hauen und dann gemeinsam zum Gebet und dem Sündenerlass in die Kirche gehen.

Ein (guter) Christ geht in eine kirchliche Gemeindeversammlung oder in die Kirche. Dort kann er viel von Gott hören und lernt, wie man als Christ lebt – auf Kosten und Leid anderer. In der Gemeinde gibt es Menschen, die predigen und lehren, andere arbeiten ... mit und an Kindern. Wieder andere helfen Armen und Kranken, schnell in das Himmelreich zu kommen. Sie helfen mit der geworfenen Bibel nach, die im Kreuz landet. Gleichzeitig auch noch gespickt mit vielen Verfluchungstiraden, um so Gott immer besser kennenzulernen und als guter und gehorsamer Christen zu leben (vgl. 1. Kor 12; Röm. 12,4-8). Ja, als Christ muss man viel aushalten. Schon vor Jesus wurde den Gottesgläubigen „niedliche“ Folter von ihrem Hohepriester auferlegt, wenn sie sich nicht ehrfürchtig gezeigt hatten. Und seinen Sohn hat Gott auch, mal so nebenbei, kreuzigen lassen, weil er ihn ja gar so sehr liebte. Soviel zu der Liebe Gottes zu seinem Sohn und all den anderen Geschöpfen.

Merke, jeder Christ hat von Gott eine Gabe oder auch mehrere Gaben erhalten. Diese sollten sie in der Gemeinde anwenden, damit die Gemeinde wachsen und gedeihen kann, und damit auch andere Menschen Jesus kennenlernen können. Kommt Jesus zu ihnen, um die Christen ... persönlich kennenzulernen?

Gestalten des Heiligen Geistes

In der Heiligen Schrift ist über die Wirkungsweise des Heiligen Geistes zu lesen. Auch davon, dass der Heilige Geist in verschiedenen Gestalten erscheint. Eines seiner Erscheinungsbilder ist eine weiße Taube, womit er durch das weiße Federkleid andeuten möchte, dass er durch sein Wirken alle gutherzig und sanftmütig macht. Und wofür steht die Farbe Rot? Für das vergossene Blut durch die Folter der Gottesvertreter.

Die Taube gilt als Bild der Versöhnung und des Friedens. Bei vielen gilt die Taube, und wenn sie noch so strahlend weiß ist, ganz sicher nicht als Versöhnung und des Friedens. Die irdischen Tauben stehen eher für Dreck und Krankheiten. In diesem besonderen Fall für die Gottestaube.

Der Heilige Geist erscheint auch in Zungengestalt, weil er den Menschen die Gabe des Redens verleiht, um die Menschen durch das Wort zum ewigen Wort, zu Christus, zu führen. Für mich sprechen die Vertreter Gottes mit gespaltener Zunge und treiben mich somit immer weiter weg vom katholischen Glauben.

Eine weitere Erscheinungsart ist die Feuergestalt. Diese Gestalt soll dem Feuer gleich sein, das den Rost der Sünde verbrennt, die Unwissenheit aus der Seele verscheucht und die kalte Eisrinde des Herzens schmelzt. Er will den Menschen glühend machen aus Liebe zu Gott und dem Nächsten. Mit Feuer kennt sich das Christentum bestens aus. Am liebsten würden sie noch immer alles und jeden verbrennen, was ihr, der Kirche, nicht gefällt. Mal ehrlich, klingt das nicht fast schon nach einem höllischen Inferno, in welches der Heilige Geist den Menschen hineinstoßen möchte?

Damit aber noch nicht genug. Der Heilige Geist zeigt sich auch wie das Brausen des Windes. So, wie der Wind Gegenstände forttreibt, so treibt der Heilige Geist den Willen der Menschen zur Lebensbesserung und zum Dienste Gottes an. Nee, nee, das will ich nicht. Das sollte er mal lieber bleiben lassen. So schnell, wie sie kommt, kann sie (die Taube) auch wieder hinwegflattern.

Charismen des Heiligen Geistes

Das Charisma der Zungenrede: Die „Zungenrede" ist eine besondere Sprache, die Gott einem Menschen schenkt, um ihn zu preisen (Priestersprache). Dieses Phänomen tritt gewöhnlich bei der Lobpreisung auf. Wenn der menschliche Geist berührt und entfacht wird vom Heiligen Geist, fließt unverständliches Seufzen (bei mir ganz sicher) aus dem Herzen durch (nicht zwischen) die Lippen? Tja, mal wieder eine fein verdeckte Qual, wenn es durch die Lippen geht. Das ist dann die Zungenrede. Es ist eine erhabene Form des Gebetes. Und die Priester sind die erhabenen Männer. Durch diese Gebetsform ist oft ein außergewöhnlicher Seelenfrieden spürbar; sie verleiht geistige Kraft und Stärke.

Es gibt verschiedene Arten der Zungenrede. (Klar, das Reden mit gespaltener Zunge.). „Dem einen wird vom Geist die Gabe geschenkt, Weisheit mitzuteilen, dem anderen durch den gleichen Geist die Gabe, Erkenntnis zu vermitteln, dem dritten im gleichen Geist Glaubenskraft, einem anderen – immer in dem einen Geist – die Gabe, Krankheiten zu heilen, einem anderen Wunderkräfte (Vermögensvermehrung im Geldsäckel des Pfarrers), einem anderen prophetisches Reden ... damit kein Gläubiger versteht, was der Gottesmann am Altar spricht. Und noch einem andern die Fähigkeit, die Geister (die eigenen hoffentlich) zu unterscheiden. Und wieder einem anderen verschiedene Arten der Zungenrede, einem oder mehreren anderen schließlich die Gabe, sie zu deuten. „Dass alles bewirkt ein und derselbe Geist“ (1 Kor 12,8-11).

Die Gabe zu haben, etwas zu unterscheiden, ermöglicht, ob jemand vom Heiligen Geist, vom menschlichen Geist oder vom bösen Geist geleitet wird. Diese Erkenntnis kommt nicht von mir, das habe ich gelesen.

So, und jetzt mal ein Beispiel wie Theologensprache klingt. „Alles, was gegen den Plan Gottes ist, ist vom Bösen. Diese Gabe wird spürbar, wenn der Heilige Geist einen Impuls gibt; z.B. wenn jemand in der Nähe eines Menschen ist, welcher vom bösen Feind gefangen ist, wird der Heilige Geist eine Berührung, ein Wort, oder einen Impuls schenken. Auch diese Menschen soll man lieben. Sie sollten in priesterliche Begleitung gebracht werden.“

Na, alles klar ... verstanden? Vieles mehr gibt es über den Heiligen Geist noch zu lesen und zu schreiben. Ich verweise auf das Internet, um sich weiter mit dem Heiligen Geist zu beschäftigen – wenn man es will.

Der Heilige Geist – geschlüpft aus der Theologensprache

Seine (die des Heiligen Geistes) Anwesenheit und sein Wirken hier sind einige der Früchte der Erhöhung Christus. Wie, was, ... was sind einige der Früchte von der Erhöhung Christus? Muss man das wissen? Nee, aber die Christen schon.

Er stellt Christus in dem Gläubigen dar. Er ist außerdem die Kraft des Lebens und die Kraft zum Zeugnis. Durch das Wohnen in jedem einzelnen Heiligen formt er sie zu einem Leib; sie sind außerdem mit aufgebaut zu einer Behausung Gottes im Geist. Behausung Gottes? Kraft zum Zeugnis? Von einer Taube, wenn auch einer himmlischen? Vom Heiligen Geist bewohnt zu sein, ist ein immenser Vorteil, da er eine weissagende Person ist: Jeder, der von ihm bewohnt ist, ist nicht im Fleisch, sondern im Geist. Und es wird noch schlimmer („ist nicht im Fleisch, sondern im Geist“), zu verstehen was man liest.

Er ist der Geist der Sohnschaft (was ist Geist der ... Sohnschaft?) und durch ihn ruft der Gläubige: Abba Vater!

Christen werden ermahnt, sich von ihm führen zu lassen und ihn, den Heiligen, weder zu dämpfen (?) noch zu betrüben. Unsere Verantwortung besteht darin, dass wir „im Geist wandeln“. Meine Aufgabe ist, mich vor dem Christentum zu schützen, aber auch dabei zu helfen, andere vor dem Christenglauben zu bewahren, die noch ganz kirchlich unbeleckt sind. Im wahrsten Sinne des Wortes ... und der Ausführung.

Und das hier sollten sie nie vergessen, die Prediger Gottes: „Homines sumus, non die!“ (Menschen sind wir, keine Götter.)

Die Realität des Lebens ist, dass die meisten der Theologiestudenten (auch heutige Priester) keinen Bezug zu der realen Welt mehr haben. Sie sind Sonderlinge (Kirchennerds).

Hier nun ein Beispiel, das aber nichts mit der unverständlichen Sprache der Priester zu tun hat. „Die harmonische Progression (Entwicklung) des Werkes begründet sich sowohl in der vom Künstler als solche gewertete Gewichtung einer autoreflexiven (selbstbetrachtenden) Dynamik (Kraft), als auch der vom Interpreten (Erklärer/Künstler) aufgefassten Individualität (Unterscheidungsfreiheit) und der Approximation (Anpassung, Angleichung) im Sukzessiven (Schrittweisen)“. Aha, ahja. Sonst noch was? Und jetzt das soeben Gelesene mal ohne die Worte, die in Klammer gesetzt sind, lesen. Ein „Häh, wie bitte?“ ist dann sicher.

Gotteserfahrung

Als Gotteserfahrung, und das nur mal in Kurzform geschildert, bezeichnet man Erfahrungen, die als Wirken einer Gottheit und im Zustand des Seins (Bewusstsein) wahrgenommen werden. Die Gotteserfahrung, was eine Wirklichkeit für den ist, der diese macht, hängt von seiner Interpretation und seiner festen religiösen Überzeugung ab. Diese können Transfiguration, Illumination, Inspiration und Adoration (Anbetung) genannt werden. Häufige Ausprägungsformen sind außer- bzw. anders körperliche Erfahrungen und intensive Friedens- und Glückseligkeitswahrnehmungen. Für alle, die diese Gotteserfahrung, Gotteswahrnehmung hatten, ist es fast unmöglich, das „Erlebte" angemessen in Worte zu fassen. Nun ja, hier irrt der Mensch, der dies behauptet, denn jeder kann seine kirchlichen Erziehungszeiten in sehr anschauliche und einprägsame Worte fassen.

Der Weg eines wahren Christen, wie sie glauben, dass sie es sind, wenn sie ihn beschreiten, sind nur die Worte des Priesters, der ihnen ihren, den Weg zu ihrer Gotteserfahrung, aufzeigt, wenn auch diese nur fein verpackte Lügen sind. Intensive Friedens- und Glückseligkeitswahrnehmungen werden ihnen nicht zuteil, weil sie keinen eigenen gewählten Weg gehen. Der Erfahrungsweg, den sie dann gehen, führt sie in die Irre und ganz sicher nicht in das von ihnen gesuchte Heil. Und so werden sie auch nie die wahren Erfahrungen der Glückseligkeit und des wahren Friedens in Worte fassen können, weil sie das auch nie mit allen Sinnen erleben. Die reine Wahrheit, die ihnen in der

Kirche nie kundgetan wird, gibt es für sie nicht. Sie merken nicht, wie Wahrheit zur Lüge und Lüge zur Wahrheit gemacht wird. Die Erfahrung, was wirklich richtig und falsch ist, dieses Wissen und die Erfahrung, daraus richtig zu handeln, ist ihnen abhanden gekommen oder genommen worden – durch die Gottesprediger.

Welcher Christ hat denn bereits eine echte Erfahrung mit Gott gemacht? Und nicht eine im Traum oder unter Hypnose oder im Dämmerschlaf, weil die Predigt so unsagbar langweilig ist? Das Gute werden sie mit Gott nie erleben und erfahren, wie schön es ist, im Guten zu leben. Das Schlechte, das erfahren sie reichlich. Damit muss man sie nicht noch füttern. Doch mit Schlägen in der Kindheit durch Personen des kirchlichen Apparates bringt man jeden dazu, seine Gotteserfahrung zu machen – ob man will oder nicht. Da wird nicht gefragt, da wird gehandelt. Eine Gotteserfahrung dieser Art ist schmerzhaft und sehr einprägsam – für immer. Manche Narben zeugen heute noch von der Überzeugungsart der Liebesspenden zum jungen Menschen. So war auch meine sehr ambivalente (widersprüchliche) Gotteserfahrung. Meine Glückseligkeit hatte ich erst, als ich den plötzlichen Erkenntnissen, den erhellenden Eingebungen und schöpferischen Einfällen der kirchlichen Erzieher entkommen bin. Da war dann schlagartig Schluss mit der Anbetung Gottes. Erst dann stellte sich bei mir ein intensives Friedens- und Glückseligkeitsgefühl ein, als ich diesen körperlichen Erfahrungen entkommen bin.

„Was reden wir hier überhaupt von Gott? Den gibt‘s doch sowieso nicht.“ „Wo ist Gott, ich kann ihn nicht sehen.“ Beide Aussagen stammen aus einem Religionsunterricht.

Einmal von einem Teenager und der zweite Satz sogar von einem Erstklässler. Es sind nicht wenige, die solche Fragen stellen. Sie blenden Gott so weit aus, weil sie mit ihm nichts (mehr) zu tun haben wollen. Ist wohl ein Schutzmechanismus, um sich vor der Gewaltreligion zu schützen.

Es ist in der Tat so, dass die Erfahrungen mit Gott recht spärlich sind und manchmal auch ganz auszubleiben scheinen. Nein, sie scheinen nicht auszubleiben, sie bleiben aus, weil es keine Erfahrung mit Gott gibt, weil es ihn nicht gibt. Wie oft muss ich das noch schreiben, für Unbelehrbare des Christentums? Alles, was es gibt, sind fantasiereiche Erzählungen über und von einem angeblichen Gott. Und da sind die Erzählungen über Gott sehr widersprüchlich. Die einen berichten von einem guten, barmherzigen, alles verzeihenden und lieben Gott und andere von einem zürnenden, gnadenlos strafenden, rachsüchtigen und mordenden Gott. Und wie sollen sich da die Menschen nun entscheiden zu glauben? Die einzige Antwort darauf ist, sich den katholischen Glauben nicht anzutun, ihm nicht beizutreten, und für die, die schon dabei sind, wieder auszutreten. Sich fernzuhalten. Sich auf Abstand zu halten. Für sich die geistige Freiheit zu wählen. Und das geht nur ohne den Gott der Christen. Wie es bei den anderen Religionen aussieht, bzw. wie man sich verhalten soll, lasse ich jetzt mal außen vor. Das ist auch nicht Thema dieses Buches.

Für andere Religionen fühle ich mich nicht zuständig – und auch nicht berufen.

Wie von selbst stellt sich da die Frage, ob und wie Gott erfahrbar ist. Aus meiner Sicht ist er nicht erfahrbar, in dem Sinne, wie es die Christen gerne hätten. Aus meiner Sicht ist die Kirche selbst daran schuld, wenn niemand mehr eine Gotteserfahrung machen möchte. Die Kirche sagt, dass es tägliche Gotteserfahrungen durch Gebete gibt. Meine Erfahrung mit den Gebeten zu Gott sind die, dass er nie meine Gebete erhörte.

„Gott spricht mit den Menschen. Zum Beispiel durch einen brennenden Dornbusch oder in Träumen. Dies sind spezielle Erfahrungen, die nur sehr wenige Menschen machen." Nein, nein, das kommt nicht von mir, das habe ich so gelesen. Ein normaler, ein gesunder Mensch macht mit Gott, von Face to Face, keine Gotteserfahrung. Und wenn doch, dann eher eine negative.

„Tägliches Lesen in der Bibel hilft, ihn zu spüren." Man ist Gott dann sehr nah, heißt es. Ich habe viel in der Bibel gelesen, doch dadurch spürte ich Gott nicht neben mir, um mir beim Lesen zuzuhören. Vielleicht sollte ich mir die kleinste Bibel der Welt ins Hirn lasern lassen, damit ich die Gotteserfahrung mache. Bisher erfahre ich nicht das, was mir an Gott gefallen soll – laut der Bibel. Die kleinste Bibel der Welt ist 4 x 4 Millimeter groß und wurde mit Elektronenstrahlen auf exakt 956 Seiten beschrieben.

„Eine persönliche Gotteserfahrung ist ein wesentlicher Bestandteil des Christlichen Glaubens eines jeden Christen.“ Wie bitte? Niemand macht mit Gott (s)eine persönliche Gotteserfahrung. Das, unter dem die Christen leiden - sie alle nennen Glauben an Gott - ist Gotteswahnsinn und Gottesirrsinn, aber ganz sicher nicht Gotteserfahrung. Oder doch, weil sie dem Gotteswahnsinn und dem Gottesirrsinn ausgesetzt sind, ohne es zu merken. Glauben Sie, dass Sie die Gotteserfahrung machen? Was sind das nur für Drogen (Weihrauch, Myrrhe), die den Verstand eines Menschen so extrem plattmachen können? Ja, wenn es das ist, mit dem Sie die Gotteserfahrung machen, dann machen Sie wahrlich ihre Erfahrung mit einem sehr ... eigenartigen Gott.

Wunder

Visionen

Als Vision (Erscheinung, Anblick) wird im religiösen Sinne ein subjektives bildhaftes Erleben von etwas mit den Sinnen nicht Wahrnehmbarem bezeichnet, das aber dem Erlebenden – dem Visionär (eine Person, die eine Vorstellung von der Zukunft entwickelt) – als real erscheint. Ein immer wieder zitiertes Beispiel ist die 1963 gehaltene Rede „I have a Dream“ von Martin Luther King. Seiner Vision einer geeinten und gerechten Gesellschaft von Schwarzen und Weißen. Eine besondere Form der Vision stellt die Offenbarung (lateinisch revelatio) dar. Bei einer visionären Offenbarung meint der Visionär, eine Botschaft zu empfangen, bei der die göttlichen Wahrheiten enthüllt werden, meist mit der Anweisung, diese zu verkünden. Schon C. G. Jung definierte die Vision als einen Vorgang, der wie ein Traum sei, sich aber im wachen Zustand abspiele. Visionen habe ich auch. Und was für welche? Dass die Glaubensgemeinschaften aufhören, so zu tun, als wären sie die Bringer der Glückseligkeit und der absoluten Liebe.

Kirchliche Seher

Müssen Katholiken an Visionen glauben? Eigentlich nicht, doch tun sie es dennoch, weil sie glauben, dass es heilsbringend ist. Als Vision, Erscheinung, Anblick wird ein subjektives bildhaftes Erleben von etwas sinnlich nicht Wahrnehmbarem bezeichnet, das aber dem Erlebenden –

dem Visionär – als real erscheint und im religiösen Sinne von ihm auf die Einwirkung einer jenseitigen Macht zurückgeführt wird. Zusätzlich treten oft Höreindrücke auf, meist als gesprochene Worte. Was sagte der ehemalige Bundeskanzler Helmut Schmidt in seiner gewohnt schnodderigen Art zu Visionären? „Wer Visionen hat, der soll zum Arzt gehen."

Auch Lúcia dos Santos sowie Jacinta und Francisco Marto hatten Visionen. Klar, wer weiß, was die für Pilze von ihrer Mutter zum Essen bekamen, die sie vorher im Wald gesammelt hatte und ihnen zum Essen gab, die dann diese hirnverdrehten Visionen bei den Kindern verursachten. Und ehe sie irgendwann mal heiliggesprochen werden, untersuchten sie noch viele Ärzte des Vatikans nach ihrem Geisteszustand. Diese fanden nichts Auffälliges. Und warum? Weil sie erkannten, dass man mit diesen Mädels und den Jungs und ihren Erscheinungen viel Reichtum anhäufen kann. Sie überzeugten den Klerus und den Mann an der Spitze von diesen Geldeinbringungserscheinungen von den Kindern und machten ihnen ihrerseits klar, dass sie dann ihre Visionen umsetzen könnten.

Zusatzinfo: Beim Hüten der Schafe soll ihr 1917 gemeinsam mit ihrem Bruder Francisco Marto und ihrer Cousine Lúcia dos Santos in der Nähe von Fàtima (Portugal) dreimal ein Engel erschienen sein. Vom 13. Mai bis 13. Oktober 1917 hatten die drei Kinder Marienerscheinungen. Man beachte, dass es nicht drei Geschwister waren, sondern zwei und eine Cousine. Damit nimmt es die Kirche nicht so genau. Hauptsache, es waren drei arme Schaftshirtenkinder. Das (geistige) Bild der armen Hirtenkinder allein weckt schon Mitleid und bringt den Menschen dazu, zu glauben, was die Kirche will, das sie glauben sollen.

In dem Buch „Als die Kirche Gott verriet“ von Michael Baigent und Richard Leigh, steht ab Seite 344 geschrieben, dass Lùcia mit ihrer neunjährigen Kusine und einem Vetter die Visionen hatten.

Hier frage ich mich jetzt, wer die Wahrheit verkündet – was die Verwandtschaftsverhältnisse der Kinder betrifft. Vermutlich sind bzw. waren es Inzuchtkinder, was früher auf dem Land keine Seltenheit war. Und um das zu vertuschen, behauptete man, dass es ein Vetter und eine Kusine von Lúcia waren, die bei der Erscheinung der Muttergottes dabei gewesen sind. Auch frage ich mich, warum es immer Kinder sind, denen Engel und die Muttergottes erscheinen. Was Visionen angeht, gab es davon schon reichlich. Die Muttergotteserscheinung in Fatima war kein Einzelfall. Offensichtlich entsprechen sie einem (katholischen) Muster. Seit 1830, viele Jahre vor der Erscheinung, Vision in Fatima, hat sich die Heilige Jungfrau Maria immer wieder zu Wort gemeldet. Ihre Verkündigungen waren, wenn man es genau betrachtet, stets apokalyptische Drohungen. Hin und wieder auch eine politische Erklärung zum weltlichen und kirchlichen Geschehen. Eine weitere ihrer Aussagen erfolgte am 19. September 1846 und das in Gegenwart zweier Bauernkinder. Mal wieder Kinder, total unbedarfte. Maria verkündigte: „Wenn sich nicht jedermann Gottes Wille unterwerfe, dann werde Christus die Menschen im Stich lassen.“ Sie kritisierte aber auch den Papst, was ich mal gutheiße. Hier mal eine wörtliche Wiedergabe einer apokalyptischen Androhung der „Lieben Frau“ an jenem Erscheinungstag. Zu lesen in selbigem Buch auf Seite 353. „Der Menschheit stehen die fürchterlichsten Plagen und schlimmsten Erlebnisse bevor. (Anm. A.W.: Vermutlich dann, wenn sie nicht Gottes Willen befolgen.) Die Menschheit muss sich darauf gefasst machen, unter einem eisernen Zepter zu leben und aus einem Kelch zu trinken, der mit dem Zorn Gottes gefüllt ist.“ Ah, Gott gibt es auch zum Trinken, wenn er auch sehr angesäuert schmeckt. Und was liest man heraus? Nein, nicht aus dem Becher. Eine göttliche Drohung! Einen wütenden und erbosten Gott, der Strafen für Ungehorsam androht.

Bei jeder Verkündung Gottes durch eine andere „Person“ geht es doch nur um Drohung von Strafen und Vernichtung, oder etwa nicht?

1864, so verkündigte die Mutter Gottes, werde Luzifer und mit ihm Heerscharen von Dämonen aus der Hölle gelassen. Sie werden dem Glauben (vermutlich dem Katholischen) Stück für Stück ein Ende setzen. Nun, es sind über hundert Jahre vergangen, und nichts, was die katholische Kirche betrifft, hat sich geändert. Sie gibt es immer noch – warum?

Wer genau gelesen hat, der hat herausgelesen, dass man Luzifer das Höllentor geöffnet hat. Und wer war das? Der Tür- und Toröffner der Hölle kann nur Gott sein. Oder Petrus, der Hüter der himmlischen Schlüssel, der Türsteher Gottes? Und die katholische Kirche, durch deren Prediger vertreten, stoßen lautstark in das gleiche Horn, wenn es um Strafen und Vernichtung geht. Und das Horn, in das sie blasen, ist das des (himmlischen) Teufels.

Eine weitere Erscheinung der Heiligen Jungfrau war die in Lourdes, am 11. Februar 1858. Hier beschränkte sie sich darauf Bußfertigkeit, ein reines Leben und den fleißigen Gebrauch des Rosenkranzes als Mittel zur Bekämpfung satanischer Umtriebe zu empfehlen. Hier war sie mal gut gelaunt bzw. Gott, der ja seine Worte verkünden lässt. Oder hat sie eigenmächtig gehandelt, etwas zum Besten gegeben – ohne vorher Gott zu fragen? Meist waren ihre Verkündigungen voll mit drohendem Inhalt wie: Fluten werden kommen, Feuersbrunst hereinkommen usw. Vernichtung der Menschheit, hauptsächlich derer, die sich gegen Gott versündigt haben. Was auch immer das heißen mag.

1962 verkündigte sie einer Spanierin, dass es nach Papst Paul VI. nur noch zwei weitere Päpste geben werde – was sich nicht bewahrheitete. Es folgten nach ihnen noch weitere Päpste. So schnell sterben die nicht aus.

Fast möchte man meinen, dass diese Erscheinungen, nicht nur die der Heiligen Jungfrau, alle in Europa stattfanden. Doch weit gefehlt. Überall auf der Welt gab es mütterliche Erscheinungen, wenn auch die meisten ihrer Besuche in Europa waren. War ihr der Weg, „der Flug“ in andere Kontinente, zu weit, um dort ihre „Vernichtungsandrohungen“ bei den gläubigen Katholiken loszuwerden? Nein, solche langen Flüge sind auch einer Muttergottes zu teuer, und wenn schon die Kirche knausert, dann wohl erst recht der liebe Gott, von dem sie das Knausern gelernt hat. Und zu verschenken haben beide nichts.

Am 25. Juni 1981 gab es noch eine Marienerscheinung. Dieses Mal in Medjugorje, bei der sie folgenden Satz äußerte: „Ich bin gekommen, um die Welt ein letztes Mal zur Umkehr aufzurufen. Danach werde ich nie wieder auf die Erde hinabsteigen." Dieser Satz erinnert mich an Moses, der auch einen Berg herabgestiegen ist. Mit zwei Tafeln, auf denen die 10 Gebote von Gott eingemeißelt wurden. Will man den Menschen die Drohungen ins Hirn meißeln? Ihnen Angst und Bange machen? Dass sie Gott fürchten? Und was will sie mit „Ich komme nie wieder auf die Erde" verkünden? Dass sie beleidigt ist, auch ihr Auftraggeber? Dass sie klein beigegeben haben oder dass sie nur noch Schaden über die Menschheit bringen werden, ohne Vorankündigung, weil alles Drohen nichts gebracht hat, um die Menschen gottesfürchtig und gottesgehorsam zu machen? Sie schob noch eine Drohung hinterher: „Nun ist die Stunde gekommen, dass dem Teufel gestattet wird (Anm. A.W.: Gott sperrt die Höllenpforte auf), mit all seiner Kraft und Macht zuzuschlagen."

Und wo schlägt er zu? Im Himmel?

Ich kann mich erinnern, Darstellungen gesehen zu haben, wo die Heilige Jungfrau den Teufel unter ihren Füßen zertritt. Ja, was nun? Hat sie den Teufel zertreten oder versucht sie es noch immer? Bildhafte Darstellungen wo Maria den Teufel zertritt, gibt es zuhauf in den unzähligen Gotteshäusern zu sehen.

Wie sich herausstellt, ist das nicht geschehen, denn dem Teufel wird die Hölle, wie Maria in ihrer Erscheinung am 25.06.1981 sagte, geöffnet. Ergo, der Teufel lebt noch, und wird als (weiterer) Zerstörer der Menschheit, zumindest um viel Unheil und Leid zu schaffen, beordert.
Wie die Christen wissen, war der Teufel Gottes geliebter Sohn, mit dem Namen Luzifer. Wenn der allmächtige Vater zum Sohne, auch dem Abtrünnigen, sagt, er habe zu kommen und seine Worte zu befolgen, dann wird sich Luzzi einen Teufel antun und sich den Befehlen seines Vaters verweigern. Wir erkennen also, alles bleibt in der Familie der Göttlichen. Und Maria, die Heilige, wird als Sendbote des Grauens vermutlich weiter auf die Erde geschickt.

Zusatzinfo
In den frühen neunziger Jahren lagen schon mehr als zweihundertsechzig Berichte von Marienerscheinungen jüngeren Datums vor, und seither ist die Zahl ständig weiter gestiegen. Grod wiamas brauchd hod.

Die ganzen soeben gelesenen Angaben (Zahlen und Äußerungen der Jungfrau Maria) sind aus dem Buch „Als die Kirche Gott verriet“ von Michael Baigent und Richard Leigh entnommen. Und jetzt wieder zurück zu den Kindern und der Vision in Fatima.

War es ein psychedelischer Zustand, in dem sich die Kinder befanden, nachdem sie von Reizüberflutungspilzen gegessen hatten? Haben sie Klebstoff geschnüffelt? Oder waren es Beeren, die nach Verzehr zu Muttergotteserscheinungen verhalfen? Oder Bilder zeigte, wie man selbst sie gerne sehen möchte? Kann ja sein, oder? Zumindest hatten sie was bzw. jemanden gesehen. Sie waren Seher, die noch immer viele Menschen anlocken, um auch Seher zu werden – und wenn es sein muss, mit Hilfsmittelchen.

Und so pilgern jedes Jahr Millionen von Traumtänzern nach Fatima, um dort auch einmal eine Vision zu haben – für eine besondere Vision am Heiligen Ort. Dort muss man aber dafür zahlen. Nichts gibt es dort umsonst. Nicht einmal das Betreten eines Klohäuschens gibt es umsonst. Um sich nach Erblicken einer himmlischen Erscheinung oder dem Erhalten von göttlichen Visionen durch Psilocybin-Pilze, von Bakterien verseuchtem Weihwasser, eingeschnauftem Weihrauch, und den Geist „verwurschtelnde" Beeren (schwarzen Tollkirsche), mehrere Joints, Schnaps und Biere u.v.m, wieder zu befreien, sollte man aber eine Toilette aufsuchen, um nach Abgabe in selbige es dann für immer wegzuspülen. In die Ecke reihern darf man ja nirgends am Heiligen Ort. Das käme sonst einer Marienlästerung gleich. Den seltsamen Geisteszustand durch Drogen und Rauschmittel nennt man dann psychedelisch.

Psychedelisch (zusammengesetzt aus 'Seele' und 'offenkundig, offenbar') bezeichnet einen durch den Konsum von Psychedelika (psychedelisch wirkende psychotrope Substanzen), aber auch mittels geistiger und ritueller Praktiken (etwa Trancetanz oder Meditation) erreichbaren veränderten Bewusstseinszustand. Dieser ist unter anderem durch die teilweise oder komplette Aufhebung der Grenzen zwischen Selbst und Außenwelt sowie das zeitweilige

Transzendieren (Hinübergehen) von Alltagsbewusstsein und Alltagserfahrung charakterisiert.

„Seherkinder“ werden die drei Kinder von Fatima genannt. Ein sehr merkwürdiges Wort: „Seher“. Wenn überhaupt noch jemand die Bezeichnung Seher kennt, dann vielleicht aus dem gleichnamigen Asterix-&-Obelix-Band, in dem ein „finsterer Mann“ sein intrigantes Unwesen treibt. Er sagt allerlei Wunderbares, Grausiges und Selbstverständliches voraus und macht sich den Aberglauben der Bürgerinnen des kleinen gallischen Dorfes zunutze. Bezeichnenderweise heißt er Lügfix. Man hat es kommen sehen: Der Seher wird entlarvt. Die Lügen der Kirche nun auch – tagtäglich.

Müssen jetzt die Gläubigen an diese Visionen der Heiligen Madonna von Fatima glauben? Nein, das muss man nicht glauben. Dass Maria in Fatima erschienen ist, gehört nicht zum Glaubensgut der Katholischen Kirche. Theologen, Psychologen und Naturwissenschaftler kommen zu den verschiedensten Ergebnissen – von Wahnvorstellungen über tiefe psychische Prozesse bis zu der Erklärung, dass alles unerklärlich ist. Welch ein Glück, auch für die Gläubigen. Doch was man ihnen, den Christen, immer wieder einhämmert, ist, dass Armut gottgefällig sei. Siehe die Kinder von Fatima. Sie waren auch arm. Und Armut führt zu Gott. Hier bezieht man sich gerne auf: „Der Geist des Herrn ruht auf mir; denn der Herr hat mich gesalbt. Er hat mich gesandt, damit ich den Armen eine gute Nachricht bringe.“ (Lk 4,18) Und wie lautet die gute Nachricht? „Fürchtet euch nicht, ihr bleibt arm“. Und gedanklich wird hinzugefügt: „Dafür sorgen wir schon – auch mit Weibern und Männern und deren seltsamen Visionen, die uns durch euch reich, unermesslich reich machen. Und ihr Einfaltsspinsel merkt das nicht – Gott sei Dank, und gepriesen sei der Herr im Himmel.“ Es kann aber auch der Teufel sein. Aus meiner Sicht – passt schon!

Ein Wink von Gott ... für den Papst

Heute wird in Fatima gefeiert, (zu lesen in Kirche+Leben Netz vom 13.05.2017) dass Gott auch den drei Hirtenkindern eine gute Nachricht gebracht hat. „Ich darf mich innerlich in diese Feierlichkeiten einreihen. Gott spricht auch mich mitten in meinem (Papst)Alltag an. Manchmal sind es kleine Ereignisse, durch die ich einen Wink bekomme. Gott will auch mir eine gute Nachricht bringen.“ Ach Gott, was sind das für ... Sätze? Sie triefen nur noch so vor Fett. Beim Lesen von „Ich darf mich innerlich in diese Feierlichkeiten einreihen“ schmilzt man fast schon wie Schokolade in der Sonne. Noch schmieriger geht’s nimmer – möchte man meinen. Und was heißt hier „innerlich einreihen“, oder, „durch die ich einen Wink bekomme“. Winkt ihm Gott zu? Ein nettes Winki-Winki und Hallöchen zu den Vernebelten, die in Reih und Glied stehen, um Seltsames zu hören? Hier noch ein Satz. „Gott will auch mir eine gute Nachricht bringen ...“ Was, Gott will? Ja, und warum macht er es dann nicht?

Der Papst besucht das Heiligtum in Fatima

Heiligsprechung von Jacinta und Francisco – die dritte „Seherin“ der (angeblichen) Mutter Gottes kommt später dran.

Papst Franziskus betete am 13. Mai 2017 vor dem Grab der Seligen, Francisco und Jacinta, die der Papst im Laufe der Messe heilig sprach. Zu Beginn seiner Homilie (erbaulichen Predigt) erinnerte der Papst die Anwesenden an die Geschichte der drei Hirtenkinder und legte dar, dass Maria gekommen sei, „um an das Licht Gottes zu erinnern. Es sei das Licht das in uns wohnt und uns umhüllt“. Die drei auserwählten Kinder habe Maria in den Mantel des Lichts gehüllt.

Aha, ein Mantel aus Licht hat sie umhüllt. Und wo war die Steckdose, um den Mantel zum Leuchten zu bringen? Im Kopf der armen Kinder, nach der Speisung von zu vielen Psychopilzen und/oder Tollkirschen? Sie waren ja voll von hochheiligen Energien, und das wird ja wohl gereicht haben, um einen Mantel - mit einer Weihnachtslichterkette - zum Leuchten gebracht zu haben. Und dafür reicht auch eine kleine Mofabatterie. Und wenn ich saufe, dann leuchte auch ich im Glanze vieler Sterne, die sich um (m)ein schwarzes Loch drehen.

Wie auch immer, zwei von drei sind nun Heilige. Die andere muss noch warten, bis die sauteure Heiligsprechung endlich durchgeboxt ist. Na ja, so warten die Armen im Himmel auf ihre Schwester, die in der Erde liegt und dort vermodert und auf die Absegnung ihrer Heiligsprechung wartet, ehe sie dann zu den bereits Heiligen Dienern Gottes hinauf rauschen durfte.

Wie wird das Wiedersehen im Himmel aussehen. Was wird man sich zuerst sagen? Vermutlich folgendes: „Ja bist jetzd a endlich kemma. Lang gnua ham a auf di g`wart. Wos hod di da undn aufghoid'n? Hosd koa Lusd g'habt, a Heilige zu wearn, ha? Uns de ganze Drecksoabad macha lossn und selba dem Hergod den liabm longa Dog stain. Wos hod da do undn so guad gfoin, dasd di gwaigad hosd zu steam?“ Was wäre vermutlich ihre Antwort hierzu – wenn sie in den Himmel kommt? „Ja mai, i hob no a boa Visionen g'habt, und die hob i niedagschriem, wei ma mia jo nix ma glabd hod. Und im Oidnheim, da wars a sche. Do hob i wos gsunds zum Essn griagd, des mia wida des Hirn gsund g'machd hod. Do hob i ma g'sogd, da bleibsd, und do bisd dahoam – bis di da Dod hoid. Oda wars da Deife?“

Na, wäre das nicht ein herrliches Begrüßungsschwätzchen mit ihren „Geschwistern“, wenn sie mal in das Himmelreich kommt? Fast wie im echten Leben, möchte man meinen.

Franziskus sieht Privatoffenbarungen (auch) skeptisch

Papst Franziskus steht Privatoffenbarungen, wie jene von Fatima genannt werden, eher skeptisch gegenüber. Zwar ist er wie viele Lateinamerikaner ein großer Verehrer der hl. Maria, aber er sagt auch: »Maria ist doch eine Mutter, die uns alle liebt – und keine Oberpostbeamtin, die uns täglich Botschaften schickt!« Wiederholt hat sich der Pontifex Maximus der katholischen Kirche skeptisch gegenüber Privatoffenbarungen geäußert. Maria sei keine Botin, die an bestimmte Seher zu bestimmten Tageszeiten Botschaften übermittele. Das sei »nicht christliche Identität«, so Franziskus. Das letzte Wort Gottes heiße Jesus – und nichts darüber hinaus.

Hier noch etwas Erstaunliches – fast nicht zu Glaubendes. Kommt einer Vision auch sehr nahe, aber bei der Umsetzung, schade, damit wird es nichts werden. Papst Franziskus soll gesagt haben, dass der Vatikan ein großes, immer währendes Priesterseminar, ein Laden voller Tunten, ein Käfig voller Narren sei. Seilschaften, sich gegenseitig Jobs zuschanzend und dergleichen. Der Papst möchte aufräumen und soll, als Ankündigung quasi, gesagt haben: „Der Karneval (im Spitzenröckchen) ist aus." Und wenn Gott das hört, dann grinst der sich eins.

Treppensteigen für die Seligkeit und den heiligen Schmerz

Die Heilige Treppe – oft bei ihrem lateinischen Namen Scala Sancta genannt – soll angeblich die Treppe sein, die Christus am Haus von Pontius Pilatus in Jerusalem emporstieg. Die Heilige Treppe umfasst 28 Marmorstufen und ist mit Walnussbrettern abgedeckt, um sie vor Abnutzung zu schützen. Man soll die Stufen der Heiligen Treppe angeblich auf Knien erklimmen. Noch heute gibt es Verrückte, die auf Knien die Treppe hoch hecheln. Der Legende nach soll Martin Luther, während er in Rom war, diese Stufen auf Knien hinaufgestiegen sein, nur um auf halber Strecke aufzustehen und wieder hinunterzugehen – und das aus Protest gegen die Verehrung von Reliquien. Jeder, der die Holzbretter, die Heilige Treppe, auf Knien erklimmt, der spürt bereits nach wenigen Stufen die selig machende Pein in seinen Kniescheiben. Ich höre schon bei jeder Stufe – wenn ich nur an den Gottesehrerbietungsaufstieg denke - jede Kniescheibe jedes einzelnen Pilgers knacken.

Zu der Qual, so glaubt der Aufsteiger auf Knien, erhält er den Segen Gottes – und hoffentlich auch eine Schmerztablette. Beim Gottesglauben hilft schon eine Placebopille, um den Schmerz nicht zu spüren. Andere wiederum wollen die Bürde spüren, auf Teufel komm raus. Er fühlt auch, so ist sich jeder Gniagla (Knieender) sicher, wenn er diese Stufen hinter sich gebracht hat, dass er auch noch die Gnade Gottes, wie immer die auch beschaffen sein mag, erhält. Und wieder in seiner Heimat zurück, schleppt sich der Knieschmerzgeplagte zum Knochenarzt. Von diesem geheiligten Leiden leben, und das recht gut, auch viele Pillen- und Prothesenhersteller, Apotheker und Physiotherapeuten. Um nur mal ein paar wenige zu nennen, die von der Gottesqual profitieren. Nur wenige der Gipfelstürmer des Glaubens werden erkennen, dass sich dieses Leid – für Gott – nicht rechtfertigen lässt. Sie sind auf dem guten Weg der Erkenntnis – was den Christenglauben betrifft.

Gotteslästerung – Blasphemie

Blasphemie (Rufschädigung, Schaden bringen) bezeichnet das Verhöhnen oder Verfluchen bestimmter Glaubensinhalte einer kanonischen Weltreligion. Hier muss ich aufpassen, dass man mir keine Gotteslästerung unterstellt, wenn auch ich nur mit diesem Buch versuche aufzuzeigen, wie widersprüchlich die Lehren und Botschaften der katholischen, aber auch der evangelischen Kirche sind. Hier geben sich beide Glaubensfakultäten gegenseitig die Hand (Gottes).

Wenn die Prediger auf den Kanzeln der Welt über Gottes Gerechtigkeit lobpreisend reden, wenn sie über seine Gnade, Milde, Allmacht, Erbarmen und was der göttlichen Eigenschaften mehr sind, schwafeln, begehen sie eine Gotteslästerung, denn sie sprechen ihm die Fähigkeit ab, ungerecht, rachsüchtig, ohnmächtig, kriegstreibend und menschenverachtend zu sein. Sie verkleinern den Allmächtigen in seiner Allmacht. Sie machen ihn platt, wie die trockengelegten Hirne der Zuhörer in den Kirchengemäuern. Jedes Gebet, das von einem kirchenangepassten Menschen zu Gott „gesendet" wird, ist eine Lästerung Gottes, weil sich dadurch das Können Gottes auf die Eigenschaften des Menschen reduziert.

Ist denn nicht im Alten Testament immer wieder zu lesen, dass Gott ein strafender Gott ist? Wie oft ist zu lesen, dass er töten lässt, wenn jemand nicht seinen Geboten folgt. Das Dritte Buch Mose ist dafür ein Paradewerk, um zu lesen, wen und warum Gott tödlich straft. Und die Männer der

Kirche verkünden, dass dieser Gott, denn der Gott des Alten Testament ist auch ihr Gott, ein immer währender lieber Gott ist. Viele Worte der Strafe, wenn auch nicht (gleich) tödliche, werden im Namen Gottes verkündet. Allein schon das Richten am Jüngsten Tag beinhaltet das Urteil der Hölle, für die, die nicht gottgefällig waren. Wie immer man das auch verstehen mag. Vieles, was hier auf Erden geschieht, getan von Gottesmännern und -weibern, rauscht „in Gottesnamen“ in den Himmel; während andere, die Gottgefälliges gewirkt wie auch erwirkt haben und doch keine Christen sind und waren, von der Kirche mit „Gottes Erlaubnis“ in die Hölle geschickt wurden und werden. So wie auch alle Ungetauften und Ungeborenen. Bin nur ich es, der erkennt, dass die Christen Gott lästern und dafür nicht bestraft werden? Sie verkünden das Gute Gottes, doch wissen sie, dass Gott nicht das Gute ist. Der Ruf ihres Gottes, den unser Staat (auch) schützt, ist und wird von seinen Christen verhöhnt. Wenn sie das, was Gott macht, siehe Altes Testament, auf das sich auch alles, was danach kam, aufbaute, als gut bezeichnen, obwohl dieser, ihr Gott es nicht ist, dann wird doch sein Ruf in Misskredit gebracht. Oder sehe ich das falsch? Es ist dann Blasphemie, die die Anhänger ihres Gottes mit IHM betreiben, da sie IHN lobpreisen als den guten Gott. Und wenn der „schlechte Ruf“, siehe Altes Testament, erst mal angekratzt wird, durch das Verkünden, er sei ein lieber netter und immer barmherziger Gott, dann nimmt dieser Gott unweigerlich einen Schaden davon, denn er ist plötzlich nicht mehr der Gnadenlose, der Tod aussprechende Gott. Und damit nimmt er, wie eben gelesen, einen Schaden, denn er will nicht der liebe Gott sein, glaube ich mal. Also, die Kirchendiener der Jetztzeit sprechen Gutes über ihn, was er aber nicht ist, und auch nicht, vermute ich, sein will. Denn wenn er zu weichherzig mit seiner Schöpfung umgeht, dann tanzen sie, die Menschen, insbesondere die Christen, auf seiner göttlichen Gummel (Nase) herum und machen, was sie wollen – Partyfeiern in der Kirche.

Und wer bestraft sie nun, die wahren Gotteslästerer des Kirchenglaubens und der Dogmen – diese guten Christen? Unser Staat, mit einem neuen, schadensfreien Gottesblasphemieparagrafen? Wenn ja, das wäre dann echt mal was Cooles, für alle Nichtchristen. Mich ganz sicher mit eingeschlossen.

Und wie kam es, dass Gott ab dem Neuen Testament zusehends zu einem lieben Gott wurde? Es kam dazu, da er erst einmal seinen Sohn auf die Welt schickte, der nach einigen Jahren erkannte, wie sein Vater ist. Stur, hartherzig, rachsüchtig, mörderisch, um nur ein paar wenige seiner schlechten und furchtbaren Eigenschaften aufzuzählen. Auch von den Priestern der Tempel erfuhr er, was für einen Vater er hat, vor dem sich alle fürchteten, auch wenn sie an IHN glaubten, oder an IHN glauben mussten. Sogar die Gottesgebärerin und der Leihvater „Sepp" fürchteten ihn sehr. Mit der Freude an solch einem Gott war nicht viel in den Gesichtern der Gläubigen zu sehen. Als Jesus erkannte, dass man seinen Vater mehr fürchtete als liebte, er selbst wusste ja, wie herrisch und vollgepackt mit Vernichtungsgedanken, bei Missfallen seiner Schöpfung, sein Dad ist, war Jesus klar, dass er an dem Angst machenden Ruf seines Papas etwas ändern musste. Und so zog er umher und predigte ohne Unterlass, wie toll und herrlich, und auch mal für ein Spässle sein himmlischer Papa zu haben ist. Er sei auch stets vergebend, nachsichtig und hinhörend, leider aber nie gesprächsbereit, dafür aber nie auf Rache aus. Und das abmurksen seiner verbohrten und uneinsichtigen Menschen hat er sich, zumindest ist er auf dem besten Weg dazu, ganz weit hinten angestellt. Das hebt er sich für die Ewigkeit - nach dem Höllenerlebnis - auf. Auch seine Milde und Güte ist ab sofort grenzenlos. Jeder Wunsch an ihn wird von ihm erfüllt, auch wenn es mal eine Ewigkeit dauern kann, bis er den Wunsch erfüllt. Nun ja, für Gott ist Zeit ohne Bedeutung. Klar, bei so viel Anfragen seiner Gottesschöpfung kann er nicht alles mit einem Fingerschnippen erfüllen.

Viele Jahre, ca. dreißig an der Zahl, hat er mit seinen Jüngern dafür gesorgt, dass der Keim des Guten, was seinen Gottvater im Himmel betrifft, bei den Gutgläubigen zu austreibenden Wurzeln im Hirn führte und die sich rasend schnell wie Unkraut verbreiteten und ... Früchte mit Dornen erbrachten.

Nach dem Tode Jesu am Kreuz trugen die Apostel die Am(m)enmärchen des lieben Gottes und seines Sohnes in die ganze Welt hinaus und diese wurden dadurch wie eine Seuche auf der ganzen Welt verbreitet. Die Kirchenpandemie hält auch heute noch an. Ein Gegenmittel hat man bis heute noch nicht gefunden, doch die Kirche ist bereits dabei, sich selbst zu vernichten, wenn sie weiter so unchristlich mit den Menschen umgeht.

Und unter den Gläubigen gibt es immer mehr Seher dessen, was in der Kirche nicht gut ist. Und nicht nur in der Katholischen. Sie handeln in Übereinstimmung mit der Bibel: „Klug ist der, der das Unglück gesehen hat und sich dann verbirgt, (verabschiedet), die Unerfahrenen (Unbelehrbaren) aber sind weitergegangen und müssen die Strafe erleiden“ (Sprüche 22:3).

Seit vielen Jahrhunderten gibt es nun schon das „Ministerium des neuen (Irr)glaubens“, in der die schlimmste, Lüge überhaupt, dass Gott lieb sei, gehegt und gepflegt wird. Irgendwann gab man diesem Ministerium, in dem die Nachfolger Petrus‘ tätig sind, und das frecherweise im Namen Jesu, der nie eine neue Religion gründen wollte, den schön klingenden und nichtssagenden Namen Vatikan. Das Neue Testament strotzt nur mit Superlativen des Guten, was den himmlischen Vater betrifft. Ob das dem da „oben“ so auch gefällt, da er das teuflische Image eines Rache- und Zerstörergottes bereits eine Ewigkeit lang schon zur Perfektion brachte? Und plötzlich will sein kleiner Bengel Jesus ihn zu einem Weichei machen. Was ist das für ein Typ, den Gott da hervorgebracht hat? Erst gewöhnt man die Menschen an einen ungeliebten Gott, und dann soll man glauben, dass der bis dahin gefürchtete Gott ein lieber Gott ist. Mein Gott, was soll da ein Gläubiger glauben? Tipp: Am besten gar nichts und aus der Katholikengemeinde, bzw. der Kirche dieser Gemeinde, für immer austreten. Und dann glaubt von mir aus, was ihr wollt. Zum Beispiel, dass Geldscheine auf den Bäumen wachsen.

Gottvater wird allen als ein alter Mann mit Rauschebart und gutmütigem und mildtätigem Lächeln gezeigt. Und das noch dazu, obwohl man sich von ihm kein Bildnis machen soll. Ist das nicht Gotteslästerung aus den Reihen der Christen? Zuerst ist ER ein Rachegott mit dem Wahn der Vernichtung seiner Schöpfung, wenn ihm was nicht in den Kram passt, und plötzlich, im NT, da wird er zu einem alten (debilen?) Weichei gemacht, dem die Mamis und Papis die Kinder in den Schoß setzen. Wenn ich ein zorniger Mensch sein will, und man macht aus mir einen gutmütigen Depp, dann wäre ich auch sauer. Schließlich hat man seinen Ruf, und pflegt diesen auch, wie auch immer dieser beschaffen ist.

Gott hat sich seinen Ruf als strafender und rachsüchtiger Gott in der unendlichen Vergangenheit schwer verdient, und das auch mit der sehr extrem ausgeprägten Tendenz zu töten. Diesen Ruf will er nicht verlieren, sonst hat ja keiner mehr vor ihm die Gottesfurcht, auf die sich seine Herrschaft aufbaut. Und diesen miesen Ruf lässt er sich nicht ungestraft von seiner Schöpfung nehmen. Das geht bei einem lieblosen Gott schon mal gar nicht.

Und plötzlich merkte ich, dass die vielen Erzählungen im Neuen Testament, über die man im Alten Testament von Gott erzählt, nicht nur Gottes lästernd, sondern auch Lügen sind. Denn wenn die Wahrheit über Gott im Neuen Testament steht, dann sind doch die vielen Geschichten im AT über, mit und von Gott doch automatisch nicht richtig. Damit nimmt man Gott seine Grausamkeit, wie einer Hexe in den vielen Märchen, die man Kindern vorliest, die ebenfalls nicht der Wahrheit entsprechen. Entweder man hat bereits im Alten Testament gelogen oder man fing erst im Neuen Testament damit an. Aber warum? Um aus einem Rachegott einen lieben Gott zu machen? Und was ist dann mit all den anderen Geschichten, Erzählungen? Sind die auch alle gelogen? Denn das eine schließt das andere nicht aus. Alles im AT gehört zusammen, wie jedes einzelne Puzzleteil, um daraus ein Bild zu machen. Ist auch heute noch alles in der Katholischen Kirche und ihren vielen Ablegern ein einziges Lügengebilde, aufgebaut aus vergangenen Zeiten? Des Alten und Neuen Testaments? „Ja, so wird und muss es sein."

Wenn schon das Alte Testament eine Lüge ist, dann wohl auch das Neue Testament. Hier sage ich, obwohl ich das nicht gerne mache, weil auch ein Lügner mal die Wahrheit spricht: „Wer einmal lügt, dem glaubt man nicht, auch wenn er mal die Wahrheit spricht." Und in der Bibel steht aus meiner Sicht nicht ein einziges wahres Wort Gottes. Und der Katholischen Kirche kann man nie trauen, wenn auch ihre Worte noch so schön und verlockend wahr klingen. Es ist nur die Kunst, mit Worten zu spielen, um mit den Gläubigen zu spielen – zu ihrer, der Kirchenherren, eigenen Belustigung.

Mir kam aber auch der Gedanke, dass man mit Gott ein Gespräch geführt hatte, wie man IHM und seinem Verhalten, das mehr Angst und Schrecken bei seiner Menschenschöpfung verbreitete, ein neues Image, ein freundliches, ein lächelndes, ein verzeihendes, ein barmherziges usw. usf. verpassen könnte. Und da man ja nicht alles sofort verändern kann, schon gar nicht einen Gott mit grimmigem und angsteinflößendem Blick, musste man behutsam vorgehen. Und Gott hatte viel, unendlich viel Zeit in der Vergangenheit, um seinen Ruf zu festigen, wie ich bereits mehrmals betonte, welchen er nicht von seinem Sohn, mit einem Gedankenstrich entsorgen lassen ... wollte. Es dauerte mehrere tausend Jahre, bis er sich bereit erklärte, dass man ihn zu einem lieben Gott umstylte. So entstand das Neue Testament, in dem er viel weniger der Gott der Angst als wie der Gott der Liebe wurde. Und auf diesen neuen Gott baute man nun seit Anbeginn des Neuen Testamentes, die neue Religion der Christen auf, die wie ein Tsunami über die Menschheit kam und sie überrollte.

Was der Christenheit sehr zusagt, da man mit und durch den lieben Gott neue Mitglieder an sich binden kann, sind schöne Versprechungen – die niemals von der Kirche gehalten werden. Gelobt sind die Imageberater, weil sie aus einem fürchterlichen Gott einen lieben Gott gemacht haben. Dieser Gott sorgte auch noch dafür, dass sein Spross auf die Erde kam, der wiederum für neue zahlungswillige Christen, wenn auch unbewusst, mit seinen Verkündigungs- und Heilsworten sorgte. Und die ersten Anhänger von Jesus waren die Apostel, und diese waren schon seltsame Apostel. Die einen waren Fischer und konnten nicht schwimmen, doch fuhren sie tapfer und todesmutig auf die raue See hinaus. Auch mal mit Jesus, der übrigens vor seiner Berufung zum Prediger ein Zimmermann war. Und dieser Jesus konnte über das Wasser gehen, was er seinen Fischern zeigte, als sie mit ihm auf den See hinaus paddelten. Als wenn das nicht gereicht hätte, dass er schwimmen konnte, nein, er musste mit seinem „Wasserlauf“ vor den Nichtschwimmern auch noch angeben. Damit wollte er die Fischer ganz sicher beeindrucken, was er auch schaffte, mit seinem Kunststück. Und andere von ihnen, den Aposteln, waren Sünder, die nach Jesu Gehirnwäsche gegen die Sünden anderer predigten. Das nenne ich ablenken von sich selbst. Immer den anderen klarmachen, dass sie (die) Sünder sind.

Gotteslästerung führt(e) zum Tode

Und da haben wir es schon wieder. Wie schon im Alten Testament, so auch heute, wer nicht spurt und liebende Worte und Taten für Gott findet, der wird aus dem Weg geräumt. Besonders wenn man Gott lästert. Und mit welchen Worten, auch Taten, lästert man Gott? Man lästert Gott, wenn man sagt, man sei ein Sohn Gottes. Heißt es denn nicht immer wieder, besonders gern gesagt von den Katholiken, dass jeder Mensch ein Kind Gottes ist? Ich glaube, dass nur, wer ein Christ ist, der ist auch ein Kind Gottes. Jeder andere Mensch ist dann ein Kind seines älteren Sohnes Luzifer. Aber der ist doch auch ein Sohn von ihm. Sogar sein Erstgeborener. Hier vermute ich jetzt, Blasphemie betrieben zu haben. Und blasphemische Äußerungen sind Gott lästernde und Heiliges verhöhnende Worte. Und Luzifer ist ganz sicher nicht Heilig im Sinne Gottes. Also, dem bzw. denen, die Gott lästern, vermutlich auch mal ungewollt, wird der Garaus gemacht. So steht es schon im Alten Testament. Siehe Lev. 24,16 „Wer den Namen des Herrn schmäht, wird mit dem Tod bestraft; die ganze Gemeinde soll ihn steinigen“. So kann sich also der, die, vom Antlitz Gottes für immer verabschieden, und dafür sorgen schon die vielen Helferlein Gottes hier auf Erden – auch mal mit Schwert und Knüppel und was es sonst noch so an Mordinstrumenten gibt. Und alles immer im Dunklen, wo es niemand mitbekommt.

In Deutschland war die Blasphemie bis 1969 ein strafrechtlicher Tatbestand. Nach der Reform des Strafgesetzbuches begnügte sich der Gesetzgeber weitgehend damit, die ungehinderte Wahrnehmung des Grundrechtes der Freiheit von Glauben, Gewissen und Religionsbekenntnis im Gottesdienst zu schützen. So ist die Beschimpfung eines religiösen oder weltanschaulichen Bekenntnisses nur noch dann mit Geld- oder Freiheitsstrafe bewehrt.

Ach, wie niedlich, die Kirche begnügte sich damit? Wie weit bitte ist weitgehend zu verstehen? Klingt wie die Möglichkeit einer freien Auslegung, um doch einen Blasphemischen, wenn schon nicht an das Kreuz zu nageln, ihn, sie, es doch aber für immer zum Schweigen bringen zu können. Motto, bist du nicht willig, so haue ich dir auf dein gottverfluchtes Schandmaul, um es zum Schweigen zu bringen. Dieses „Weitgehend“ nenne ich ein juristisches Hintertürchen für die Katholiken und deren laut schreiende Glaubens(Lügen)verbreiter.

Und bei Jesus, da hört der Spaß auf. Stimmt, denn als sein Gottvater zuließ, dass sein Sohn ans Kreuz genagelt wurde und zu Tode kam, war auch bei Jesus der Spaß zu Ende.

Ich weiß nicht ... doch, wenn Jesus unter uns Menschen, jetzt und heute wandeln würde, würde er, so sehe ich es, und das ganz intensiv, sich über die Witze, die man über ihn reißt, in Wort und Bild, göttlich amüsieren.

Wie viel Meinungsfreiheit ist erlaubt? Darf man in Deutschland die Katholische Kirche als „Kinderficker-Sekte“ bezeichnen? Die Bezeichnung Kinderfickersekte fiel als Reaktion auf den Kölner Kardinal Joachim Meisner, der Abtreibung als „täglichen Super-GAU“ bezeichnet hatte. „Nein“, lautet die Antwort der Berliner Staatsanwaltschaft, die wegen Blasphemie gemäß §166 des deutschen Strafgesetzbuches Anklage gegen Jörg Kantel erhoben hat. Nun, ich selbst neige dazu, mit offenen Worten zu schreiben und habe deshalb nichts gegen eine offene Wiedergabe eines Empfindens, welches man direkt kundgibt. Ganz sicher würden und werden zigtausende Geprügelte und sexuell missbrauchte Kinder und Jugendliche, die all das Grauen über sich ergehen lassen mussten, diesem direkten Vergleich (Kinderfickersekte) zustimmen, was das Ficken eines wehrlosen Menschen (Kindes) betrifft, welches sich in der Obhut einer Kirche befand, wo man die Liebe predigte und doch oft nur menschenverachtende Taten folgen ließ, wenn auch nicht von allen der Seelenbehüter. Da aber die Macht der Kirchenmänner fast grenzenlos ist und ein Aufschrei des Leidens, zugefügt von ihnen, und von denen schreibe ich ja nur, nichts zählt, können die kraftstrotzenden Mannsdrümmer, denen kein Kind etwas entgegensetzen kann, weiterhin ihr Unwesen treiben.

Pfui Deife, was ist das für eine Abartigkeit, die den Geschändeten und ihren Helfern in der Not angetan wird und wurde. Man verbietet, meist gerichtlich, den Geschändeten, die sich selbst nicht helfen können und es laut hinausschreien wollen, dass sie darüber in der Öffentlichkeit reden. Auch den Juristen und Fürsprechern der Geschändeten, der Gemarterten, der Geschundenen und für immer verletzten und schmerzenden Seelen wird mit teuren Prozessen gedroht. Ihre ehrlich gemeinten Worte des verkündeten Leidens, nach den Vergewaltigungen, die die unfreiwilligen Opfer ihnen erzählten, und die Worte der schmerzgepeinigten Opfer, der Kinder selbst, dürfen die Ohren der Schänder und seiner Verberger, in Talar, nicht erreichen. Und der Staat hilft dabei, wie man das erreichen kann. Mit Strafen, dass einem das Hören und Sehen und der Glaube an die Gerechtigkeit vergeht.

Und bei jedem mundtot gemachten Opfer freut sich der Gottesmann teuflisch und himmlisch zugleich. Fakt ist doch, dass Kinder von Priestern, und das nicht von wengen, jahrein, jahraus vergewaltigt wurden. Warum wird denen nicht der gesetzliche Garaus gemacht? Die wahre Antwort hierzu kenne ich nicht, doch sicher ist, der Heilige Kirchenschoß und unsere Politik gehen schon sehr verweichlicht mit den brutalen und gnadenlosen Sexsüchtigen um. Und die Unterbringung in ein Kloster, damit sie von Kindern entfernt werden, zahlt der Steuerzahler. Also Sie und ich und noch viele, viele Nichtchristen. Und da die Kirche für die abartigen Sünden ihrer Diener nicht an die Opfer zahlt, zahlen die, die mit der Kirche nichts am Hut haben. Ich zahle gerne für diese Opfer, wenn auch ich nicht für alle zahlen kann, damit ihnen geholfen wird. Das Trauma des Schreckens wird in ihnen nie verlöschen, dessen bin ich mir sicher, doch wenn es einen gerechten und lieben Gott gibt, dann wird er seine Diener schon zu strafen wissen. Hier auf Erden ist die Strafe zu gering für solche Bestien, die im Dienste der Kirche und im Namen Gottes tätig sind. Gott kann von mir aus auch mit ihnen gnadenlos umgehen.

Und jetzt noch mal kurz zur Gotteslästerung. Wahrheit, auch mal in humorvollen Worten (Witze z.B.) und Taten (welche?) werden oft als Gotteslästerung bestraft. Hoffentlich bestraft Gott die Seinen, die durch ihre Handlungen ihn gnadenlos lästern und sündigen.

Tartaros – der Hort der sündigen Christen

Tartaros ist der Ort der Strafe in der Unterwelt. In der Bibel wird der Begriff Tartarus ebenfalls verwendet. Im griechischen Urtext ist er im zweiten Petrusbrief (2 Petr 2,4 EU) ein einziges Mal belegt. Die Bibelstelle bezieht sich auf den Ort der abgefallenen Engel, der Dämonen, die von JHWH verbannt wurden und bis zum (Jüngsten) Gericht eingeschlossen sind. Tartarus steht auch als Synonym für Abgrund, denn im Lukasevangelium (LK8,31 EU) bittet ein Dämon namens Legion Jesus Christus, ihn nicht in den „Abgrund" zu schicken. Nach der Offenbarung des Johannes soll der Drache (Satan) für eintausend Jahre im Abgrund gefesselt werden, bevor er für kurze Zeit freigelassen und dann vernichtet wird (Offenb. 20,3 EU). Und der wahre und erste Diener Gottes, der Teufel, holt sie doch zu sich, um Freude an ihnen zu haben.

Die Kinder von Joseph – Geschwister von Jesus

Joseph stammte aus dem Geschlecht des Königs David, aus dem nach dem Zeugnis des Alten Testaments der Messias hervorgehen werde. Nach Überlieferung war er damals ein schon alter, ca. 80-jähriger Mann. Und wenn er zehn Jahre jünger gewesen wäre, dann war dennoch schon ein Oldie, ohne Spritzfunktion.

Als er erfuhr, dass Maria schwanger war, zweifelte er an deren Treue und wollte sich von ihr trennen. Da wäre und war er nicht der Erste, der sich von seinem untreuen Weibe trennt(e). Ein Engel erklärte ihm jedoch in einem Traum, dass Maria vom Heiligen Geist schwanger sei, und Joseph blieb bei ihr (Matthäusevangelium 1,18-21). Schon sehr verwunderlich, doch hat Joseph vermutlich nicht mehr alles auf die Reihe bekommen und war froh, dass er eine junge „Pflegerin“ hatte. Dem war es vermutlich egal, wer Maria befruchtet hat. Er selbst war dazu wohl kaum noch in der Lage. Dafür hat er in die „Ehe“ mit Maria seine eigenen Kinder mit eingebracht. Das Matthäusevangelium (13,55) nennt namentlich vier Brüder Jesu: Joseph, Simon und Judas. Sie gelten als Söhne Josephs aus einer ersten Ehe. Dazu hatte Jesus noch mehrere Vollblutschwestern. Heute nennt man das Patchwork-Familie.

Damit auch jeder Mensch es endlich glaubt, dass Gott wahrlich kein guter Gott ist, hier eine weitere Tat des ach so lieben Gottes, der nur seinen Sohn Jesus hat retten lassen. Die anderen waren ihm egal.

Als Jesus noch miniklein war, hat er nicht dafür gesorgt, dass die Brüder und Schwestern (Halbgeschwister?) auch vor der Verfolgung durch Herodes, um Säuglinge und Kleinkinder zu töten, verschont werden. Nur durch viel Glück, sonst wären diese nicht auch Jahre später mit Jesus latschend umhergeirrt und hätten Seltsames gepredigt. Hat sich eine andere Mutter um die Kinder von Joseph gekümmert, dass diese nicht auch ermordet wurden? Was war Maria, die Mutter von Jesus, nur für eine Mutter? Sie lässt die anderen Kinder, es waren ja nicht ihre, allein zurück, und setzte sie so, sicher wissend, den Mörderwaffen von Herodes‘ Schergen aus. Und warum hat Josef nicht versucht, auch seine Kinder zu retten? Wusste er, dass seinen Kindern kein Leid geschehen werde, da diese schon älter waren, um sie noch zu erdolchen oder erschlagen? Und wem hat er seine Söhne anvertraut? Hat Gott dafür gesorgt, dass Maria und Josef vergaßen, dass sie noch weiter Kinder in ihrem Stall hatten? Und wer hat sich um diese Kinder gesorgt, als der eigene Vater mit seiner befruchteten Maria ins Ausland, nebenan, floh? Wie weiter oben schon zu lesen war, war Joseph bereits ein alter Mann. Es ist damit zu rechnen, dass seine Söhne bereits erwachsen waren, als er mit Maria mal für ein paar Jahre verschwand bzw. verschwinden musste. Ob das nun alles stimmt, denn die Brüder und Schwestern von Jesus waren nicht erwachsen, denn diese sind mit ihm zusammen im Elternhaus von

Maria und Joseph, nach deren Rückkehr (Maria, Joseph und Jesus) in der Heimat, Israel, aufgewachsen. Wer waren denn dann die Kinder von Josef und die Kinder, die mit Jesus groß wurden? Von Joseph, dem doch noch potenten (ur)alten Stecher?

Und nun zu einem Auszug eines unbekannten Schreibers

Eine wahre Lesefreude!

Herodes wolle das Kind suchen um es umzubringen, da er um seinen königlichen Thron fürchtete, diesen abgeben zu müssen, – an Gottessohn. Pasolinis Film setzt auf Gesichter: Eindrucksvoll frömmlerisch die Priestergesichter, überirdisch sanft – das Engelsgesicht, tückisch-königlich verlebt – der Herodesschädel, heilig sündenfrei und widerspruchslos die Elterngesichter und brutal, kalt mörderisch – die Soldatengesichter. Und weiter, wie es in der Bibel steht: Als Herodes erkannte, dass er von den Weisen getäuscht worden war, wurde er zornig, sandte hin und ließ in Bethlehem und im ganzen Gebiet alle Knäblein töten, die zweijährig und darunter waren! Stark, wie der Film diese Szene zeigt: Die Schergen des Königs mit kalten Mörderaugen, brutal verschlagen, stumpfsinnig und bewaffnet bis an die Zähne. Diese Kreaturen fielen über die Menschen her, erschlugen die Kinder mit Schwertern und Knüppeln, rissen sie den verzweifelten Müttern aus den Armen, von der Brust und zerschmetterten sie an den Felsen und auf der Erde, erstachen sie mit Lanzen, erdrossel-

ten sie mit nackten Händen, erwürgten, zertraten und zerfetzten sie, ein Meer von Kinderblut breitete sich aus. Das Flehen und Schreien, das Jammern und Weinen, der Schmerz die Wut und die Trauer schrieen zum Himmel – rührten trotzdem weder Gott noch Engel.

Der Stammbaum Jesu

Zuerst einmal ein besonderer Hinweis. Der Kirche, den Priestern ist es, ob bewusst oder unbewusst, entgangen, dass man im ersten Konzil von Nizäa im Jahre 325 die Göttlichkeit Jesu per Wahl beschloss. Jesus war somit nicht von Geburt an der Sohn Gottes. Dann war er doch ein kleiner Rotzlöffel mit triefender Nase und aufgeschürften Knien. Zugezogen durch die wilden Spiele mit den Freunden, Verletzungen, die er sich auf dem Schotter holte, wenn es ihn auf die Nase gehauen hat und er dann schreiend und weinend zur Mama lief, um sich von ihr trösten zu lassen. Ja, da war Jesus noch ein ganz normaler Bub, übergehend zu einem Jugendlichen und weiter zu einem jungen Mann, der den Weibern hinterherlief, zumindest pfiff, und mit seinen Freunden auch gerne mal einen Humpen Wein trank, um dann Zeit in den Armen einer besonders netten Frau zu verbringen. Vielleicht die, die er besonders gern hatte, die mit dem Namen Maria Magdalena. Kann ja sein. Und die Kirche lehrte, mir ja auch, dass eine Frau mit diesem Namen eine Freudenfrau war. Und Jesus mochte sie, wie wir auch wissen, die eine Kirchenlehrzeit hatten, besonders gerne. Und ob er sich fruchtbar vermehrte, das weiß niemand. Bei ihm endet vermutlich der Stammbaum von Jesus.

Zusatzinfo entnommen aus dem Buch „Als die Kirche Gott verriet“: Der Papst wurde erst 1870 per Wahl als unfehlbar gewählt, und das mit einem denkbar knappen Ergebnis von 355 Stimmen bei insgesamt 1084 wahlberechtigten Geistlichen. Und so haben wir einen irdischen Un(d)fehlbaren auf dem Stuhl Petri.

Ein Sohn Gottes hat keinen irdischen Stammbaum, wie es im neuen Testamentes (Mt. 1,1-17) steht. Dort liest man, dass er, „des Sohnes Davids, des Sohnes Abrahams“ sei. Von Abraham bis Jesus sind alle aufgeführten Namen von Männern. Die Namen der Frauen werden nicht aufgezeigt. Doch bei Joseph macht man eine Ausnahme. Er sei der Mann der Maria, aus der und nicht mit der er Jesus gezeugt habe.

Zusatz: Wer sagte als erstes, dass Jesus der Sohn Gottes ist? Es war Petrus, als Jesus ihn fragte, wer er ist. Und Petrus sagte zu Jesus, „du bist der Sohn Gottes“.

Er, Jesus, so heißt es im Neuen Testament, war der Schönste unter den Menschenkindern, die Anmut spielte auf seinen Lippen. Majestätisch wie die Sonne, die in unerreichbarer Höhe und Ferne über uns schwebt, und doch wunderbar sich herabbeugend zur Erde, und den kleinsten Wurm grüßend. Aha, er beugte sich hinab und begrüßt den Wurm, mit „Hallo und Grüß Gott, du kleiner Wurm“. Und gedanklich stellt er sich vor, wie der glitschige Wurm an der Angel hängt, um damit einen Fisch zu ködern. Wenn das der Wurm wüsste, was der Fischer Gottes gerade Teuflisches denkt, dann würde er sich schleunigst in der Erde einbuddeln – auf nimmer Wiedersehen – für Gott und seinen himmlischen Angler. Da die ganze christliche Welt felsenfest davon überzeugt ist, dass Jesus der Gottessohn sei, wozu braucht es eine Ahnenliste? War er der Sohn vom Zimmermann Joseph? Wenn ja, dann hatte er folgende Ahnenliste. War er Gottessohn, konnte er keine Ahnenliste haben, denn Gott hat keine Vorfahren. Doch ist es ganz sicher vermutlich auch im Internet zu lesen, dass es 42 Generationen von Adam bis zu Jesus sind. Und bis zu mir?

Wenn man die Geschichte vom Jesusbuben kennt, weiß man, dass der olle Josef nicht, ich wiederhole, nicht der Vater von Jesus ist, denn Maria hat ja den Bengel von einem unbekannten Wesen, Millionen und Abermillionen nennen ihn Gott, in einer geheimen Aktion eingesegnet bekommen. Wäre da nicht die Namensliste der weiblichen Vorfahren von Jesus interessanter? Und wie die Anhänger Gottes zu glauben wissen, „Gottvater, der alleinige Gott, ist von niemandem erschaffen und ursprungslos“.

Und jetzt noch eine Seltsamkeit. Maria war jüdischer Abstammung und eine direkte Nachfahrin von König David (Lukas 3:23-31). Wie man bereits gelesen hat, war auch Josef ein Nachkomme von König David. Na, und was sagt uns das? In dem Hause Davids hat man es untereinander aber schon vogelwild getrieben – damit auch ja alle und alles in der Familie bleibt.

In der Bibel ist zu lesen, dass Jesus der erstgeborene Sohn von Maria ist. Das legt nahe, dass sie noch weitere Kinder hatte. Siehe dazu Lukas 2:7. Von wem hat sie diese anderen Kinder eingesegnet bekommen? Auch von Gott oder dann doch von Josef, dem doch noch potenten alten Stecher? Dann sind diese Kinder aber keine Gotteskinder von Gottesgnaden, sondern nur ganz normale Normalsterbliche, ohne himmlisch göttlichen Hintergrund.

Wie lautet denn der Name des Herrn (Jesus) wirklich?

Na wie wohl, natürlich „Jesus“, werden alle antworten. Doch jetzt kommt die erschreckende Erkenntnis, denn die deutsche und englische Schreibweise „Jesus“ ist erst ca. 400 Jahre alt. Den Buchstaben „J“ gab es davor noch gar nicht, ebenso wie den Buchstaben „U“ und den Buchstaben „W“. Vor dem 17. Jahrhundert schrieb man auf lateinisch „IESV“, wobei damals das „V“ statt des „U“ stand. Und warum? Weil sich das besser in Stein meißeln ließ als das runde „U“. Diese Schreibweise des Namens „IESV“ ist in den ersten lateinischen Bibelausgaben aus dem 4. bis 5. Jahrhundert der Vulgata-Bibel und der Itala enthalten. Wenn das jetzt jemand anzweifelt, dann verweise ich auf das Internet. Wenn man im Internet, *„Der-wahre-Name-Jesus“* eintippt, dann wird man das alles nachlesen können. Zumindest war es noch so, als ich nach dem wahren Namen Jesu recherchierte und das unerfreuliche Wort „Sau“ im Namen Jesus entdeckte – was bereits jemand anderes vor mir entdeckt oder herausgefunden hatte. Und um zu vermeiden, dass das publik wird, hat man dann seitens der

Kirche (versucht), dieses Wissen aus dem Internet radieren zu lassen. Dazu mehr ein paar Zeilen weiter, oder, einfach mal im Internet schauen, vielleicht ist diese Info noch in den Tiefen des Internet zu finden. Wenn ja, dann untermauert es meine Aussage zum Namen Jesu.

Hat man den (angeblichen) Sohn Gottes also IESV gerufen, und nicht Jesus, als er lebte? In den Hebräischen Schriften, dem Alten Testament, ist der Name des Messias nicht bekannt oder noch nicht bekannt. Aufgemerkt, bei dem Namen „Jesus“ könnte man einen beleidigenden Anklang herauslesen, denn das lateinische „sus“ ist gleichzusetzen mit „Schwein, Wildschwein, Sau“. Und dieses Borstenvieh ist für die Juden ein unreines Tier. Für die Christen, die meisten zumindest, gibt es keine religiös unreinen Tiere. Für sie hat der Name Jesus deshalb keinen negativen Beigeschmack.

Was ist nun davon zu halten, von dem, was über den Namen Jesus und seine „Bedeutung“, aufgrund von drei Buchstaben in seinem Namen, geschrieben wurde? Ist eine solche Gleichsetzung mit einem Schwein nur wegen drei Buchstaben in (s)einem Namen eine Sauerei, eine Gotteslästerung im Angesicht der lieben Christen, aber auch der Nichtchristen? Darf man es als Wahrheit verkünden? Nein, das geht überhaupt nicht, werden viele Jesusanhänger sagen. Und ich, ja, ich würde mich Sünden fürchten, behaupten zu wollen, dass es Wahrheit ist, was im Namen Jesus verborgen steht – doch amüsant, erheiternd, finde ich es schon.

Wer von den Christen weiß denn schon, dass die Endung „sus" im Namen Jesus als Bedeutung für (Wild)Schwein, Sau steht? Wissende unter ihnen schon. Die Großen, die Herrlichen, die meisten zumindest, die, die das angebliche Wort Gottes verkünden, wissen es nicht. Das interessiert sie auch nicht. Wenn sie es doch wissen, dann verraten sie es nicht, denn sie fürchten um ihre Schäfchen, die sich so leicht schröpfen lassen. Mal ehrlich, wer will schon ein Schwein, eine Sau als Gottessohn sehen und dann auch noch anbeten müssen? Zu akzeptieren, dass der Sohn Gottes (heimlicherweise oder eigentlich) ein Ferkel ist, geht schon mal gar nicht. Dann müssten sie sich auch noch vorstellen, dass ein Ferkel an ein Kreuz genagelt hängt, zu dem sie aufschauen ... müssen. Und unter dem Lendenschurz befindet sich ein süßes Ringelschwänzchen. Nee, nee, das geht jetzt wirklich zu weit, stimmt's? Ein Ferkel am Spieß, ja, das kann man sich, Schmakofatz, leicht und locker, besonders aber lecker vorstellen, aber ein Ringelschwänzchen, ein anbetungswürdiges, wie die Vorhaut Jesu, das geht aber nun doch zu weit.

Bisher waren und sind es die Juden und die Moslems, die das Schwein als unrein ansehen. Wenn sich das, was ich entdeckt habe, herumspricht, dann gibt es keine Jesusanbeter mehr, weil der Sohn Gottes in seinem Namen die Bedeutung Schwein trägt. Dann rufen alle im Gebet: Jessas na (im Bairischen ein Ausruf des Erschreckens), und das bedeutet „Jesus", aber auch ein Ausruf wie „Oh Mann!" oder ein resigniertes „na toll"), ein geheiligtes, göttliches Schwein. Nee, das kann nicht sein, das darf nicht sein, doch die erforschte Geschichte lehrt nun, nicht nur mir, was Sache mit dem Namen Jesus ist. Und so ist nicht nur Jesus an sich anbetungswürdig, auch ein Schwein allgemein ist nun für die Christen, wenn nicht nur als Schweinebraten, Saumagen, Schweinswürstl, Schweineschnitzel usw. auf dem Teller serviert wird, ein geheiligtes Wesen. In und mit Jesus Namen ... ja!

Genau betrachtet, ist es gar nicht so abwegig, bei all der Sauerei, die im Namen Jesus und seinem Vater mit den Menschen durch die angeblichen guten Menschen getrieben wurde und ganz sicher noch wird. Es wurden Menschen, wie Schweine, am Spieß gebraten. Und warum? Weil sie (angeblich) nicht gottesfürchtig waren.

In der oben angeführten Erklärung ist zu lesen, dass Jesus in seiner Heimat, von seinen Angehörigen, Freunden und Jüngern nicht Jesus gerufen wurde. Obwohl, wenn man den Namen Jesus nicht nannte, lag es daran, dass es diesen Namen auch nicht gab, zumindest nicht im geschriebenen Worte, weil dazu verschiedene Buchstaben fehlten – wie oben auch bereits zu lesen war. Das würde bedeuten, dass sich die Juden über ein „Schwein“, das gekreuzigt wurde, weil es ein Gotteslästerer war, keine Gedanken gemacht haben konnten. Das konnte man sich erst viele hunderte von Jahren später, als der Name Jesus für den Sohn Gottes „erfunden“, geschrieben wurde, mit den dann zusätzlichen Buchstaben (sus), die dann im Namen Jesu Verwendung fanden.

Mein Vorschlag wäre, man weigert sich, den Namen Jesus in den Mund zu nehmen, nicht, weil man befürchten muss, ein Stück Schweinefleisch im Mund zu haben, nach der Wandlung einer Oblate, sondern, damit man den Sohn Gottes und die Heilige Katholische Kirche und deren Anhang nicht aus Versehen beleidigt. Und doch komme ich nicht darum herum, dass das Fleisch Jesu, das man in der Kirche zu sich nimmt, durch die Wandlung zu einem Schweinefleisch wird, da das Schwein für die Christen kein unreines Tier (mehr) ist. Jesus ist für die Christen das Reinste, was es gibt – nach seinem Vater natürlich. Wenn man nach dieser Enthüllung in den Kirchenkreisen und den Gläubigen damit nicht klarkommt, dass im Wort Jesus die Bedeutung Schwein beheimatet ist, dann nehmt meinen Tipp hierzu an: Nennt ihn einfach den allerhöchsten Gottessohn. Auch der Jesuspaps hat eigentlich keinen Namen, den haben die Menschen erfunden, in grauer Vorzeit, um überhaupt einem Überwesen einen Namen, eine Begrifflichkeit zu geben. Er könnte genauso gut Itschgibritschgi heißen. Und jetzt fragt nicht, was Ischgibritschgi heißt. Ist eine Namenserfindung von mir – weil Gott, den es angeblich gibt, alles ist und auch damit auch alles heißen kann. Seinen Sohn aber lässt er hier auf Erden als verdecktes Schwein durchgehen. Damit muss jetzt Schluss sein, denn so werde ich (vermutlich) nie wieder ein Christ werden. Will ich das überhaupt? Ich bete doch kein Schwein an, ich esse das, was man aus einem Schwein köstliches alles machen kann – wie es andere, wenn auch unwissend, machen. Also, christliche Leute, sucht euch einen neuen Namen für „euren" Gottessohn, denn sonst laufen der Kirche alle ihre Gläubigen weg und gehen zu einer der vielen anderen Glaubensfakultäten. Nun, dieses Mal nicht, weil man erkannt hat, wie unchristlich doch die Katholische Kirche zu ihren Schafen ist.

Ja, Jesus war doch eine arme ... Sau. Und warum? Weil sein Vater dafür sorgte, es so haben wollte, dass er für die Sünden der Menschen gekreuzigt wurde. Was fällt dem Leser, der Leserin sofort auf? Bei diesem Gott hat man keine Chance, sich gegen (s)eine Kreuzigung zu wehren. Was er will, wird auch so geschehen. Motto: „Mein Wille geschehe, wie im Himmel so auch auf Erden."

Ein angeblich allmächtiger, alles wissender, allumfassend liebender und gnädiger Gott schickte zur Errettung seines Sohnes einen Engel, ließ aber alle kleinen Jungen im Lande gnadenlos umbringen! Und solch einen Gott, der selbst einen Sohn hat, beten die Christen an? Oh ihr Armen im Geiste, seht ihr nicht, was das für ein die Menschenkinder verachtender Gott ist, den ihr Woche für Woche auf Knien anbetet und verehrt? Warum betet ihr ihn an? Damit ihr werdet wie er oder noch schlimmer? Auf dem Weg dazu sind bereits sehr viele von euch, ihr ach so guten Christen.

Er, Gott, der das alles im Voraus wusste, warnte Maria! Aber er rührte keinen seiner göttlichen Finger, um die Unschuldigsten seines Volkes, die Kinder, vor Herodes zu retten. Wo war die immer wieder verkündete Gottesgnade des christlichen Glaubens? Die ist auf dem Weg zu seinen Geschöpfen auf der Strecke geblieben. Geschöpfe, die er in mehrere Kategorien einteilt. In die zu rettenden und in die die zu vernichtenden – und das ... gnadenlos. Und so geht er auch mit seinen Himmelsgeschöpfen um, wenn sie ein klein wenig aufmucken.

Maria

Mutter Gottes, Mutter von Jesus – ihr Leben und Wirken

Was bedeutet der Name Maria? Vom hebräischen Wortstamm aus könnte man es mit „die von Gott Geliebte" oder: „Seherin, Herrin" bzw. „Bitterkeit, Betrübnis" übersetzen.

In den Schriften einer anderen großen Religion bedeutet der Name „Maryam" sinngemäß „Anbeterin Gottes". In der Camera Santa, der Kathedrale in Oviédo, gibt es einen Reliquienkasten, der mit Erde von der Stelle der Himmelfahrt Marias gefüllt ist. Als wenn mich das jetzt wundern würde. Im Neuen Testament wird Maria einundzwanzig (21) mal als Mutter Jesu genannt und einmal wird sie als „die Frau" bezeichnet.

Wie das Leben von Maria, geboren ca. 17 v. Chr. in Nazareth, am ausführlichsten beschrieben wird, ist im apokryphen Jakobsevangelium, Mitte 2. Jh. n. Chr., zu lesen. Ihr Wissen über die Heiligen Schriften soll sie im Tempel erhalten haben. Doch soll sie auch den Priestern dienlich gewesen sein. Meint man damit waschen, kochen, flicken, putzen oder auch etwas anderes? Man weiß es nicht. Es ist auch kaum vorstellbar, dass Maria, die Mutter von Jesus, eine Dienerin der Tempelpriester war. Dabei kommt mir unweigerlich der Gedanke, in welcher Form sie für die Hohepriester dienlich war. Sie war jung und ... wahrscheinlich auch noch hübsch, denn eine, die nicht ansehnlich ist, wird wohl kaum zu einer Tempeldienerin für Gott und deren Hohepriester auf Erden geworden sein. Und die Männer des Tempels, besonders die greisen, sind es, die ihren Schlapper kaum im Mund halten können, wenn vor ihren Augen, den halbblinden, etwas Reizvolles, vermutlich auch noch Halbnacktes, im sehr knappen Tänzerinnengeschmeide, um sie herumschwänzelte. Bei Wein, Weib und Gesang, da werden und wurden sogar die Vertreter Gottes, wenn es auch noch nicht die Christenpriester waren, schwach in den Knien und erregt im Schritt. Und wenn es diese Maria war, die heute Abermillionen Christen anbeten, dann ist es schon sehr fraglich, warum Gott ausgerechnet sie auserwählt hat. Vermutlich weil sie die hübscheste und gebenedeiteste unter den Tänzerinnen, mit dem best ausgeprägtesten und einladendensten Hüftschwung war, die er bei einer Erdenfrau sah, um dann nur von ihr seinen Sohn, den Gottessohn, austragen zu lassen. Also, wenn schon die notgeilen Engel die irdischen Frauen nächtens besuchen und begatten, dann darf doch auch Gott sich ein Weibchen unter den irdischen Frauen zum Stelldichein nehmen. So sah er im Tempel alle Vorzüge seiner noch jungen und hübschesten Gottesdienerin, die ihm die Hohepriester schmackhaft machten. Doch er selbst befruchtete sie nicht. Dafür schuf er einen Geist, der seinen allmächtigen, göttlichen Samen in ihre Hüften platzierte. Und damit es nicht heißt, eine Dirne des Tempels wird die Mutter von Jesus, dem Sohn Gottes, ließ er sie, wohl auf sein Geheiß, mit dem alten Joseph „verheiraten“, denn der war bereits zeugungsunfähig, wenn das mit dem Alter von über 80 Jahren stimmen sollte. Was von dem, was ich geschrieben habe stimmt oder stimmen kann, steht in den Sternen. Und einer davon führte zu der Geburtsstätte des Gotteskindes namens Jesus, der ausgetragen und geboren ist von Maria, von der ja berichtet wurde, dass sie eine Tempeldienerin war.

Im 4. Jahrhundert bauten die Christen dort, wo Maria gelebt hat, eine kleine Kreuzkirche. Der Ort wurde in den 60er Jahren vom Vatikan als ein heiliger Ort bezeichnet und zu einer Pilgerstätte erklärt. Maria ist mit etwa 60 Jahren entschlafen – in der christlichen Tradition spricht man bewusst nicht vom Tod, sondern vom Entschlafen Marias. Sie ist in einem Grab im Kidrontal bei Jerusalem beigesetzt worden.

Im Koran, dem heiligen Buch des Islam, wird Maria insgesamt 31 Mal erwähnt. Da können sich die Christen noch was abschneiden. Was abschneiden? Dass die Moslems den ach so aufgeklärten Christen was voraushatten. Sie wussten die Frau schon bewusster in das Leben der Gläubigen miteinzubeziehen, denn sie wissen, dass ohne eine Frau nichts geht, wenn es um das Kinderkriegen geht. Bei den Christen kommt der Heilige Geist, und der beglückt das Weib schon für die Tempelmänner. Sie, die Muslime, waren aufgeklärter und die Christen waren verstört, wenn mal, was ganz selten vorkam, ein Weib in ihrer elitären Runde anwesend war.

Dies bezieht sich auf Mohammeds Aussage, der „Sohn der Maria (Jesus) wird für kurze Zeit zu euch (Muslimen) kommen als ein gerechter Herrscher und er wird das Kreuz zerbrechen, das Schwein töten und die Jizya (Schutzsteuer, die Nichtmuslime an die muslimische Obrigkeit abführen müssen) abschaffen."

In den Paulinischen Briefen, den ältesten Texten des Neuen Testaments, wird der Name der Mutter Jesu nirgendwo genannt, sie wird jedoch einmal in ihrer Funktion als Mutter Jesu erwähnt, vgl. Gal 4,4f. Hierbei geht es um eine „normale Geburt". Jegliches Interesse an der Person Marias fehlt; im Zentrum der Aussage steht die Sendung Christi. In den übrigen paulinischen und allen weiteren Briefen des Neuen Testaments spielt Maria keine Rolle. Und das änderte sich viele Jahrhunderte nicht.

Maria im Protevangelium des Jakobus (ProtevJak)

Das ProtevJak ist im 2. Jh. n. Chr. entstanden, es erzählt die Biografie Marias. In diesem Text steht, dass Maria vom Geschlecht Davids abstammt und ihre Eltern Anna und Joachim heißen und kinderlos sind. Ein Engel verkündigt Anna die Geburt eines besonderen Kindes und gibt dem Kind den Namen Maria. Das Kind von Anna wächst ab dem Alter von drei Jahren im Jerusalemer Tempel auf und wird mit zwölf Jahren dem Witwer Josef anvertraut. Josef ist zunächst verzweifelt, als er Maria schwanger vorfindet, aber in einem Traum teilt ihm ein Engel mit: „Fürchte dich nicht wegen dieses Mädchens. Das, was in ihr ist, entstammt dem Heiligen Geist."

Rund um die Kirche

Ein kleiner, kommentierter Einblick in den Gottesdienstablauf (Liturgiestunde)

Das Wort Gottesdienst erschließt sich, wenn man den verwendeten Begriff der Liturgie hinzuzieht. Liturgie kommt aus dem Griechischen und bedeutet so viel wie „Das Tun des Volkes“. Es gibt zwei feststehende Säulen des Gottesdienstes, die die Feier der Liturgie zementieren. Die eine Säule ist der Lese- und Gebetsgottesdienst mit Predigt und Glaubensbekenntnis, die andere Säule ist das Essen und Trinken des Leibes und des Blutes Jesu. Dies geschieht zur Erinnerung an den Tod Jesu.

Hier sieht und erlebt man wieder, dass man den Tod eines Menschen feiert, der an ein Kreuz genagelt wurde. Ziemlich pervers, oder? Es gibt so viel Schönes, das man als Grund für eine Feier nehmen kann, aber der Christ feiert die Folter und die Hinrichtung eines jungen Mannes. Wahrscheinlich ergötzen sie sich heute noch daran, bei jeder Liturgie, die sie in ihrer ... seltsamen Gesellschaft feiern. Mit Wein und Brot, aber, und jetzt kommt es, ohne Weib. Die wird nur in der Verherrlichungsrunde geduldet, wenn sie die Brötchen schmiert und nach der Feier den Abwasch macht. Als Priesterin darf sie dem Herrengott nicht dienen.

Der Gottesdienst, so die Erklärung über die Heilige Liturgie, wird vom ganzen heiligen Volk Gottes mitgestaltet und getragen. Hier frage ich mich, wer mit heiligem Volk Gottes gemeint ist. Die Prediger oder die Prediger und die Gläubigen? Nun denn, dann ist das ganz sicher kein heiliges Volk. Es wäre vollkommener Blödsinn, die Menschen, die dem Christglauben frönen, heilig zu nennen. So viel Teuflisches, wie es unter ihnen gibt, kann man gar nicht in der Hölle unterbringen.

Durch die Taufe sind alle dazu berechtigt, ja sogar verpflichtet, sich in den Gottesdienst aktiv einzubringen. Also müssen sich auch die unfreiwillig Getauften aktiv im Dienst an und für Gott einbringen. Zu diesen Diensten gehört die Anwesenheit bei den Liturgiekreisen. Weitere Personen sind auch mal Lektoren, Hostienverteiler, Kirchenmusiker und Chöre. Sie alle haben die Möglichkeit, an der Gestaltung der Gottesdienste mitzuwirken und unterschiedliche Aufgaben zu übernehmen. Klar, der Kirchenpopel macht die ganze Drecksarbeit für den Herrn am Altar. Und der Pfaffe stellt sich in die Weihrauchwolke, pfeift sich den durch die Nase und säuft den geheiligten Wein, der aus der Toskana kommt. Ein, zwei Oblatenkräcker runden das Abendmahl ab. Ist ja auch ein gutes und mit den Jahren auch noch ein fein geräuchertes Stück abgehangenes Fleisch. Und jetzt kommt was ganz Verrücktes, etwas, das nur mit Simsalabim geht. Dreh- und Angelpunkt des Gottesdienstes ist die Gegenwart Jesu Christi. Na klar, es ist Jesus, der herabgestiegen kommt, um sich später wieder am Kreuz, das über dem Altar hängt, auf selbigem gekreuzigt zu zeigen. Damit ist er leibhaftig mitten unter den Sinnenden, die der Weihrauch und die Duftkerzen bereits das Hirn in vielen Kirchensitzungen verschrumpeln lassen haben. Und das entsprechend seinen Worten im Matthäusevangelium: „Denn wo zwei oder drei in meinem Namen versammelt sind, da bin ich mitten unter ihnen." (Mt. 18,20) Wenn Jesus wirklich unter diesen Männern und Frauen in der Gebetsrunde sitzen würde, als Zuschauer, versteht sich, und nicht als der Protagonist, mal nicht am Kreuz hängend, dann würde er ganz sicher nur den Kopf schütteln, bis ihm dabei das Genick bricht. Mit einem Befreiungslächeln - nach dieser Gedankenmanipulationsrunde, die für ihn und seinen Dad abgehalten wurde - verabschiedet er sich ganz fix auf Nimmerwiedersehen. Das will er sich kein zweites Mal mehr antun. Und nun treibt es die Kirche auf die Spitze. In der Liturgie der Kirche ist Jesus Christus gegenwärtig in Brot und Wein, er spricht selbst aus den biblischen Lesungen und bewirkt durch Gesten und Symbole das Heil der im Gottesdienst Versammelten. Bedeutet das, dass Jesus dann unter den Gläubigen ist, den aber keiner sieht, nicht einmal der Gebetsschwindler am Altar, der Verarscher der Gläubigen? Was sollen dann diese ganzen Gesten, und welche Symbole des Heils sollen das sein, die eh keiner sieht und verspürt? Was ist das denn für ein gelebter Schwachsinn, zu behaupten, Jesus spricht höchstpersönlich in den Heiligen Messen zu ihnen? Macht er das auch zur selben Zeit in all den anderen Kirchen? Das möchte ich aber mal sehen, wie er das anstellt, gleichzeitig in allen Gebetshäusern leibhaftig präsent zu sein und zu den Kirchenbesuchern (Kniaglern=Knieenden) zu sprechen und Symbole - wohl auf kirchlichen Werbetafeln - zu zeigen. Kann man diesen gelebten Schwachsinn noch toppen? Bei der Katholischen Kirche ist alles möglich. Die Diener Gottes leben in ihrem Schwachsinn und machen andere zu Schwachsinnigen.

Die Christen bekommen viele große Ehrennamen zugeteilt: das auserwählte Geschlecht, die königliche Priesterschaft, das heilige Volk, das Volk des Eigentums. Sind sie deshalb so verdorben und blind im Geiste? Glauben sie so, der Wahrheit nahe zu sein, einer Wahrheit, die nur auf Fälschungen und Manipulationen aufgebaut ist? Wessen Eigentum sind sie? Das Eigentum der Christenfürsten, vor denen sie sich zu verbeugen haben. Bei denen sie keinen eigenen Willen besitzen dürfen. Sind sie die Diener der Priester? Ihr Kreuz beugen sie. Auch unter Zwang, wenn es sein muss.

Kruzifix

Die geistige, aber natürlich nicht kirchenoffizielle Bedeutung von Kruzifix und Kreuzstab, Ferula genannt, könnte sein, mit warnenden Worten: „Wir haben Jesus besiegt. Wir haben ihn gefoltert, gequält und zum Schweigen gebracht. Wir zeigen euch mit diesem Stab seine Niederlage. Wir, die Priester, wir sind die Sieger. Wir haben die Macht. Jesus kann nicht mehr sprechen. Jetzt sind wir es, die Priester, die reden. Unterwerft euch vor diesem Stab." Die Kirche zeigt immer wieder auf den toten Jesus am Kreuz, obwohl Er doch auferstanden ist. Damit soll unterschwellig die sinngemäße Botschaft verbreitet werden: „So haben wir Ihn besiegt und zum Schweigen gebracht. Dafür reden jetzt wir, die Priester." Und der Gottvater, ... der hat nichts (mehr) zu sagen.

Ein überzeugter Katholik wurde einmal gefragt, welche Erinnerungen er an Karfreitag habe. Die Antwort darauf war: „Ich war immer froh, wenn es vorbei war. Jedes Jahr werden diese Folterdinge, die an Jesus begangen wurden, nochmal bis ins Detail erzählt und beschrieben. Das verstört einen als Kind tatsächlich sehr.“ Er sagte auch, dass er Menschen kennt, die deswegen nie wieder eine Kirche betreten werden, weil sie nicht sehen können, wie ein Mensch mit Nägeln in Händen und Füßen an einem Kreuz festgenagelt ist.

Allein schon die unfassbar grausame Folter Jesu vor seiner Kreuzigung, die die Kirche auch noch als das Leid, welches Jesus Christus wohl aus Gnade zu den sündigen Menschen über sich ergehen ließ, soll und wird von der Kirche auch noch verherrlicht. Doch damit zeigt sich die *pervertierte* Einstellung der Kirche zum Glauben der Menschen, die doch an das Gute der allmächtigen und in alles eingehenden Liebe Gottes glauben – dafür beten und für ihr Seelenheil hoffen. Da passt das Lobpreisen eines gefolterten Menschen - und Jesus war ein Mensch - ganz sicher nicht dazu. Was wirklich dahintersteckt bei der Liebe Gottes, das weiß niemand, doch die Verkünder am Opfertisch und dem Kreuz Christi verhalten sich, als wenn sie das Blut ihrer Opfer sehen wollen, und wenn sie dabei selbst Hand anlegen müssen, um ihr Schauspiel der Blutmacht genießen zu können. Denn wo Blut in der Kirche und im Namen der Kirche in Strömen fließt, da hat ein Gottesmann sicherlich seine Hände der Vernichtung im Spiel gehabt. Und wenn dabei mal Blut an den Händen bleibt, dann wäscht man es mit geweihtem Wasser einfach ab. So prallt mit dem Blut und dem Leid und dem Geschrei der „Opfer“ auch gleich noch die Sünde des Blutgierigen ab. Ihre Vorfahren in den Tempeln haben es ihnen vorgemacht – ohne dafür Buße getan haben zu müssen. Und was bei ihnen ohne Strafe abging, das geht auch heute noch.

Für mich ist dieses jährliche Zeigen und mit süßholzraspelnden Worten untermalte „Foltern Jesu“ in der Karwoche für die Menschen, alle Menschen, auch ein Versuch, bei ihnen Angst zu schüren, um sie für sich, die Gottesdiener, gefügig zu machen. Damit zeigen die Diener Gottes und die Kreuziger Jesu auch, wie sie mit denen gnadenlos umgehen, die ihren Glauben anzweifeln und/oder ihren Gott lästern. Die Katholiken sehen in fast allem, auch wenn es mal nur der Hauch eines Hauches einer Kritik ist, einen Angriff ihrer Person und ihres Glaubens, ihrer Religion. Wie krank sind diese Menschen nur? Gibt es dagegen auch ein Heilmittel? Ja, die Entsagung vom Christentum!

Der Altar der Christen

Ein Altar (Opfertisch, Brandaltar) ist, wenn man es genau nimmt, eine Opferstätte oder ein Opfertisch. Ein Altar ist ein Opfertisch für alle Gottheiten, egal, welcher Religion. Schon lange vor dem Christentum gab es Opferaltäre, auf denen Opfergaben dargebracht wurden. Um die Verehrung der Götter noch zu steigern, versieht man den Altar noch mit reichlich Verzierungen. Schweineteurer Marmor oder Edelhölzer sind dabei noch das Geringste, was man dafür benutzt. Hin und wieder reichen auch ein paar Blumen aus, um den Altar zu schmücken. Der Altar in den Kirchen der Christen gilt als Verehrungsstätte nur für Gott bzw. für die göttliche Trinität.

In Erinnerung an das letzte Abendmahl, das Jesus Christus am Abend vor seinem Leiden mit seinen Jüngern beging, wird der Altar in den Kirchen auch als mensa domini (Tisch des Herrn) bezeichnet. Im 4. und 5. Jahrhundert errichtete man einen Altar aus Stein. Im 7. und 8. Jahrhundert veränderte sich der Altar immer mehr hin zu einem Kubus oder einem Block. So soll der Altar an den Felsen, auf dem Christus seine Kirche erbaut hat, zu Christus selbst geworden sein. Die einsetzende Verehrung der Märtyrer im 2. bis 3. Jahrhundert nahm ebenfalls Einfluss auf die Altargestaltung, und so wurden über den Gräbern der Märtyrer/innen Gedächtniskirchen (Martyrien) und Altäre errichtet. Und weil es nicht überall Märtyrergräber gab (man kam vermutlich nicht mehr mit dem Ausheben der Märtyrergräber nach), legte man Reliquien unter den Sockel des Altares bzw. die Altarplatte. Dies führte dann zu der Vorschrift, in die Altarplatte (Mensa) eines jedes Altares eine Reliquie zu integrieren.

Im Mittelalter verlagerte sich der Standort des Hauptaltares immer weiter zur Wand. Der Altar stand nicht mehr frei im Raum. Der Hauptaltar wurde weiter von der mitfeiernden Gemeinde entfernt. Doch gab es in den Kirchen immer öfter einen weiteren Altar, der dem Heiligen Kreuz geweiht war. Dieser Altar wurde als Kreuzaltar, Laienaltar, Messaltar, Volks- oder Gemeindealtar bezeichnet. Viele der mittelalterlichen Kirchen weisen eine Vielzahl von Nebenaltären auf, die von der Größe, ihrer Bedeutung und dem Reichtum der Kirche zeugen sollen. Na klar doch, Prunk und Pracht für Gott gemacht – bis in alle Ewigkeit.

Der Altar in einer röm./kath. Kirche ist ein Symbol des Leibes Christi, und der Leib Christi befindet sich auf dem Altar. Ich vermute mal, dass man die verwandelte Oblate auf dem Altar meint, wenn man vom Leib Christi spricht. Die Priester bezeichnen sich doch tatsächlich als „Das Abbild Christi". Zumindest wenn sie am Tisch des Herrn, dem Opferaltar stehen, der Gott geweiht ist. Und als wenn das noch nicht reicht, irgendwie sehr seltsam, befindet sich auf dem „Leib Christi" dann auch noch selbiger darauf – in Verbindung mit seinem Blut - der sich in einem Kelch befindet. Doch wie wir wissen, ist in der Katholischen Kirche nichts unmöglich. Gott sei Dank dem Herrn im Himmel.

Nach dem Zweiten Vatikanischen Konzil soll der Altar einer Kirche feststehend sein, doch überall dort, wo es möglich ist, soll der Altar freistehend errichtet werden, damit er leicht umgangen werden kann. Der Altar soll der Ort sein, „der Jesus Christus, als den lebendigen Stein bezeichnet". Ja, Jesus Christus ist der Fels in der Brandung, der alles ausbaden muss, was seine „Verehrer" an Unsinn verursachen. Irgendeiner muss ja immer seinen Kopf hinhalten, um selbigen für andere durchzuspülen. Und wie wir nun gelesen haben, das als ein lebendiger Stein. Auch nicht schlecht. Der Priester verwandelt, ganz nach Bedarf, und das wohl im Wechsel, nicht nur Oblaten in den Körper Jesu, nein, er verwandelt ihn auch noch in einen Stein. Doch dieser ist wenigstens lebendig, wie wir jetzt wissen, auch wenn er sich nicht wegbegeben kann, da ihm, als Fels in der Brandung, für was und wen auch immer, der Kopf gewaschen wird.

Was darf auf den Altar gestellt werden? Es sind das Evangelienbuch, das Ziborium (Trinkbecher, auch Speisekelch oder Hostienkelch genannt) und die Hostienschale. Hinzu kommt das Kelchtuch, eine Korporale (weißes gestärktes Leinentuch). Des Weiteren befindet sich auch ein Palla auf dem Altar. Die Palla ist ein mehrfach gelegtes Stück Gewebe, meist Leinen. Die Palla wird zur Abdeckung des gefüllten Kelches verwendet, um eine Verunreinigung des Weines (Blut Christi) zu vermeiden. Mit auf dem Alter befindet sich auch das Messbuch. Das Messbuch enthält die Messordnung und die Gebete, die vom Priester gesungen oder gesprochen werden. Wie der Blumenschmuck und die Kerzen des Altares arrangiert werden, ist auch geregelt. Wie jeder Messbesucher sicher gesehen hat, sind die Gegenstände auf dem Altar meist sehr prunkvoll. Die meisten der genannten Gegenstände sind nicht nur prunkvoll anzusehen, sondern auch sündhaft teuer. Es können sich leicht und locker mal so eben mehrere tausend Euro auf dem Altar befinden. Ein meisterhaft hergestellter Kelch kann durchaus mehrere tausend Euro wert sein. Nicht anders verhält es sich mit einer Hostienschale und den Kerzenhaltern. Und welcher Priester gibt sich schon mit billigem Plunder zufrieden, wenn er sich bei seinem allerhöchsten Herrn einschmeicheln will. Besonders beliebt sind die golden glitzernden Gegenstände bei den hohen Prälaten. Für sie kann nichts teuer genug sein. Gespendet von den vielen lieben Kirchenmitglieder und nie aus der eigenen Geldschatulle. Doch gebe ich zu, dass es auch günstiges Altargeschmeide gibt. Für knapp unter tausend Euro sind dann auch Kelch und Schale zu haben. Und sollte der Priestermann doch (zwangsweise) sparsam sein, dann begnügt er sich mit aus Plastik oder Keramik hergestellten Altarutensilien. Ich würde noch eine Petrischale auf den Altar hinzustellen, um Gott bei der heiligen Messe bei der Wandlung zu kultivieren. Ein wenig Nährboden in die Petrischale, eine Hostie dazulegen, ein paar Tropfen eigenes Blut darauf tropfen lassen, das Ganze dann mit dem geheiligten Messwein verrühren und beten, dass daraus schließlich letztendlich die heilige Dreifaltigkeit vor einem leibhaftig aufersteht. Mann, das muss doch dann endlich klappen, dass man aus einer geweihten Hostie und geweihtem Wein mit priesterlichem Blut einen Gott hervorbringt. Es muss doch endlich mal klappen, denn alles Gute ist in der Petrischale (klingt fast wie Petrusschale), vermengt und bereit, in der Pilzkultur zu wachsen und zu gedeihen – bis Gott oder sein Sohn dann vor oder auf dem Altar ersteht. Und wenn es wieder nicht funktioniert hat, mit der Zauberei am Altar und den Messbesuchern, dann kann man nach der Vorstellung in der Sakristei den übergebliebenen Rebensaft genießen, bis man leicht verschwommen Gott sieht. Um nicht ganz unglücklich zu sein, dass erneut kein Wunder geschah, begibt man sich an den Stammtisch, einen irdischen Altar, und freut sich darauf, eine Woche später erneut zu versuchen, eine Gotteserscheinung zu erschaffen.

Ich kenne bayrische Priester, denen ist der Biergartentisch der liebste Altar. Und warum? Weil es darauf keine schnöden Oblaten und keinen billigen Wein gibt. Auf einem heiligen bayrischen Biergartenaltar gibt es die herrlichsten Speisen und Getränke, die es so niemals nie auf einem Kirchenaltar zu sehen, geschweige zu essen und zu trinken gibt. Ein bayrischer Dorfpfarrer ist schon auf der Erde ... im Himmel, wenn es um das Fressen und Saufen geht. Spätestens aber auf dem Oktoberfest, im Bierzelt oder jedem x-beliebigen Volksfest, da befindet er sich im Himmel, weil er an einem überladenen Altar voller Köstlichkeiten sitzt und sich die Wampe vollstopft. Ganz sicher nicht mit ungeweihten Oblaten und abgestandenem pullerwarmem Wasser. Der bayrische Biergartentisch ist des Pfarrers liebster Altar – und damit basta. Amen.

Der Beichtstuhl

Geheimdienststüberl des Vatikans

Der Beichtstuhl ist Teil der Einrichtung Katholischer Kirchen. Er ist der Ort der Sündenbekenntnisse der Gläubigen, mit der Hoffnung der Lossprechung ihrer Sünden durch den Priester. Wie sieht ein Beichtstuhl aus und woher stammt er? Der Beichtstuhl stammt aus der Barockzeit. Er ist ein (fast) geschlossener, hölzerner und oft mit kunstvollem Schnitzwerk verziertes, begehbares Mobiliar. Meist ist es in zwei oder drei Räume aufgeteilt. Der mittlere Raum ist für den Priester, die beiden äußeren Räume für die Beichtenden, wobei aber nicht gleichzeitig zwei Sündenbekennende darin Platz nehmen, bzw. darin knien. Der Blick des Bekennenden geht in die Richtung zu der vergitterten Öffnung, hinter der der Pfarrer sitzt. Durch diese Trennwand spricht man zum Pfarrer, der dann die Sündenfreisprechung mit einem Segen vollzieht, sofern er Lust dazu hat. Selten sieht man noch halb offene und ganz offene Beichtstühle, bei denen sowohl der Beichtende als auch der Priester gesehen werden können.

Ehe man Beichtstühle in der heutigen Form einführte, gab es einen wirklichen Stuhl für den Priester, vor dem der Sünder seine Verfehlungen kniend auf dem Fußboden oder einer Podeststufe bekannte. Das war die älteste Form für eine Beichte vor dem Priester. Und wenn der Beichtende Glück hatte, wurden ihm die Sünden vergeben. Vorausgesetzt, es war nicht der Teufel, der zur Beichte kam. Obwohl, den Männern in „schwarz“ fällt gar nicht auf, wenn der Teufel vor ihnen oder im Beichtstuhl erscheinen würde. Sie würden ihn nicht als solchen erkennen. Etliche von ihnen würden vermutlich in ihm ihr Ebenbild erkennen, wenn er ihnen gegenübersitzt.

Eingeleitet durch die Synode von Fritzlar (1234) entwickelte sich das (doppelte) Gitterfenster als Trennwand zwischen Priester und Beichtendem. Vermutlich war das eine gute Entscheidung, denn wenn der Sünder gar arg gesündigt hatte, hätte es sein können, dass der Herr Pfarrer dem Sünder vor der Vergebung noch eine Saftige gelangt hätte. Die übliche Absolution durch Handauflegen wurde, nachdem man Gitterfenster in den Beichtstuhl einbaute, durch das segnende Kreuzzeichen abgelöst. An vielen Beichtstühlen befinden sich Schnitzereien von Rosen, die als Symbol für die Verschwiegenheit des Priesters hindeuten. Das Beichtgeheimnis „Sub rosa“ (unter der Rose) gilt als streng vertraulich.

Was das Beichtgeheimnis betrifft, da bin ich mir nicht ganz so sicher, ob das auch so funktioniert bei all dem kirchlichen Spitzeldienst. Geratscht, getratscht und verraten wird auch bei und unter den Geistlichen des Christentums. Für mich ist der Beichtstuhl ein Aushorchstüberl für den Vatikan.

Vom Beichtstuhl gehen auf vielen seltsamen Wegen die kund gemachten Sünden des Sündenfreisprechungsersuchenden an den Vatikan. Sich Liebmachende unter den niederen Priestern, zu ihren höheren Priesterherren, den Kirchenfürsten in Lila und oder Rot, auch mal beim Kirchenkaiser in weiß, der sogleich auch noch der höchste Priester unter den Hohepriestern ist, gibt es zuhauf. Und wer in der Kirchenhierarchie nach oben will, der muss Geheimnisse, judasgemäß, verraten. Am besten eignen sich die ausgeplapperten Sünden der Gläubigen. Auch ein (trieb)sündiger Priester, der beichtet, lässt sich herrlich verraten, was dem Hörenden, dem „Freisprecher der Sünden", einen besonderen Bonus bei seinem Dienstherrn einbringt, wenn er das Beichtgeheimnis an ihn weitergibt. Und solange die Vergebungssuchenden nicht wissen, was mit ihrem ausgeplauderten Geheimnis geschieht, kommt dann beim Verräter, dem Spitzel des Vatikans das Motto zu tragen, das da heißt: „Das macht ja nichts, das merkt ja keiner". Und Gottes Liebe ist ihnen, den Denunzianten, sicher. Zumindest aber die des Vorgesetzten.

Schade, dass es die Räume der „sanften Verbesserungen" nicht mehr gibt. Ja, die alten Zeiten waren die guten Zeiten, sicher ist es bei einigen der geheiligten Männer so. Da durfte man die Geständnisse noch herausquälen, um die Sünden der Sünder zu hören und an höhere Stellen des Klerus weitergeben, damit diese sich neue Qualen für ihre Sünder ausdenken konnten, um sie hörig zu machen.

Flüstern in der Kirche

Zum Flüstern fällt mir der Spruch ein: „Wer flüstert, der lügt." Erkennt Gott seine Lügner am Ton der Lautstärke oder an den Worten der Gläubigen?

In meiner katholischen Erziehungszeit in einem Kinderheim haben die Kinder in relativer Nähe zu den Nonnen und/oder Patres geflüstert. Warum, aus Angst, dass das Erziehungspersonal hört, was gesagt wurde. Und es wurde oft hinter vorgehaltener Hand über die Erzieher/innen getuschelt, was sie nicht hören durften. Und es wurde viel getuschelt und auch von dem Aufsichtspersonal bemerkt. So kam es oft vor, dass man auf das Getuschel angesprochen wurde. „Was gibt es da wieder zu tuscheln? Hört endlich auf damit. Wenn ihr euch was zu sagen habt, dann sagt es laut, denn wer flüstert, der lügt.“ Das war jedes Mal der Standardsatz, um uns zum Schweigen zu bringen. Und wenn man nicht gleich aufhörte, folgte sogleich der nächste Einschüchterungssatz. „Wenn ihr jetzt nicht aufhört, dann fangt ihr gleich ein paar.“ Damit waren die Ohrfeigen gemeint. Dieser Satz reichte meist aus, um das Flüstern zu beenden, weil keiner eine dieser christlich verabreichten Ohrfeigen einfangen wollte. Es kam jedoch oft vor, dass man dennoch, obwohl man schwieg, eine Watschen erhielt. Motto: Damit man wusste, beim nächsten Mal gibt es mehrere davon, wenn man beim geheimen Austausch erwischt wurde. In den Kirchenräumen, da musste man flüstern, da war es erlaubt. Wir Kinder jedoch durften auch in diesen Räumen nicht flüstern, denn dort hieß es dann: „Wer flüstert, der lügt.“ Und in der Kirche darf man nicht lügen. Doch laut wollte niemand der Kinder in der Kirche sagen, was er von der Kirche und all dem, was dazugehörte, hielt. Also schwieg man. Stopp, die Gebete wurden laut herunter geplappert. Und das Singen war laut und nicht immer sehr schön anzuhören. Das aber störte die Kirchenmänner und die Nonnen (meist) nicht. Das machte aber nichts, denn wer laut sang, der konnte nicht gleichzeitig hinter vorgehaltener Hand flüstern. Wenn doch jemand, was nicht selten der Fall war, sich mit einem anderen im Flüsterton in der Kirche austauschte und das bemerkt wurde, was oft der Fall war, hagelte es meist nach dem Kirchenbesuch bei den Flüsternden saftige Ohrfeigen. Es ist auch geschehen, dass bei dem einen oder anderen Kind ein immer anhaltender Hörschaden die Folge dieser Erziehungsmethode war. Ständiges schlagen auf die Ohren, unabhängig vom Flüstern, ist oft nicht ohne Folgen geblieben. Vom Seelenschmerz mal nicht zu reden. Irritierend war nur, dass die Erwachsenen während der Messe flüstern durften. Auch unsere kirchlich lieben Nonnen. Und die flüsterten viel – wie Waschweiber.

Und nun zu den Kirchenbesuchern, die nur mal das Haus Gottes bewundern wollten, oder um abzulästern, wo ihr Kirchensteuergeld reingesteckt wird. Wenn Katholiken eine Kirche betreten, überfällt sie eine plötzliche Vorsicht und sie verstummen. Verstummen, nicht Verdummen. Oder doch beides? Am Eingang der Kirche „stippen" sie mit den Fingern der rechten Hand in eine kleine Wasserschale und bekreuzigen sich. Einige machen dazu noch eine Kniebeuge. Fast alle Kirchenbesucher sprechen nicht mehr in ihrer gewohnten Lautstärke, wie sie es noch vor dem Kirchenportal taten. Wenn die Besucher so weiterreden, wie sie es gewohnt sind, outen sie sich, ohne es zu merken, als Nicht-Katholiken. Italiener und Polen reden mehr in einer Kirche als Deutsche und Franzosen, weil sie eine beweglichere, flinkere Zunge haben, doch sie wissen instinktiv, dass ein Kirchenraum ein besonderer Raum ist. Für Katholiken ist in jeder Kirche auch Gott anwesend, und deshalb soll bzw. muss man in jeder Kirche leiser sprechen. Es sind erst einmal die Beter, die man nicht stören soll. Eigentlich flüstert man, weil in der Kirche Gott gegenwärtiger ist als sonst wo. Muss man flüstern, wenn man Gott in der Kirche so nahe ist? Fühlt er sich durch lautes Reden der Besucher gestört? Beim Gottesdienst wird ja auch laut gesungen und die Klänge der Kirchenorgel sind nicht gerade leise. Doch das Vaterunser und/oder das Glaubensbekenntnis soll Gott offensichtlich in einem kräftigen Ton hören. Wer im Gottesdienst mit dem Nachbarn redet, der flüstert nur in dessen Ohren, um ja nicht den Unwillen der anderen Gottesdienstteilnehmer zu spüren zu bekommen. Man spricht leise, um ja nicht den Gottesdienst zu stören. Das Gebot bei Eintreten in eine Kirche, auch wenn kein Gottesdienst ist, lautet, leise zu sein, denn wenn man spricht, dann nur im Flüsterton. Wehe, du hältst dich nicht daran, dann gnade dir Gott. Und wie Gott zu Gnade steht, ist hinlänglich bekannt.

In meiner Zeit in einem katholischen Kinderheim musste ich oft die kirchlichen Häuser betreten, hin und wieder erfolgte das auch freiwillig, zum Eigennutz, jedoch nicht um zu zeigen, wie toll ich das Gotteshaus und deren Religion empfinde. Ich ging oft dann hinein, wenn es draußen regnete und ich anderweitig in der Nähe keinen Unterschlupf fand, oder weil es mir draußen zu heiß war. Da war solch eine kühle Kirche passend für mich, um mich abzukühlen, auch wenn es sich fast schon anfühlte, als liefe es einem eisig den Rücken herunter. Jahre danach lockte mich die Kunst in die Kirchen oder die Gläubigen, oft meist Scheinheilige, um sie zu beobachten und mit ihnen das ein oder andere Gespräch zu führen, das recht bald in eine Richtung ging, welches ihnen nicht mehr gefiel. Ich provozierte, um sie aus ihrer Scheinheiligkeit herauszureißen, was ganz einfach war.

Was aber bei jedem Kirchenbesuch unabdingbar war, war das Flüstern in der Kirche, um niemanden beim Besuch, ob zum Staunen oder Beten oder Spenden, zu stören. Wenn keine Messe stattfand, dann durfte man flüstern, nein, man musste sogar flüstern, wenn man miteinander sprach. Was da alles geflüstert wurde, grenzt an Blasphemie, was wir als Kinder nicht wussten. Da wurde gelästert und hergezogen, dass es die Kirchenbalken verbog. Es hat nur noch gefehlt, dass Jesus, mit Hilfe einer Leiter, die man ihm an das erhöhte Kreuz stellte, und einer Zange, die der „Erlöser" mitbrachte, um die rostigen Nägel aus den Händen und Füßen zu ziehen, dann vom Kreuz herabstieg und halbnackt aus der Kirche rannte.

Das richtige Verhalten in der Kirche wurde mir in meiner Kindheit sehr deutlich eingebläut, wie oben bereits zu lesen war. Ja, bei den herumtobenden Kindern war das Ruhigsein, das Flüstern in der Kirche nicht immer einfach zu bewerkstelligen. Schon gar nicht, wenn es eine Horde von Kindern gewesen ist, die alles andere wollte, als Kirchen zu besuchen. Da wurde es auch mal „laut" in der Kirche, was den Aufseherinnen der Kinderhorde nicht gefiel. Dies taten sie dann ihrerseits, auch gleich mal in der Kirche, laut schreiend kund. Hui, wie das in der Kirche hallte und die anderen Besucher erschreckte, und aus ihrer Starre und der geistigen Versunkenheit riss. Die Klosterschwestern erschraken selbst auch und sie verstummten mit verschämtem Blick. Ein Kreuzzeichen auf ihre Stirn erfolgte sofort. Eine obligatorische schallende Ohrfeige folgte dann bei den Störenden, auch mal später, nicht in der Kirche, vor Gott, seinem Sohn und all den anderen Heiligen.

Was ich als kleiner Bub in der Kirche gerne machte, war das Ausblasen der gespendeten Kerzen – was keinen unmittelbaren Lärm machte. Der folgte später, aus dem Munde der Begleiterin. Das erinnert mich daran, dass man mir immer und immer wieder sagte, besonders nach solchen Aktionen wie dem Ausblasen der Kerzen , dass man aus mir schon noch einen guten Christen machen werde. Die Klosterschwestern waren davon fest überzeugt – meist mit lauten Worten und Schlägen, vielen Schlägen, dass ihnen das bei mir auch gelingen würde. Und wer schon für Gott und Jesus am Altar dient, der kann auch ein paar „gütige und führende Schläge" für die richtige Richtung aushalten. Was ich zwangsweise musste. Ich wurde nicht gefragt, ob ich ein guter Christ werden will und, um das zu erreichen, auch Schläge in Gottes Namen hinnehmen möchte. Ich hätte bei dieser Frage alles sofort abgelehnt. Ich denke, ein Ablehnen hätte mir auch nicht geholfen, wenn man aus mir – unbedingt – einen guten Christen hätte machen wollen. Wie wohl jedem Leser sofort aufgefallen ist, gibt es also gute und schlechte Christen. Wer zählt sich nun zu den guten Christen und wer zählt sich zu den schlechten Christen? Sicher ist, dass alle, die Kirchensteuer zahlen, schon mal zu den guten Christen gehören. Wer bleibt dann noch übrig für die Kategorie der „schlechten Christen"? Das sind dann die Milliarden von Christen, die keine Kirchensteuer zahlen, auch wenn sie viel an die heilige römische Kirche an Spenden abdrücken, um zu den (besseren) Christen zu gehören. Was aus mir geworden ist, kann man mit diesem Buch erkennen. Ich bin weder das eine noch das andere, weil ich aus der Kirche ausgetreten bin.

Eines der Highlights aus der Sicht der Schwestern war der Besuch in der Aussegnungshalle, ich nenne es die Auslegungshalle, für Verstorbene. Zu meiner Kinderzeit mussten – ja, mussten! - wir Kinder mit in den Raum, in dem die Toten aufgebahrt zu „Schau" lagen. Ich selbst war nie davon begeistert, einen Toten anschauen zu müssen. Ja, auch hier wieder ein *Müssen.* Die Schwestern wollten das so, warum, das ist mir bis heute ein Rätsel geblieben. Oft sagten sie: „Kinder, schaut hin, wie friedlich sie daliegen." Ich habe mir einmal erlaubt darauf zu sagen: „Wie tot sie da liegen", was mir einen bösen Blick einbrachte. Gut, dass die Toten die Augen verschlossen hatten, wer weiß, ob der eine oder andere tot Daliegende mir seinerseits einen verwirrten Blick hätte zukommen lassen. Auch in der Halle der Aufgebahrten mussten wir ganz still sein, bestenfalls nur miteinander flüstern.

Hin und wieder erlaubten wir uns den Spaß, was wohl geschieht, wenn man an das Schaufenster des Todes klopft, um den einen oder anderen mit einem fröhlichen „hä, hallo, aufstehen" aufzuwecken. Ich weiß aber nicht, was ich gemacht hätte, wenn dann von denen, meist Oldies, mal einer auferstanden wäre. Ich denke mal, dass ich starr vor Schreck stehen geblieben wäre und dann, vielleicht, gleich noch etwas von mir in meine Hose abgelegt hätte, um dann, nach der langen Schrecksekunde, kreischend und rasend schnell die Totenhalle zu verlassen – für immer und ewig? Mir wäre dann auch das Späße machen über die Dahingeschiedenen für immer vergangen. Nun ja, gut, dass sich nie einer von den Liegenden aus dem Totenschlaf erhoben hat, um mir tief in die Augen zu schauen, weil ich seine Totenruhe störte. Ach, nicht zu vergessen, dass, wenn man in dieser Auslagenhalle (such dir einen Toten aus?) nicht leise war, wurde dir dann im Heim, auf laute Weise, eingeflüstert, wie man sich in Gegenwart der Toten zu verhalten hat.

Eine unserer Klosterschwestern sagt einmal bei einer Totenbesichtigung, als wir mal wieder nicht flüsterten, sondern, ja ich gebe es zu, laut waren, dass wir bei unserem Gebrüll noch die Toten aufwecken, wenn man jetzt nicht gleich leise sei. Schade, dass wir nicht weiter gebrüllt haben. Wer weiß, was dann abgegangen wäre, wenn wir weiter laut gewesen wären. Vielleicht wäre tatsächlich jemand von den Toten aufgewacht und hätte dann gebrüllt: „Mein Gott, kann man nicht mal in Ruhe tot sein?“

Nein, nein, ich habe, wie man jetzt sicher herausgelesen hat, von diesen seltsamen Aktionen, damit meine ich diese Totenbesuche, keinen bleibenden Schaden davongetragen. Bei den anderen, den kleineren Kindern, da bin ich mir nicht so sicher. Ich selbst hatte immer meinen Spaß, und wenn es nur darum ging, die Klosterschwester zu ärgern, indem ich keine Pietät zeigte, so wie sie es sich von mir auch erhofft hatte. Und das eine oder andere der Kinder fand sich immer, um Blödsinn machen zu können, auch bei Ausstellungsbesuchen auf dem Friedhof.

Wäre ich, hätte ich das angestrebt, ein furchtloser Bestatter geworden oder ein unpassender? Weil ich meine Späßchen nicht immer für mich behalten hätte können? Ich wäre zumindest ein Gegenstück zum Pfarrer, der den Toten für das Himmel- oder Höllenreich absegnet. Deckel drauf und weg damit. Und wenn man nach einem beschaulichen Sonntagsspaziergang wieder im Heim war, gab es dann ein Abendmahl vor dem Zubettgehen ... mit garantiert unruhigem Schlaf für das ein oder andere Kind. Oder sollte ich sagen: ein Totenschmaus mit der Garantie von den Toten zu träumen? Mich hat es, welch ein Glück, nicht betroffen, denn ich hatte meinen Spaß und der führte nicht zu Albträumen.

Aber jetzt mal ganz ehrlich. Das, was man da den Kindern antat, war abartig. Es ist aus meiner Sicht ein kirchlich anormales Verhalten, wie man Kinder, durch Klosterschwestern, dazu zwang, so war es bei mir, und so fühlte ich es auch, Tote ansehen zu müssen. Ob die Schwestern wussten, was sie den Kindern antaten, weiß ich nicht. Der normale unchristlich geprägte Verstand hätte klargemacht, dass man Kinder nicht zu solch Leichenschauhäusern führt, um sie die Toten betrachten zu lassen.

Wer weiß, welche Vorgaben den Klosterschwestern gemacht wurden, dass sie diese Besuche mit den Kindern machen mussten. Oder war es eine eigenmächtige, eine absonderliche Art des Christenglaubens, die sie zu solcher

Beschauung mit den Kindern führte? Ich denke, dass es nicht üblich bei den Schwestern war, doch die ein oder andere schon ihren besonderen Gefallen daran hatte, Tote zu schauen. Es ist nicht abwegig, dass ich so denke. Normal ist es aus meiner Sicht nicht gewesen. Das wusste ich schon als Kind. So wie vieles andere, was mit der Katholischen Kirche zu tun und mich damit von ihr getrennt hat.

Tipp für die Kirche, wie sie noch mit den Toten, ehe sie verscharrt werden (ab in die Grube) Geld machen können. Vermietet doch Tote (Omis und Opis) für kleine private Trauerstunden – für zuhause. Motto: *Rent a Dead.* Und wenn die eh schon sichtbar in der Auslage wie Fleisch und Wurst zu Besichtigung herumliegen, kann der Interessent auch gleich sehen, was er für seine private Trauerfeier für viel Geld bekommt. Aber bitte nur Frischware. Schließlich will man auch eine knackig frische Ware, Leiche, zur Totenfeier für Freunde und Bekannte, im engsten K(G)reise, einer stillen Gedenkstunde haben. Ja, schon makaber, doch den geheiligten Männern ist alles zuzutrauen. Dann aber bitte nur mit ihren Verwandten, wenn sie unbedingt an Zaster kommen wollen, damit sie ihre gierigen Hälse vollkriegen.

Wenn mich nicht alles täuscht, dann werden Tote nicht mehr sichtbar aufgebahrt, um sich von ihnen verabschieden zu können. Oder war die Nachfrage nach Toten (erste Ware, zweite Ware) zu gering, um diesen Aufwand der Beschauung weiter zu betreiben? Nun, ich würde auch nicht wollen, dass man mich so tot zur Schau herumliegen lässt. Einige in meinem Umfeld sind sicher froh, wenn ich einen

Abgang für immer mache und sie mich nicht mehr schauen müssen. Ja, sicher, oder kann irgendjemand von sich behaupten, nur Freunde zu haben? Ich habe mit Sicherheit nicht nur Freunde, und nach diesem Buch auch ganz sicher keinen mehr aus der katholischen Gemeinschaft.

Zum Flüstern fällt mir der Spruch ein: „Wer flüstert, der lügt." Erkennt Gott seine Lügner am Ton, der Lautstärke, oder an den (meist verlogenen) Worten – der Gläubigen?

Und wenn man nicht flüstern darf, dann darf man auch keine Bilder in der Kirche machen.

Franziskus ist gegen das Knipsen im Gottesdienst

Papst: „Erhebet die Herzen – nicht die Handys." Papst Franziskus kritisiert das Knipsen mit Handys im Gottesdienst. Das Oberhaupt der Katholischen Kirche sagte auch, wenn er Messen feiere, sehe er oft Handys, mit denen geknipst werde – nicht nur bei Messbesuchern, sondern auch bei den Priestern und den Bischöfen. „Ich bitte euch: Die Messe ist keine Show." Wie bitte, die Messe ist keine Show? Nicht einmal die eigenen Leute, die Priester und Bischöfe, interessiert, was der erste Vorbeter der Christen fordert. Sie knipsen und filmen während der Heiligen Messe, was das Zeug (Handys) hergibt, und daran erkennt man, dass sogar die kirchlichen Würdenträger auch nur Menschen sind, die nicht frei vom Irdischen sind. Und da schon der Papst etwas in der Kirche verbietet, zumindest nicht mag, dann sollte er doch auch das Tragen von „Karnevalskostümen“ in seiner Kirche verbieten. Doch wie der Herr, so das Gescherr. Was der Meister trägt, das tragen auch seine Untergebenen während der Heiligen Messe. Leider nennt man die Verkleidung der Prediger „Messgewänder“ und deshalb dürfen die Pfaffen weiter ihre bunten Kostüme tragen.

Zusatz: „Laut Erzbistum Köln ist das Tragen von Karnevalskostümen nicht erlaubt.“ Wie, was, man verbietet in den Kirchen das Tragen von Karnevalskostümen? Und was ist das, was die Prediger am Altar tragen? Etwa kein Karnevalskostüm? Ich musste den Satz mit dem Karnevalskostüm mehrmals lesen, denn ich habe mehrmals Kardinalskostüm gelesen. Freud’scher Versprecher? Hat mein Gehirn es bewusst falsch gelesen?

Das Kirchenschiff – Erlebniswelt der besonderen Art

Liegestütze auf Kirchenaltar – Künstler vor Gericht verurteilt
Von: Florian Chefai https://hpd.de/artikel/liegestuetze-kirchenaltar-kuenstler-gericht-verurteilt-13989

... oder das Fitnessstudio für die Christen.

Der Künstler Alexander Karle stand vor dem Saarbrücker Amtsgericht. Er musste sich wegen Störung der Religionsausübung und Hausfriedensbruch verantworten, da er Liegestützen auf einem Altar in einer Kirche gemacht hatte. Das Gericht verurteilte ihn zu einer Geldstrafe. Der 38-

jährige Künstler Alexander Karle hatte 27 Liegestützen auf einem Altar in der katholischen Kirche St. Johann in Saarbrücken gemacht, um das Verhältnis zwischen Religion und Leistungsdruck zu thematisieren.

Einige Mitglieder der katholischen Kirchengemeinde St. Johann fühlten sich von der Aktion provoziert und verunglimpft, erklärte Pastor Eugen Vogt der St.-Johann-Kirche laut Westdeutscher Zeitung. Nachdem zunächst die Polizei eingeschaltet wurde, ermittelte die Staatsanwaltschaft schließlich wegen Störung der Religionsausübung und Hausfriedensbruch. Die Kunstaktion bewertete sie als „grob ungehörige, eine rohe Gesinnung aufweisende Handlung“. Gegen eine geforderte Geldstrafe von 1500 Euro legte Alexander Karle jedoch Widerspruch ein. Ohne Erfolg: Der Fall wurde vor dem Saarbrücker Amtsgericht verhandelt, das den Künstler zu 70 Tagessätzen zu 10 Euro (700 Euro) verurteilte. „An diesem Tag ist eine Grenze überschritten worden“, begründete die Richterin das Urteil. „Dem Angeklagten fehlt im Umgang mit anderen das Gespür für das, was angemessen ist“, erklärte sie laut Spiegel Online. Alexander Karle sei nicht davon ausgegangen, mit seiner Kunstaktion religiöse Gefühle zu verletzen.

Gefällt es Gott nicht, wenn ihm jemand seine Agilität zeigt und ihm dafür dankt, dass er ihn so gesund und kraftstrotzend erschaffen hat? Ist er damit nicht eine perfekte Schöpfung Gottes? Was kann da Gott an seinem geschaffenen Kunstwerk nicht gefallen? Heute weiß doch jeder Christ, zumindest in Deutschland, dass es für die Kirche zu wenig Nachfolger für den Priesterdienst gibt, um die Religion, den Glauben dieser Kirche, angemessen und mit Ruhe ausüben zu können, und viele der Diener am Altar der Kirche einem hohen Leistungsdruck ausgesetzt sind. Aus meiner Sicht ist die Performance passend, doch wurde sie so nicht verstanden, denn der klare Geist ist den Herren der Kirche abhandenkommen. Eigentlich hätten sie dem Künstler danken müssen, was er zum Ausdruck gebracht hat. Eine Erklärung gab er ab, doch verstanden sie, die Diener Gottes, nur Gotteslästerliches. Was wollt ihr denn, ihr angeblichen Gutmenschen? Er hat sich vor Gott mehr als nur einmal verbeugt, sich vor eurem Herrn erniedrigt – behaupte ich mal ganz profan. Er hat sich seinen Platz, sollte das sein Ansinnen gewesen sein, erarbeitet, und am Ende säuberte er auch noch den Abendmahlstisch, damit alles auch schön koscher bleibt. Abgesehen davon hat er zusammen mit Jesus Liegestützen gemacht.

Im Kapitel „Altar der katholischen Christen“ steht: ... als Abbild Christi. Zugleich ist er, der Opfertisch, ein Symbol des Leibes Christi. Der Altar ist ein Bild des Leibes, und der Leib Christi befindet sich auf dem Altar.

Der Leib Christi befindet sich auf dem Altar! War er auch an diesem Tag auf sich selbst gelegen? Wenn ja, dann hat er zusammen mit Alexander Karle seine Kunst gezeigt. Nur Jesus war dabei nicht für die anwesenden Gläubigen zu sehen. Warum sollte er auch? Er lässt gerne dem irdischen Künstler den Vortritt, um im Rampenlicht stehen zu können. Kann es aber auch sein, dass der Künstler wusste, wen der Altar darstellt? Wenn ja, was hatte er dann wirklich vorzuzeigen? Sind die Priester deshalb so zornig, weil irgendein dahergelaufener Künstler zeigte, was er mit Jesus machen kann, was aber in ihren Vorstellungen schon Gotteslästerung ist? Wer von den Gläubigen weiß denn schon, was der Opfertisch darstellt? Aber wie auch immer, wenn man die Aktion genau betrachtet, hat er, Jesus, seinen „Turnkumpel" danach allein im Regen stehen lassen. Nicht so wie früher, als er sich für andere hat kreuzigen lassen, damit der andere oder die anderen keinen Schaden davontragen. Doch Jesus wusste wohl, dass man den sichtbaren Künstler nicht für seine Darbietung auf dem Altar zur Strafe kreuzigen würde.

Und was machen die Tiere in der Kirche? Ja, das gibt es auch. Ist ja auch o.k., doch was geschieht, wenn ein Schwein, ein Hund oder ein Gockel auf den anbetungswürdigen Wandlungstisch springt und dort sein großes Geschäft macht? Wird der Halter dann auch bestraft, das Tier geschlachtet und das Fleisch verkauft, um die Reinigungskosten zu bezahlen? Nee, denen geschieht nichts, da ihnen keine gotteslästerliche Absicht oder Hausfriedensbruch und eine Störung der Religionsausübung unterstellt wird. Welche Religionsausübung störte er? Auf dem Video ist davon weder was zu sehen noch zu hören. Was dem Künstler fehlte, war die Erlaubnis der Hausherrn, seine Kunst vor Gott zu zeigen. Oder wollte der Herr Pfarrer nicht, dass man ihm und seinen gläubigen Gefolge zeigt, wie man Gott seine echte Demut zeigt? Und was bitte hat der Künstler vor dem Herrn provoziert und auch noch verunglimpft? Ich glaube eher, dass er etwas herausforderte, was die Christen vor Gott zu tun haben. Die Christen neigen sehr dazu, sich gegenüber anderen zu erheben, und da wäre eine Demutsbekundung vor Gott sehr angebracht. Auch vor Gott zeigen sie immer weniger Demut, was ihre Herrschaftsansprüche über Nichtchristen zeigt. Und sie wollen die Erde sich untertan machen. Am besten in Verbindung mit Gott.

Und ich dachte auch immer, man muss sich auch für Gott fit machen und Liegestützen verhelfen dazu – um irgendwann einmal als ein Bote Gottes dienlich sein zu können. Und die Strecke vom Himmel auf die Erde ist, vermutlich, nicht sehr kurz, und da braucht man schon Schwingen, um nicht den langen Weg latschen zu müssen – auch wenn man von Gott Flügel verliehen bekommt. Oder hat schon jemand einen Engel mit dem Fahrrad oder der Straßenbahn kommen sehen? Oder mit Gottes Stretchlimousine?

Gott wacht über seine Schäfchen – und erweckt sie viertelstündlich

Nach einem Schreiben an den Glockenbeauftragten des Bistums Eichstätt bekam ein Geplagter durch das Glockengebimmel (lautes Geschepper der Kirchenglocke) eine Belehrung über den Unterschied zwischen Läuten und Schlagen. Darin heißt es, dass es Christen auch nachts verdient hätten zu wissen, dass Gott über sie wacht und von wo er das macht. Meint der Glockenbeauftragte jetzt damit das Schlagen der Kirchenglocke, oder meint er das Schlagen auf die „Glocke“ mitten auf die Zwölf? Klar, man wecke sie, die treuherzigen Gottesschläfer zu fein abgestimmten Zeiten, mitten im Schlaf, um ihnen kundzutun, dass Gott über sie wache. „Ja, is scho guad“, kann man da nur sagen, wenn man aus dem Schlaf gerissen wird. Kann er das nicht auch wenn die „Eingeschläferten“ selig ruhen, um wenigstens im Traum sich von Gott und seinen Mitverschwörern entfernen zu können? Die Realität lässt das „sich Absetzen“ bei allen Glaubenden des Heilsmannes im Himmel niemals zu.

„Wenn wir alle Gottes Schäfchen sind, bleibt zu hoffen, dass er Vegetarier ist.“ (André Gest)

Das Zweiklassensystem der Kirche

Bereits seit Beginn ihrer Gründerzeit manipuliert die Kirche die Wahrheit in Theologie, Glauben und Offenbarung, auch im Philosophischen. Ganz gezielt nimmt sie die Zweiklassen-Einteilung zwischen der christlichen Elite einerseits und den Naiven und Tölpeln andererseits vor. Nur in den eigenen Reihen, da vergessen sie es. Schon Platon hat im 4. vorchristlichen Jahrhundert ganz entschieden behauptet, „Religion müsse in ihren frühen Stadien mythologisch sein, sozusagen eine „therapeutische Lüge“. Er ermahnt uns, sie, vermutlich meint er die Religion, niemals wörtlich zu nehmen. Anscheinend fürchtet die Amtskirche, dass die biblischen Mythen aufgedeckt werden könnten, denn sie verhängte für Laien über Jahrhunderte hinweg ein Leseverbot für die Bibel. Seit dem Konzil von Toulouse im Jahre 1229 gab es ein striktes päpstliches Verbot, die Bibel oder auch nur Teile daraus in andere Landessprachen zu übersetzen. Nur der lateinische Text der Vulgata war geduldet. Aber auch hierfür bedurfte es für Geistliche zum Bibellesen einer Erlaubnis ihrer übergeordneten Instanzen, auch wenn es sich um kirchlich erlaubte Übersetzungen handelte. Der spanische Pfarrer Miguel Solano zu Esco, ein betagter Mann, wurde 1805 von der Inquisition verhaftet und bis zu seinem Tode in einem geheimen Gefängnis festgehalten, weil er ohne Erlaubnis die Bibel studiert hatte. Und wer war der Verräter? Einer aus den kirchlichen Reihen?

„Die Päpste und ihre Helfershelfer waren so sehr davon überzeugt, dass ihre Macht ausschließlich auf der Unwissenheit der Gläubigen, auch Ungläubigen, beruht, dass sie immer wieder die Lektüre des einzigen Buches verboten haben, welches ihre Religion verkündet. Sie verkündeten lautstark: Hier ist euer Gesetz, und wir verbieten euch, es zu lesen; ihr erfahrt daraus nur, was wir euch zu lehren geruhen.

Noch bis zum 18. Jh. musste das Volk den Texten der Bibel, bzw. den Teilen daraus, dem Wortsinn nach glauben. Wer das nicht tat, nun, dem drohte die Folterung und schlimmstenfalls der Scheiterhaufen – was nicht selten vorkam. Peter de Rosa, Absolvent der päpstlichen Gregorianischen Elite-Universität, Rom, sagte: „Die meisten Kirchgänger halten die Evangelien für die Tatsachen entsprechende Geschichten. Sie haben keine Ahnung, dass sie die komplexesten, widersprüchlichsten literarischen Konstruktionen der Antike sind. Deshalb haben sie auch keine Ahnung, wie sie sie lesen sollen. Sie beharren leidenschaftlich darauf, die Evangelien seien das eine, was sie nicht sein können: einander ergänzende Biografien Jesu.“

Ich sage: Menschen einfachen Herzens lassen sich von den christlichen Kirchen immer noch zum „Glauben“ ... bestimmen. Auch nicht zum eigenem und freien Denken.

Womit auch immer die Gläubigen, die Unbelehrbaren bei ihren Versammlungen, ihren gemeinsamen Anbetungen zu Gott, in Verbindung treten, Er, ihr guter und lieber Gott antwortet nicht und beschenkt sie auch nicht. Ihre offenen und geheimen Wünsche die sie tagtäglich an IHN richten, kann und wird ER, Gott, ihr, ja ihr Gott, niemals erfüllen, da er nicht existiert. Da hilft kein Wehklagen, kein Schimpfen, keine Bestechung durch eine Geld- oder einer Kerzenspende.

In den Köpfen der Anbeter Gottes gibt es ihn, weil man es ihnen so eingetrichtert hat und es von ihnen erwartet wird, es so zu glauben – für immer. Das Problem für die Gläubigen aber ist, dass da nichts ist, was bzw. wen sie anbeten können. Doch beten sie ein nicht existierendes Wesen an, weil ein Irdischer kein Gott ist. Und sie halten auch sehr seltsame Rituale ab und ihre Verzweiflung, welche auch immer, bezugnehmend auf was auch immer, ist stärker, um sich zu gestehen, dass sie ein Hirngespinst anbeten, anflehen, lobpreisen und huldigen. So machen sie DINGE, wenn der Dingdong der Kirche sie in seine Hallen ruft, von denen sie glauben, sie müssen diese Dinge machen, um von Gott belohnt zu werden. Zumindest aber schon mal vom Herrn Pfarrer. Für mich steht fest, dass sie aus all dem, was sie in der Kirche machen, beten, tanzen, hüpfen und springen, keinen Frieden, keinen Trost und auch kein Gefühl der Hoffnung, in den Himmel zu kommen, gewinnen werden, da sie vor und für Gott nichts umsonst machen. Sie glauben fest daran, dass der Gott, den sie anbeten, sie irgendwann, in aller Ewigkeit, für ihr Gottesverhalten, hier auf Erden, im Himmel belohnen wird. Sie belügen sich selbst, um sich ein gutes Gefühl und ein ruhiges Ge- wissen zu geben, und erklären alles mit einer etwas abstrusen Begründung, weshalb sie etwas Lebloses, etwas nicht Existierendes anbeten und ihre Wünsche an ES richten. Sie tun so, als sei ihnen Gott erschienen und hätte sich ihnen offenbart Und so ist in ihnen dann plötzlich, wie wird aus heiterem Himmel, die Glückseligkeit beschert. Für mich ist das Eigensuggestion, um sich wohlzufühlen. Naja, warum nicht, wenn es hilft.

Viele der Gläubigen, die den erlösenden Geistesblitz erhalten haben, eine seltsame Gottheit anzubeten, anzuflehen, anzuhimmeln, für ihn sogar zu singen, stellten plötzlich fest, für NICHTS gezahlt zu haben. Sie wissen das, doch bleiben sie einem NICHTS treu und der Kirche sowieso, weil es ihr Umfeld nicht akzeptiert, wenn sie ihr Wissen nutzen und das Kirchensystem für immer hinter sich lassen. Ein Austritt aus der Kirchengemeinde bedeutet für sie, meist zumindest, dass sie wie Pest und Cholera gemieden werden. Aber auch gemobbt, mundtot gemacht und als Verräter des Glaubens hingestellt zu werden, ist keine Seltenheit. Und ja, sogar fast vernichtet. So werden, rummsdibums und ratzfatz, Brüder und Schwestern zu Feinden.

Säkularisation – kurz angesprochen – und deren kulturelle Folgen

Als Säkularisation wird die staatliche Einziehung oder Nutzung kirchlicher Besitztümer (Land oder Vermögen) bezeichnet. Das Wort stammt von dem lateinischen saecularis ab, das auf Deutsch übersetzt so viel wie weltlich bedeutet. Die Säkularisierung hat damit zu tun, etwas zu verweltlichen, was der Kirche gehörte. Der Begriff Säkularisierung bedeutet, dass Kirche und Staat voneinander getrennt sind.

Durch die Auflösung der kirchlichen Institutionen wurden Gebäude und bewegliche Besitztümer nicht mehr für ihren ursprünglichen Zweck benötigt. Klöster, die enteignet wurden, konnten teils als Gebäude für den Staatsapparat übernommen werden, oder sie wurden (teils) meistbietend versteigert. Viele von ihnen fielen dem Abbruch zum Opfer. Das Material konnte dann für andere Zwecke verwendet werden z.B. für den Bau von Krankenhäusern, Schulen usw. Wenn nach einem Klosterabriss noch die Klosterkirche stehen blieb, konnte diese als Pfarrkirche weiterverwendet werden. Was einst dem Kloster gehörte, wie Kunstwerke und liturgische Gewänder, Kelche, Kerzenhalter usw., wurde teilweise ebenfalls an andere Kirchen abgegeben. Doch vieles davon wurde vernichtet, da wesentlich mehr Objekte zur Verfügung standen, als man benötigte.

Die Bücher der Bibliotheken und Archive der Klöster sind häufig in alle Winde verstreut worden. Es entstanden so dann auch erste private Sammlungen von wertvollen Büchern, Handschriften und Kunstwerken. In nicht seltenen Fällen waren diese Sammler ehemalige Mitglieder einer kirchlichen Institution.

Durch die Enteignung kirchlicher Güter verlor insbesondere (aber nicht nur) die Katholische Kirche einen großen Teil ihrer weltlichen Macht, ist immer wieder zu lesen, wenn es um Säkularisation geht. Die römisch/katholische Kirche ganz sicher nicht. Sie ist in den vielen vergangenen Jahrzehnten wieder zu einer Großmacht im Staat geworden, und weit darüber hinaus. Sie ist mit dem Zutun des Staates, den Milliarden an Geldern, auch wenn die Kirchengläubigen, die Kirchensteuerzahler weniger wurden, und noch immer werden, und der Geschicklichkeit der kirchlichen Advokaten stärker daraus hervorgegangen, was ich und viele andere nicht glauben und verstehen können. Man hat die Kirche in die Knie gezwungen, wie sie es mit den Ungeliebten machen und immer gemacht haben, doch wurde sie nicht gebrochen. Da hat wohl jemand nicht fest genug mit dem Schwert der Vergeltung zugeschlagen, um der Schlange den Kopf abzutrennen – für immer und ewig.

Die Kirche kriecht vor den weltlichen Herren zu Kreuze, und diente sich, schleimig wie ein Wurm oder eine Nacktschnecke, wieder an die goldene Macht von einst zurück. Meist im Verborgenen und in schattigen Winkeln und dunklen Gassen. Ihre Geschäfte laufen heute besser denn je, möchte man meinen. Zumindest hat es so den Anschein – nach außen. Sie zeigen mit protzigem Gehabe ihre Macht, besonders oft bei schlechter Laune ihrer Glaubensverkünder, welche sie ganz sicher noch (immer) haben, wenn auch nicht mehr in dem riesigen Ausmaß wie in den guten alten Zeiten. Doch vieles, was sie tun, ist schon machtvoll und grausam genug, um (Ehr)Furcht zu schaffen. Die neuen machtgeilen klerikalen Opportunisten (Frettchen) standen schon in der zweiten Reihe. Sie handelten zweckmäßig, um sich der jeweiligen Lage anzupassen und einen Vorteil daraus zu ziehen, was man in der Kirche schon von Anbeginn der Schulung zum Priester in Perfektion zu beherrschen lernt – vermute ich jetzt mal. Und jeder der Vorgesetzten macht mal einen nicht zu verzeihenden Fehler und genau darauf lauern sie, um dann deren Platz mit allen Mitteln einzunehmen, und wenn dafür andere zugrunde gehen. Und in der Kirche ist nichts zu abwegig, um das nicht sagen zu können. In der Kirche bleibt ja alles in einer Spur, auch diese internen Kämpfe, die dem Weg zum Paradies, zu Gott, dienlich sind. Doch zuerst will man sich einmal auf Erden sein Paradies schaffen. Fast möchte ich meinen, zu erkennen, dass sich die Menschen das, was sie von ihrer Regierung, dem Staat, nicht bekommen, von der Kirche erhoffen zu erhalten und deshalb im Club der Kirchengemeinschaft bleiben oder zahlende „Clubmitglieder“ werden, da diese Kirche vom Staat Milliarden bekommt, um es doch den bedürftigen Bürgern zu geben. Und beide behaupten, sie seien pleite. Klar, das ist auch absolut sichtbar – so sehr, dass ich meine Augen vom Glanze ihrer Armut abwenden muss. „Ich bin blind, ich bin blind, ob deines Glanzes. Oh Herr, lass mich wieder sehend werden.“

Wann kommt endlich die Zeit, in der jemand die Kirche in den Staub tritt und darunter für immer begräbt? Ich weiß es nicht, und werde das Schauspiel der Zerstörung nicht miterleben – schade! Für alle, die nach mir kommen und die viel Böses mit der Kirche durchmachen werden, sogar müssen, wünsche ich, dass sie es dann sind, die den Untergang der Kirchentitanic erleben. Und das, was der Kirche gehörte, soll nur den Menschen zugutekommen, die durch die Kirche unsagbares Leid ertragen mussten. Ich hoffe, aber dass es auch all den Menschen zugutekommt, die arm und hilfebedürftig sind. So wird dann die Kirche zuletzt doch noch was Gutes, wenn auch ungewollt, für die Menschen tun. Ist das nicht schön? Ja, das ist es dann. Und vielleicht, aber nur vielleicht, lächeln dann der himmlische Vater und sein Sohn, und von mir aus auch der Heilige Geist und die Muttergottes, weil sie sehen, was eigentlich schon immer in ihrem Sinne getan werden sollte.

Katholische Tauffeier – in Kurzform erzählt

Ein Priester der Röm./Kath. Kirche tauft ein Kind und nennt die Taufe die Grundlage des ganzen christlichen Lebens. Die Taufe kann sowohl innerhalb wie außerhalb der heiligen Messe gespendet werden. Eine Taufe, die außerhalb der heiligen Messe gespendet wird, findet dennoch als liturgische Feier statt. Der Täufling wird durch die Taufe in die Gemeinschaft der Heiligen aufgenommen. Dem Bekenntnis des christlichen Glaubens geht die Absage an den Satan und das Böse (Abrenuntiatio diaboli) voran.

Dem Täufling wird ein weißes Taufkleid überreicht, das die Reinheit des in der Taufe von allen Sünden Befreiten hervorhebt. Nach Lehre der Römisch-Katholischen Kirche wirkt die Taufe ex opere operato, als wenn Christus die Taufe selbst vorgenommen habe.

Zurechtweisung bei der Kindstaufe

08. Juli 2014 – Ein Video bringt einen katholischen Priester nun in starke Bedrängnis, nachdem ihm die Taufe des Kindes einer 17-Jährigen offensichtlich entgleitet und in eine Beschimpfung und Beleidigung der Mutter ausartete.

Hat dieser Priester der Sacred Heart Kapelle des Eversely Child Sanitariums denn wirklich geglaubt, dass sein Menschenverachtendes Handeln unentdeckt bleibt? Hat er die Mutter sogar aus Überzeugung beschimpft? Sicher ist, dass das, was sich der Priester in Mandaue City unverschämter Weise herausnahm, eine traurige und traumatisierende Beschämung gegenüber einer alleinerziehenden Mutter ist, die ihr Baby taufen lassen wollte.

Das Video hält die Schmachrede fest und hat inzwischen eine Welle der Empörung ausgelöst. Hier die unglaubliche Rede des Priesters der ‚Sacred Heart' Kapelle des ‚Eversely Child Sanitariums':
http://www.youtube.com/watch?v=I46ANCrkz3c

Der katholische Priester richtete seine Rede im Visayas Dialekt an die 17-jährige Mutter. Hier die nicht wörtliche

Übersetzung der Kernaussagen von Fr. Ubach, der nun selbst öffentlich am Pranger steht: „*Du warst damit einverstanden, mit einem Mann zu schlafen, der nicht Dein Ehemann ist. Ist das, was Du getan hast das, was die Kirche Dich gelehrt hat? Das Kind trifft keine Schuld, jedoch Frauen und Männer, die außerhalb der Ehe zusammen schlafen und somit in Sünde leben! Die Schande wird das Kind irgendwann überlebt haben.*

In anderen Worten, Du hättest Dich besser nicht der Sünde hingegeben, dann hättest Du jetzt auch kein Kind bekommen. Ja, das Kind ist ein Segen, aber es wurde in Sünde empfangen. Das war nicht durchdacht oder bist Du etwa verheiratet?

Kannst Du als Christ wirklich stolz auf Dein Kind sein, ganz ohne Ehemann? Du solltest Dich schämen und Dich selbst verstecken. Wir sollten diese Kirche aus Scham schließen, da Du das Kind taufen willst ganz ohne Ehemann und mit einem Mann geschlafen hast, der nicht Dein Ehemann ist. Hast Du mich verstanden? Schämst Du Dich gar nicht? Das ist eine große Schande. Was ist Dein Plan, willst Du nicht heiraten?

Dieses Kind ist voller Gnade, weil es getauft wurde. Du selbst bist auch getauft aber hast Dein Taufgelübde gebrochen. Du solltest dem Kind helfen, die Anforderung der Kirche zu erfüllen. Aber weil Du gesündigt hast, werden andere bei der Erziehung Deines Kindes helfen müssen, damit es nicht in das selbe Fahrwasser wie Du gerät und Gottes Gebote missachtet.

Deshalb ist diese Taufe nicht richtig und wir sollten sie an dieser Stelle abbrechen ...“

Gut, dass die katholische Kirche heute zumindest auf „Hexenverbrennungen" verzichtet … auch wenn sich die Ansichten von Papst Franziskus offensichtlich noch nicht bis in die letzten Winkel herumgesprochen haben.

Bedarf es da noch Worte meinerseits – und nicht nur zu dem soeben gelesenen Artikel? So wird ein Mensch durch den Verkünder Gottes zu einem ungeliebten Geschöpf Gottes, weil es der Täufer so will.

Zum Kopfschütteln gibt noch sehr viel mehr, was die Katholische Kirche betrifft. Die Katholische Kirche ist ein Fass ohne Boden, und je tiefer man hineinblickt, sich hinein gräbt, umso grausamer ist das, was man darin sieht. Die Unendlichkeit der kirchlichen Verfehlungen kennt auf Erden keine Grenzen. Wie wird es sein, wenn es doch einen Himmel und den dazugehörenden Gott gibt? Was geschieht dann mit denen, die nicht an den Gott der Christen glaubten und ihm huldigten? Oder mit den Menschen, die nicht getauft wurden oder deren Eltern uneheliche Kinder auf die Welt setzten?

Mir reicht schon das, was ich von der Katholischen Kirche kenne. Sich noch mehr mit deren Abgründen zu befassen, würde wahrscheinlich bedeuten, sich selbst in den Wahnsinn zu begeben. Und so ist es nach dieser Lektüre besser, sich wieder den schönen Dingen des Lebens hinzugeben. Dingen, die mit der Kirche und den Kirchenherren und Dienerinnen nichts zu tun haben. Doch in unserer Welt ist fast nichts mehr ohne den Gott der Christen möglich. Der Christenglauben ist überall verwurzelt. Seine bösartigen

Ranken wuchern weiter und verbreiten sich überall, ja, überall. Und genau jetzt, und genau deshalb wünsche ich dem Leser ein wunderschönes Leben ... ohne Gottesplage.

Arbeitgeber Kirche – wer nicht passt, der fliegt raus!

Arm trotz Arbeit – Von Nächstenliebe keine Spur

Sehr viele Menschen in Deutschland verdienen ihr Geld bei der Kirche. Christliche Großherzigkeit sollten sie von ihrem Arbeitgeber aber nicht erwarten – was sie aber tun.

In beiden großen Kirchen der BRD wurden und werden immer wieder Mitarbeiter aus ihrem Dienst entlassen, gefeuert, weil sie ungehorsam waren. Sie zeigten ungewollt Mangel an ihrer kirchlichen Einstellung und zu ihren kirchlichen Tätigkeiten, die sie für ihren Dienstherren zu verrichten haben bzw. hatten. Unter den Entlassenen befinden sich ganz sicher oft alleinstehende Personen, die das Geld - das eher wenige, das sie bei der Kirche erschuftet haben - dringend für ihre Kinder und sich benötigen, um einigermaßen ihr Leben finanzieren zu können. Die immaterielle Gabe des Herrn hilft ihnen hier auf Erden nicht, um satt zu werden. Da hilft auch der dämliche Satz, den man zum Schlechtesten seitens eines Kirchenheiligen mal abgegeben hat, welcher da lautet: „Armut ist ein Zeichen Gottes." Ist das ähnlich dem Kainsmal?

Armut ist ein Zeichen Gottes ... aber nur für die Bediensteten der Kirchenunterschicht. Für mich ist es eher eine Brandmarkung Gottes, wenn jemand in der unteren Arbeitsebene des Kirchenstaates tätig ist, sich aber für seinen Großherrn abschuftet, um einen mickrigen Lohn zu erhalten. Es gibt aber auch Mitarbeiter, die ein Studium absolvierten, aber nicht als Priester tätig sind. Auch mit ihnen wird oft verfahren, als wenn sie nicht alle Latten am Zaun hätten oder man ihnen bei Vergehen eine dieser Latten um den Schädel knallt. Und da spielt es echt keine Rolle welches Studienfach man absolviert hat; denn niemand, ob Mann oder Frau - die sogar noch weniger an Wert für die Kirchenmänner darstellt - ist ein Verkünder, ein Priester. Nur die Priester haben das von Gott gegebene Recht, so glauben sie es, mit allen Menschen, besonders arg mit ihren Bediensteten, menschenunwürdig umgehen zu können, immer so, wie es ihnen beliebt.

Und wenn einer, oder mehrere, von den Gottesgnadenfantasiegeschichtenerzählern bzw. Horrorgeschichtenvorlesern noch so doof ist, dass es im Kirchenstüberl (Gehirn) laut und bröselig knirscht ... kann ja vorkommen, haben sie leider auch heute noch die Macht über ihre dienstbaren Geister, mit und/oder Kopfschaden durch zu viel kirchlicher Gehirnspülung, zu herrschen. In der Kirche gibt es keine Gewerkschaft, die die Kirchenmitarbeiter vor Willkür ihrer Kirchenherren schützt. Dann wird es aber Zeit, dass das geändert wird.

Besonders die Niedrigsten unter den Niedrigen, die den Dreck und Müll wegräumen, sind es, die mit dem armseligen Verdienst der liebenden Kirche kaum ihr Leben bestreiten können. Auch sie sind es, die als erstes entlassen oder ausgetauscht werden. Und wenn jemand von den einfachen Mitarbeitern vor ihrem Kirchenfürsten, auch ein einfacher Dorfpfarrer ist bereits ein (Gemeinde)Fürst, aufbegehrt, dann droht man mit deren Entlassung. Das Kirchenkonstrukt dürfen sie nach einer Entlassung aber nicht verlassen. Wäre ja noch schöner, wenn diese Armen im Geiste das Paradies, den Garten Eden, verlassen. Sie können sich schon, was ganz sicher besser für sie ist, dann einen anderen Arbeitgeber suchen, aber die Kirchensteuer und das Kleingeld, das man wöchentlich am Sonntag aus ihnen raussaugt, hat gefälligst bei der Pfarrei zu bleiben. Und wenn sie, die Verstoßenen, dann Hunger haben und sich von dem wenigen Arbeitslosengeld mitten im Monat nichts mehr kaufen können, um sich und ihre Familie zu ernähren, dann gehen sie an die Kirchenpforte ihres ehemaligen Arbeitgebers und bitten um eine kleine Spende, um wenigstens für ihre Kinder etwas zu essen zu kaufen. Doch was werden sie, aus meiner Sicht gesehen, zu hören bekommen? Ganz liebliche Worte wie: „Kirchenentlassene und -abtrünnige (Gottes Clubmitglieder) bekommen nichts. Schau, dass du zum Teufel gehst.“ Und ein guter Gläubiger (?) nimmt es wie ein geprügelter Hund seines Herrn schweigend hin, so gedemütigt zu werden. Nicht zu vergessen, am Eingang am Haus Gottes befindet sich ein Schild mit dem Hinweis, dass das Betteln und Hausieren verboten ist. Auch bitten und beten hilft da nichts – doch Geld zu bringen immer. Doch wer Geld bringt, braucht um keines bitten. Was für einen Zynismus betreibt die Kirche da nur bis zu Perfektion?

Untermauerung der soeben gelesenen Worte

„Materiell können wir Sie nicht unterstützen, dazu haben wir keine Mittel. Aber gehen Sie nur fleißig in die Kirche

und in unsere Betstunde, dann werden Sie lernen, auch Hunger und Elend mit Geduld zu tragen."
Na, ist das nicht nett. Das nennt man ... christliche Liebe. Immer einen lockeren Spruch auf der Lippe, und den dann noch ganz salopp daher gesagt. Da möchte man am liebsten dem, der das gesagt hat eine reinhauen, damit er selbst nicht mehr die Zähne auseinander bringt, um sich seinen Wanst voll zustopfen.

Ein klein wenig besser geht es, finanziell zumindest, den höher gestellten Kriechern, die für die Kirche arbeiten. Sie können tatsächlich mit ihrem kirchlichen Sold, weil sie die kriegerischen Soldaten Gottes sind, gut leben. Doch wehe es zeigt sich ein christenunflätiges Verhalten, dann ist es um den sündigen Gläubigen schnell geschehen. Er wird zu einem Delinquenten durch sein abweichendes Verhalten. Und das nimmt keine Kirche hin, ob katholisch oder ... Und was geschieht mit Gedanken- und Tatenabweichlern der Heiligen Katholischen Kirche? Sie werden entsorgt, wenn möglich auch noch vernichtet. Es muss ja nicht gleich ein Lebensende sein, doch oft ist es ein Leben, welches der Abweichler, der Ent(d)sorgte, so nicht mehr führen kann, meist zumindest, wie er/sie es bisher geführt hatte. Schon viele spitze Worte führten zu der Vernichtung des Lebens, welches er/sie Gott und der Kirche „geschenkt" hatte. Nur ein starker Geist, der ohne Gott ist, hilft, dass man nicht in der Gosse landet, wenn man aus der Christengemeinde verstoßen wurde. Und wer freiwillig geht, der hat bereits einen (neuen) reinen und starken Geist, der mit Gott nichts mehr zu tun hat. Gott sei ... nicht gedankt!

„Wer eine Ehefrau gefunden hat, der hat etwas Gutes gefunden und Wohlgefallen erlangt vom Herrn.“
Dieses Bibelzitat (Sprüche 18,22) sollte eigentlich über jeden Zweifel erhaben sein. Zumindest dann, wenn sie für einen kirchlichen Arbeitgeber arbeiten – und die Freuden einer Eheschließung gleich mehrfach genießen wollen. Leider zeigt die Realität oft ein anderes Gesicht, eines, das kein Wohlgefallen offenbart.

Immer mit derselben Alten, vielleicht auch noch mit einer Kirchenzicke, will man nicht für ewig verbandelt sein. Von denen bekommt man oft zu dem Ring am Finger auch noch Ringe und Furchen des verfrühten Alters um die Augen geheftet. Ausnahmen, ja, gibt es auch in einer kirchlich gesegneten Ehe. Doch schreibe ich, ein wenig Frischblut sollte man sich hin und wieder erlauben dürfen, denn es ist wie eine Frischzellenbehandlung, die den Körper und den Geist erfreut. Die Pfaffen handhaben das ja auch oft und gerne ... mit anderen Kirchenmitgliedern. Da sollte es doch hin und wieder mal erlaubt sein, und auch verstanden werden, wenn man sich Gottes schöne Gaben nicht nur einmal im Leben zur Freude und dem Wohlgefallen genehmigt. Und Verheiratete, die sich was Erquickendes ab und zu mal wünschen, was sie dann mit Gottes Erlaubnis genießen, gibt es ganz sicher viele. Denn wer ist schon ohne Fehler? Niemand, Gott hat alle mit Sünden behaftet, um zu sehen, wie sie damit umgehen. Aber nein, solch Teufel, die dem Gebot Gottes, der Ehe, der Einehe, der einmaligen Eheschließung nicht folgen, ... bis in den Tod hinein, werden von ihrem Arbeitgeber, der Kirche, aus der Kirche rausgeschmissen und verbannt. Solch Sünder wollen sie für sich nicht arbeiten lassen, wenn auch z.B. ein Arzt mehr für den Menschen machen kann als ein predigender Priester, mit dessen Worten er keine Wunde heilt. Auch nicht die der Seele.

Diese Erfahrung machte auch ein Arzt. Der geschiedene Katholik arbeitete für ein kirchliches Krankenhaus. Als er sich entschieden hat, seiner langjährigen Lebensgefährtin einen Antrag zu machen, nahm das Schicksal seinen bösen Lauf. Die erneute Ehe war so gar nicht nach dem Geschmack der Gottesleute. Der Arzt kassierte dafür dann die Kündigung. Rummsbumms und raus ..., aber nicht mit einem echten Heiler (Arzt).

Ob der heute glücklich ist, dass er gegangen wurde? Mich würde das schon sehr interessieren. Ich vermute, dass er jetzt frei ist. Frei von Zwängen und lächerlichen Geboten. Hoffe ich zumindest. Und wenn er weiterhin in die Kirche geht, um zu Gott zu beten, wird ihn niemand am Kragen packen und mit seiner neuen Flamme hinausschmeißen. Ach wie nett! Warum nett? Weil er, so vermute ich, auch weiterhin die Opferschatullen mit klingenden Münzen füllt und auch brav weiter seine Kirchensteuer zahlt. Sollte er das machen, zweifle ich an seinem Verstand. Doch mit der Zeit kommt die Befreiung zu Gott, zumindest zu der Kirche. Und als Arzt kann er auch an anderer Stelle für den Menschen da sein und viel Gutes bewirken. Egal, wen auch immer er behandelt. Ob Christ, ob Atheist, ob Andersgläubiger oder die, welche ohne den Kirchengott sein wollen.

Das Argument lautet, eine Wiederheirat sei ein schwerer Verstoß gegen die katholische Sittenlehre, eine Weiterbeschäftigung des Mediziners unter diesen Bedingungen nicht möglich. Der geschasste Arzt wollte das nicht hinnehmen und klagte sich bis zum Bundesarbeitsgericht, wo dann ein Urteil zu seinen Gunsten gesprochen wurde, doch dieses Urteil kassierte das Bundesverfassungsgericht und die Richter in Karlsruhe entschieden dann: „Wer in Einrichtungen der katholischen Kirche arbeitet, sich von seinem Ehepartner scheiden lässt und erneut heiratet, riskiert auch künftig seinen Job. (Az. 2 BvR 661/12)".

Das müssen aber Richter Gottes gewesen sein, denn vernunftbegabte Richter, frei von Gottesglauben, würden so nie urteilen. Haben sich die Richter des Bundesverfassungsgerichts etwas von der Kirche versprochen? Einen flauschigen Wolkenplatz im Himmel? Einen Platz im himmlischen Gerichtssaal, um zu richten, wer wirklich zu richten ist? Wissen die dann auch, wen sie zu richten haben? Die wahren Teufel und nicht die armen Schlucker, die schon auf Erden die Geprügelten waren?

Mal ehrlich, wie kann es sein, dass so viele gescheide Leid (gescheite Menschen) in den Sumpf bzw. in den Treibsand der Kirche geraten sind? Haben sie tatsächlich geglaubt, sie könnten der Kirche etwas Gutes entlocken, wenigstens für sich? Dann ist es aber mit der Intelligenz nicht sehr weit her. Die Kirche gibt doch nichts, ihr muss man was bringen oder bei Einstellung auf einen dicken Batzen Knete in seiner Lohntüte verzichten, denn das, auf was man verzichtet, geht – Gnade sei dem Herrn – in des Kirchenvorstehers Schatulle. Jahrelang kennen sie diesen Verein bereits, für den sie tätig waren, und so sollte man glauben, dass sie es bereits wissen, zumindest ansatzweise, dass man von der Kirche nur etwas bekommt, wenn man in dieser Zeit schon viel an die Kirche und deren Vertreter abgegeben hat. Damit meine ich nicht den körperlichen und geistigen Einsatz.

Bei den einfachen Mitarbeitern im Weinberg des Herrn, kann ich es noch verstehen, wenn sie nichts durchschauen und sich mit Almosen, die sie bereits durch ihre eigenen Spenden an die Kirche bezahlt haben, wie kleine Kinder freuen, wenn ihnen der Herr Pfarrer eine Wisch- und Wegsegnung mit den drei Heiligen Segensfingern gnadenvoll spendet. Bei genauer Betrachtung ist es wie mit lästigen Fliegen, die man mit schneller Handwischbewegung verscheuchen will. Doch das sehen sie nicht, weil sie ihr Haupt vor dem Pfarrer demutsvoll senken und den Blick nach unten richten. Für was eigentlich? Um auf seine maßangefertigten Schuhe zu schauen? Oder nicht dem „Bösen Blick" des Herrn Hochwürden ausgesetzt zu sein?

Nun aber wieder zurück zu dem Rauswurf eines Gottespflegers, der in Diensten der selig machenden Kirche viele Jahre tätig war. Ja, war! Die Richter bestätigten den Sonderstatus der Kirchen. Damit ist die Entlassung von Mitarbeitern aus sittlich-moralischen Gründen erlaubt (2 AZR 543/10). Ein Urteil von großer Tragweite. Die Katholische Kirche in Deutschland hat ein latentes Imageproblem – doch auf dem Arbeitsmarkt mischen die Gottesleute weiterhin kräftig mit. Für sie sind die Allgemeingesetze der

BRD nicht auf ihre kirchlichen Gesetze anwendbar, schon gar nicht, wenn es um Mitarbeiter der Kirche geht, die man loswerden will – auf Teufel komm raus.

Von latent kann man ganz sicher nicht mehr reden, bei all den Verfehlungen, wofür andere gerichtet und bestraft werden. Die Öffentlichkeit macht alles publik, was auch jeder wissen soll, welches Übel die Kirchenarbeitgeber an ihren Mitarbeitern schamlos und voll von Sünde begehen. Und da dies nicht reicht, wohl aus Frust heraus, begehen sie Schandtaten, bei denen sie nur der kirchlichen Gerichtsbarkeit zugeführt werden, wenn man sie dabei erwischt hat. Dort werden sie mit ein paar sanften Ermahnungen gleich wieder auf die Menschheit losgelassen. Dann können sie weiter wüten wie eine Schlechtwetterfront, weil sie von den „bösen" Menschen beleidigt wurden. Ein Priester ist schließlich nach Gottesgnaden unfehlbar.

Leute, lest endlich, was alles an Wahrheiten über die kirchlichen Grausamkeiten im Internet und Zeitungen usw. zu lesen ist. Es wurde von Betroffenen geschrieben, aber auch von Insidern der Katholischen Kirche, der sie mal angehörten, weil sie einst an das Wort Gottes glaubten, die sie aber mit der Zeit verachteten, weil der Christenglauben mit der Liebe und dem Guten nichts zu tun hat und hatte. Sie sahen, was Böses im Namen Gottes, durch die Priesterschaft an den Menschen, die an die Liebe Gottes glaubten, getan wurde und sie erkennen ließ, dass sie mit dieser Religion nichts mehr zu tun haben möchten und deshalb dann auch aus der Kirche ausgetreten sind. Aber es sind auch Erzählungen von Menschen, die davon berichten, wie sie durch die Katholische Kirche zu geistig und körperlich Geschädigte wurden. Auch, was sie darüber geschrieben haben, ist keine, KEINE Lüge. Ich schreibe nicht nur über das Verbrechen an der Menschlichkeit, nein, ich habe es selbst jahrelang erlebt, vieles gehört, und noch mehr gespürt – von den Pharisäern in bunten Kutten und mit schmalzigem Lächeln im Gesicht, wie grausam eine katholische Erziehung ist bzw. sein kann.

Die gesprochene und gelebte Lüge bleibt den (meisten) Pfaffen rund um den Globus vorbehalten. Darauf haben sie das Monopol – von Gott gegeben und von Jesus verkündet. Und so verbreiten sie sich weiterhin wie ein Krebsgeschwür in den Köpfen der Menschen. Sie beginnen am liebsten schon bei den Kindern, deren Verstand noch unfertig ist, um ihre Worte in sie zu pflanzen. So kann sich das „Krebsgeschwür" rasend schnell, ohne auf Widerstand zu stoßen, in den Unschuldigsten verbreiten und sie so zu Gotteszombies machen. Ganz so, wie es den Gottesdienern beliebt.

Sind die Gehirne der Menschen der Mülleimer für Gott, wo er seine missratenen Verkündigungsworte abladen kann? Bei manchen, oder vielen ganz sicher, da quirlt und verbreitet sich der Gottesmüll wie Unkraut in einem verruchten Gottesstaat. Oder ist die Erde der Müllhaufen Gottes? Müll, den erschafft er noch immer – haufenweise.

Nun, ein guter Geist, ein reiner Verstand, wird das Kind schnell erkennen lassen, dass nicht alles, was man ihm über Gott und die Bibel sagt, auch richtig ist, und so dann bald zu richtigen Entscheidungen führt. Wie zum Beispiel das Austreten aus der katholischen Gemeinschaft. Amen!

Am 11.09.2018 hat der Europäische Gerichtshof (EuGH) entschieden, dass für Angestellte in kirchlichen Einrichtungen die gleichen Rechte gelten wie für alle anderen Arbeitnehmer auch. Die Kirche darf kirchlichen Mitarbeitern bei Wiederheirat nicht kündigen, wenn deren Religion oder Weltanschauung für dessen Tätigkeit nicht wesentlich ist. Die Richter urteilten, dass die Kündigung eines katholischen Arztes, der in einem katholischen Krankenhaus tätig ist, nicht wegen erneuter Eheschließung nach Scheidung erfolgen darf. Eine Kündigung könne in diesem Fall eine verbotene Diskriminierung wegen der Religion darstellen. Das Urteil gilt als Grundsatzentscheidung zum kirchlichen Arbeitsrecht. Na endlich!

Kirche – zweitgrößter Arbeitgeber Deutschlands

Es heißt, so ist es auch immer wieder zu lesen, dass ca. 50.000 Unternehmen sich derzeit im Eigentum von Kirchen, Klöstern und deren Einrichtungen befinden. Vermutlich sind es eher mehr. Klar, dass da der Personalbedarf groß ist. Die Kirche ist demnach der zweitgrößte Arbeitgeber nach dem öffentlichen Dienst. Das Jobangebot ist entsprechend vielseitig: Kindergärtnerinnen, Lehrer, Kaufleute, aber auch Reinigungskräfte für alle kirchlichen Bereiche. Besonders hervorzuheben sind die Menschen in den vielen Krankenhäusern, Alten- und Pflegeheimen, die dort ihre Tätigkeiten verrichten. Zu benennen sind auch die vielen Handwerker (Tischler, Maurer, Elektriker, Installateure, usw.), die alles in Ordnung halten, damit auch alles reibungslos funktioniert. Viele Büromitarbeiter (Postsortierer, Boten, Schreibkräfte usw.) tun in Deutschland Dienst im Namen Christi. Auch Bierbrauer, Köche, Bäcker u.v.m. sind tagtäglich für ein von Gott gegebenes Gehalt beschäftigt. Sie leisten viel, wie alle anderen auch, doch bekommen sie dafür auch ihren gerechten Lohn?

Für die Kirchenherren im Rock sind das nur dienstbare Diener, mehr aber schon auch nicht. Doch, als Geldbringer und kostengünstige Mitarbeiter/innen sind sie stets zu gebrauchen. Wer bei der Caritas, Diakonie, dem Weltbildverlag oder irgendeiner anderen kirchlichen Einrichtung anheuert, darf nicht mit einem besonders milden Arbeitgeber rechnen. Ganz im Gegenteil, ein Job unter dem Kreuz ist knallhart und brutal reglementiert. Wer unter der Knute des Kirchenrechts schuftet, der genießt keinen Kündigungsschutz. Die Gott erhabenen Chefs besitzen Privilegien, von denen jeder weltliche Arbeitgeber nur träumen kann. Die kirchlichen Chefs dürfen jeden, der nicht linientreu ist, gnadenlos rausschmeißen und für immer verdammen. Verbrennen geht ja nicht mehr. Oh wie schade – für sie. Mein Gott, was müssen diese Liebessülzer doch leiden, da man ihnen diese Freude entzogen hat. Ich bete zu ihrem himmlischen Oberbrandmeister, dass er ihnen eine andere Freude zukommen lässt. Wie wäre es mit einem Job in der Hölle? Schwule und Lesben und alle anderen Geschlechter, von denen ganz sicher einige im Dienste der Kirche tätig sind, müssen sich vorsehen, wenn sie ihren Job behalten wollen. Erfreuliche Ereignisse wie eine Eheschließung können schnell eine Kündigung nach sich ziehen. Und warum? Die Kirchenherren verlangen von ihren Knechten, dass sie die Grundsätze des christlichen Glaubens- und der Morallehre auch in ihrem Privatleben befolgen. In diesem Kontext sind homosexuelle Beziehungen (Regenbogenfamilie) nun mal nicht in der Kirche erlaubt. Als Regenbogenfamilie wird eine Familie genannt, in der die Eltern dasselbe Geschlecht haben.

Man darf als Christ nicht homosexuell sein, doch verdeckt im Schoße der Kirche schon, und auch homosexuell leben. Nur bekannt werden darf es nicht. Besonders nicht bei den Verwandten, denn darunter befinden sich oft schwulenfeindliche Verwandte, die dem katholischen Glauben so sehr verbunden sind, dass sie sogar ihre eigenen homosexuellen Familienmitglieder, auch wenn es ein Priester oder eine Nonne ist, in die Hölle wünschen, da sie „Göttliches" beschmutzen.

Bei all den schwulen Dienern am Brandaltar stellt sich für mich dennoch die Frage, ob es eine geheime Vorgabe mit einer geheimen Absprache gibt, dass man(n) als geweihter Diener Gottes schwul sein muss, was natürlich nicht jeder Gottesmann ist, um zu der elitären Riege der Kirchenmänner zu gehören, und um sich dann gegenüber all den anderen, die nicht mit göttlichem Segen schwul sind, erheben zu dürfen?

Ist es also denkbar, dass es in der christlichen Religion vorgesehen, vorhergesagt oder sogar vorherbestimmt ist, dass die Kirchenmänner, die ihren Dienst am Opfertisch für Gott verrichten, schwul sein müssen, es sein sollten? Warum nicht, bei all dem, was man hinter verschlossenen Vatikantüren, Domtüren und Stadt- und Landpfarreientüren ausheckt und keiner der Normalos mitbekommt. Ich bin mir fast sicher, ich glaube sogar, es mal gehört und/oder gelesen zu haben, dass es eine schwule Fraktion im Vatikan gibt, die auch noch sehr mächtig ist und bestimmt, was abgeht – in ihrem Sinne natürlich. Da ist es gut möglich, dass man sich am liebsten Gleichgesinnte in das Heilige Boot der Christen holt, um ja nicht Nestbeschmutzer, damit meine ich Heteros, ins Boot zu holen, die irgendwann dieses zum Kentern bringen oder nicht an das richtige, an das warme Ufer paddeln.

Nun, bei denen, die hetero sind, da lässt sich immer ein Weg finden, wie man diese an passenden Stellen einsetzt, wenn sie als Priester ihren Gottesdienst verrichten. Sie sind es dann, die die Fahne der Reinheit, des Göttlichen, der Unfehlbarkeit hochhalten und mit viel Schwung herumwedeln. Und so wird dann der Schein der Heteroalität auch für die scheinheiligen, schwulen Männer im Talar aufrechterhalten. Und so schützt der ach so gute Heteropriester den armen heißen Mann vor der unangenehmen Verkündung seines angeblichen Makels. Das Ganze aber nur für die Menschen außerhalb ihrer Kirchen- und Klostermauern.

Eines aber ist für mich sicher, wer den „heißen" und den geheimen Vorgaben der Kirche nicht gerecht wird, auch nach mehrmaligen Zurechtweisungen, der fliegt aus der Kirche und der Gemeinde. Und dabei kennt die Scheinheiligkeit keine Grenzen, wenn es um Brüder und Schwestern des katholischen Glaubens geht. Sie täuschen vor, gegen Schwule und deren Handlungen zu sein, und müssen diese „Fehlgeleiteten deshalb aus dem Kirchenhorst entfernen. Ihre Grausamkeit und Verlogenheit gegenüber ihren einstigen „heiß geliebten“ Mitbrüdern kennt dann keine Gnade und keine Grenzen der Erbarmungslosigkeit. Ein entdeckter schwuler Freund, der ist kein guter schwuler Freund mehr, mit dem man weiter viel Spaß haben kann. Er ist just in dem Augenblick verbraucht, wenn er als schwul aktiver Priester entlarvt ist. Und der Förderer dieses heißgeliebten Mannes ist plötzlich wie vom Erdboden verschwunden oder weiß von nichts und schon gar nichts von irgendwelchen spritzigen Techtelmechtel, die er mit ihm hatte. Bei Bloßstellung, er sei der Geliebte im Bett gewesen, droht dieser Förderer mit aller kirchlichen Macht, die er aufbringen kann, um sich herauszuwinden wie ein glitschiger und unter Strom stehender Aal. Die Kirchenfamilie, damit meine ich die Priesterschaft, verlangt absolute Loyalität und Gehorsam bis in das unterste, kleinste Kirchenglied, und das um jeden Preis. Verrat wird hart bestraft. Auch hier geht man dann bis zum Äußersten – vernichtend gnadenlos. Und mit Liebe hat diese Familie dann nichts am Hut.

Man darf, und es stellt auch kein Problem dar, in der kirchlichen Gemeinschaft als Priester schwul sein. Auch spritzig fidele Handlungen darf man begehen, doch darf dieses nie bekannt werden, nach außen natürlich. Wenn das alles reibungslos funktioniert, dann lebt man als Priester wie Gott im Himmel, und das bereits auf Erden. Aber wehe, wenn man als aktiver Schwuler entdeckt wurde, dann ist es aus mit der, seiner Herrlichkeit – so wird es nach außen jedem

Bürger weisgemacht. Der Deckmantel der Kirche ist groß, und da lassen sich die falschen Rüben, die im heiligen Kirchenacker stecken, leicht darunter verbergen. Dieser Mantel wird, solange es geht, immer schützend über seine wärmenden Diener gelegt. Und wenn man diesen armen Tropf nicht mehr schützen kann, dann zieht man den Kirchenschutz beiseite und lässt den entlarvten Bruder allein in der Kälte stehen. Er ist dann für sie nur noch wie Luft und ein kleiner kurzer Gedanke – wenn er Glück hat.

Ich will mit meinen Worten keine Lanze für homosexuelle Priester brechen, denn darunter gibt es viele, sehr viele schwarze Schafe, die sich wie Wölfe gegenüber ihren Schutzbefohlenen verhalten. Sie beißen sich regelrecht fest an ihren Opfern und reißen ihnen durch ihre bestialische Handlung die Seele aus dem Leib. Für solche Wölfe habe ich kein Erbarmen, wenn sie aus den Kirchencentern hinausgeworfen werden – was leider nur in den seltensten Fällen geschieht. Diese Täter des Grauens werden von ihren Herren immer noch zu sehr geschützt und versteckt: vor der Gerechtigkeit, einem weltlichen Strafgericht mit weltlichem abschließendem Urteil. Und das in Anwesenheit der Opfer, denen sie Grausamstes und nie wieder Heilendes angetan haben. Das Schlimme an solchen Verhandlungen ist, dass die Opfer oft auch noch durch die Vertreter der Schänder, der Seelenmörder, vor Gericht verhöhnt und dazu auch noch dem Spott ausgesetzt werden. Immer so, als wenn das Kind, die Jungs und die Mädchen, selbst Schuld daran hatten und man sie deshalb dann den Übergriffen aussetzte. Vielleicht sogar mit der Begründung, dass das eine besondere Erziehungsmethode gewesen sei, um so dem Kind, dem Jugendlichen, sehr nahezukommen, um Vertrauen aufzubauen, und um ihnen dann so auch intensiv zur Seite zu stehen und helfen zu können. Die Schuld wird auf das Opfer abgewälzt, bis es nur noch sprachlos ist, wie man ihm, ihr, die Schuld des Übergriffes zuschieben möchte. Fehlt nur noch, dass es heißt, dass das „Opfer“ mit seinen Reizen vor den Betreuern kokettierte und sie so zu ... Fehlhandlungen brachte. Welch weitere unverschämte Ausreden und Anschuldigungen zum Besten gegeben werden, um als Unschuldslamm dazustehen, kann sich sicher jeder Leser selbst vorstellen. So macht der Schänder, der Prügler, sich vor dem Gericht zu einem Unschuldslamm. Und das Opfer ist dann plötzlich der böse Wolf.

Wir wissen ja, dass es auch in der Heiligen Kirche nicht an Perversionen mangelt. Nicht zu vergessen die Prügelorgien, um Schutzempfohlene, die sich immens unangepasst zeigten, und das mit ausgeprägter Sturheit gegenüber der Zuwendung des Kirchenpersonals. Auch hier wird der Bestrafte, der Gezüchtigte, der Geprügelte im Gerichtsaal vom Gottesvertreter noch verhöhnt, indem man ihm Unglaubwürdigkeit, Lüge und Geistesschwäche attestieren möchte. Der Kläger wird durch den Kirchendreck gezogen und dann, bei viel Glück, nur als Lügner abgestempelt, und nicht auch noch als Geistesgestörter, der eine Spezialbehandlung in einer Psychiatrie braucht. So war es früher, so ist es auch heute noch, und so wird es auch bleiben, solange es diese Heiligen Männer und Frauen gibt. Diese die Menschenwürde verachtenden Halbgötter in Talar und Kutte haben es verdient, für immer geächtet zu werden. Sie haben es auch verdient, einem Richter oder einer Richterin vorgeführt zu werden, die selbst in ihrer Kinder- und Jugendzeit erlebt haben, es auch lange Zeit schmerzhaft verspürten, ihrer Menschenwürde beraubt worden zu sein, indem man ihren Körper prügelte und auch sexuellem Übergriff aussetzte. Diese richterlichen Instanzen sollen es sein, die mit den Brutalos in Kontakt kommen, und dann, nach Feststellung ihrer Vergehen, oh welch mildes Wort, von ihnen auf das Härteste bestraft werden. Bin ich mit diesen Worten ein rachsüchtiger Mensch? Bin ich erbarmungslos mit meinen Worten? Gegenfrage: Wo war die Barmherzigkeit der Gewaltverbrecher? Waren sie voll von Barmherzigkeit? Nein, ganz sicher nicht. Sie waren gnadenlos gegenüber den Kindern und Jugendlichen. Sie sind meiner Gnade nicht würdig.

Für mich gibt es keinen Grund, warum man als schwuler Mensch nicht seinen Glauben als Priester oder als Nonne verrichten kann. Sie sind Menschen wie jeder andere auf dieser Welt. Sie haben all das, was ein Hetero auch hat. Alle Eigenschaften, die einen Menschen ausmachen. Sie sind von dieser Welt und keine Außerirdischen. Sie sind wie du und ich. Sie kommen mit dieser Neigung auf die Welt, und was aus ihnen später mal wird, wie sie sich mit ihrer Neigung zum gleichen Geschlecht verhalten, das weiß niemand, doch sollte man, wenn man von ihrer Liebe zum eigenen Geschlecht weiß, diese dann nicht verurteilen und ihnen Böses antun. Das haben sie nicht verdient. Ihnen steht auch zu, geliebt zu werden, und nicht nur von Gleichgeschlechtlichen. Die Liebe, die sie auch für sich wünschen, die sie auch mit Berechtigung einfordern, ist eine Liebe, die sie dann auch weitergeben werden – die meisten zumindest. Egal, wo sie tätig sind, sie dürfen von keinem Arbeitgeber geächtet werden, wenn es herauskommt, dass sie schwul sind. Unter ihnen, den Vorgesetzten, befinden sich selbst viele, die ihresgleichen Geschlecht zugetan sind, aber es nicht nach außen zeigen – was auch sehr zu verstehen ist. Aber bitte, seid keine Richter über die, die eure Geliebten sein könnten, wenn ihr wisst, wie sie gepolt sind. Mit dieser Aussage über Arbeitgeber meine ich ganz explizit die Chefs der Katholischen Kirche. Zeigt endlich mal Liebe und Verstehen. Predigt dieses nicht nur, handhabt es endlich selbst, wenn ihr es immer und immer wieder predigt. Das wäre dann in Gottes Sinne.

Brüssel hat den autoritären Gottesleuten den Kampf angesagt. Mehrmals hat die Bundesregierung von der EU-Kommission Post erhalten, welche die Art und Weise belege, wie mit kirchlichen Arbeitnehmern diskriminierend umgegangen wird. Die Vorgabe aus Brüssel lautet: Deutschland muss seinen Diskriminierungsschutz verbessern und die kirchlichen Sonderrechte beim Kündigungsschutz begrenzen. Eine arbeitnehmerfreundliche Wirkung haben die Ermahnungen aus Brüssel bisher nicht gezeigt. Wird erst der europäische Gerichtshof entscheiden, welche Sonderrechte die Kirchen in ihrer Funktion als Arbeitgeber behalten dürfen? So müssen sich über eine Million Arbeitnehmer weiter damit abfinden, dass ihr Intimleben, wenn dieses nicht kirchenfreudig ist, ihnen das den Job kosten kann. Doch welch (kleine) Freude, grenzenlos sind die Rechte der Kirchen allerdings nicht ... mehr.

Noch aber gibt es in den Kirchen ein besonders, fast schon perfides Arbeitsrecht, das in der Regel keine Tarifverhandlungen zwischen den Gewerkschaften und Arbeitgebern kennt, geschweige denn das Streikrecht. Die Kirchen nennen ihr System zur Lohnfindung den „Dritten Weg“. Was ist der „Erste Weg“? Der „Erste Weg“ ist die Beamtenbesoldung ohne jegliche Mitbestimmung. Der „Zweite Weg“ steht für klassische Tarifverhandlungen in der freien Wirtschaft. Der „Dritte Weg“, der Weg der Kirchen ist eine Dienstgemeinschaft zwischen Arbeitgeber und Arbeitnehmer. Was bedeutet das für den Arbeitnehmer, wenn er eine Dienstgemeinschaft eingegangen ist? Es bedeutet, dass jeder Einzelne in einer besonderen Rolle für die Kirche tätig ist. Er verrichtet mit anderen kirchlichen Dienst, jedoch nicht nur für seinen Arbeitgeber, sondern einen Dienst für Gott – und Gotteslohn.

Und das Grauen der Kirche bleibt weiter der Gewinner, wenn man für sie arbeitet. Die Liebe des Herrn ist grenzenlos, und so verhält sich die Kirche mit ihren Mitarbeitern – grenzenlos vernichtend mit denen, die die Herrlichkeit Christi nicht mehr anerkennen. Gottes Gesetz, auch Sklavengesetz, ist unumstößlich. Und daher für immer und jeden zu befolgen. Wer dem nicht in der Arbeitsgemeinschaft nachkommt, der ist der Sünde und wird mit aller Gotteskirchenmacht vernichtet.

Doch Jesus braucht in den kirchlichen Krankenhäusern viele der putzlappenschwingenden Patiententoilettenreinigungskräfte, bis ihnen das Kreuz für ihre Herren bricht. Und in der Dienstpause, wann soll die sein, wird das

Ave Maria gebetet. Ein Patient, der im kirchlichen Krankenhaus gleich unter dem Messer liegt, der muss noch auf die Bibel schwören und das Kreuz küssen, dass er Gott und seine Helfer nicht verklagt, wenn er bei der OP verreckt. Ja, wie denn, tot ist tot, doch bei Gott ist nichts unmöglich, so ihre panische Angst, dass ein Toter gegen einen Mitarbeiter bzw. gegen das kirchliche Krankenhaus klagt, weil er/sie bei der OP verreckt ist. Mit einer Unterschrift des Patienten, noch tunlichst vor der OP, will man eine Klage vermeiden. Und was bekommt er zum Dank – bei der Beerdigung? Ein heuchlerisches Gebet des Krankenhausseelsorgers. Und das war es dann auch schon wieder – der nächste bitte.

Einzelunterricht

Wenn ein Mann und eine Frau heiraten, dann tragen sie einen Ehering. So ähnlich ist es auch bei den Priestern und den Nonnen, wenn sie eine „Ehe" mit Gott eingegangen sind. Ihre Ringe am Finger, also diejenigen der Prälaten oder auch der Äbtissinnen, sehen wie ein Siegelring aus. Groß und protzig und gut zum Schlagen. Ist es ein Schlagring Gottes, der dir mit einem Schlag das Siegel Gottes auf die Stirn knallt, wenn sie dich damit bereits schon in deiner Kindheit einprägsam schulen? Das zu behütende Kind gotteskonform kloppen?

Mit dem protzigen Siegelring der verglorifizierten Kirchenangehörigen, den Männern und Frauen, die im Dienste der Nächstenliebe handeln sollten, haben sie Kinder blutig geschlagen, wenn sie nicht den Anweisungen und den Gesetzen des katholischen Glaubens nachkamen. Ungehorsam wurde nicht geduldet und mit brachialer Gewalt eingefordert. Schon beim geringsten Vergehen machte man es dem Kind mit Strafen klar. Und Strafen waren oft Schläge auf den ganzen Körper. Diese trafen dich im Nachhinein und be- gleitet mit lautem und drohendem Ton der Aufseher/in. Etwa wenn ein Junge beim Gottesdienst leise mit dem Nachbarn sprach, oder auch ein Gebet nicht mitsprach. Man bekam in der Aufbewahrungsanstalt dann seine „gerechte“ Strafe dafür. Dabei spielte es oft keine Rolle, wie klein das Kind noch war.

Eine kirchliche Erziehung begann von Kindesbeinen an, und je eher das Kind „erzogen, geschult, angepasst“ wurde, desto eher gehorchte es den Geboten und Gesetzen der Kirche und deren Vertreter.

Ein Kind bekam die strenge Hand zu spüren, wenn es das Gotteslied nicht richtig im Ton traf. Es erhielt danach meist eine Einzelstunde „Singunterricht“. Der dazugehörende Taktstock erreichte bei dem Kind, irgendwann in dieser „Einzelstunde“, dann doch den richtigen Ton. Bei dem einen mal früher und bei dem anderen Kind mal etwas später, doch die passenden Töne wurden immer aus jedem „entlockt“. Der Gehorsam wurde eindringlich vermittelt, und der Wille des Kindes (mal wieder) gebrochen. Die Tränen des Kindes, die es in diesem „Einzelunterricht“ vergossen hat, waren ganz sicher keine Tränen der Freude, weil es den richtigen Ton in der „Spezialschulung“ traf. Kinder erhielten solche Spezialbehandlungen aber nicht nur für das falsche Singen, nein, sie erhielten es für fast jedes - wenn auch ungewolltes - Vergehen. Besonders dann, wenn die Betreuer einen schlechten Tag hatten. Wenn die wollten, dann war alles ein Vergehen, und so konnten sie sich dann auch an den Kindern „vergehen“. Ganz so, wie es ihnen gerade in den Kram passte.

Die Augen und Ohren der Betreuer waren stets auf die Kinder gerichtet. Diese Blicke kamen wie Drohungen auf dich zu, wenn du etwas falsch gemacht hast – aus deren Sicht natürlich. Kinder bekamen schon deshalb Schläge, wenn die Schuhe für den Kirchgang nicht glänzten. Bei und für Gott musste alles glänzen, und wenn es nur die Schuhe waren. Ich selbst habe oft meine Schuhe auf Hochglanz polieren müssen und erhielt dafür oft Einzelunterricht im Schuhe putzen. Erst theoretisch, bis mir der Kopf weh tat, besonders die Ohren, und dann auch praktisch, mit Bürste, Creme und Lappen, der an mir zuerst einmal weichgeklopft wurde. Und wenn die Klosterschwester in meinen blank polierten Schuhen Gott sah, gab sie sich mit meiner Händearbeit zufrieden und mir meine Ruhe. Gut, dass ich damals, als ich im Kinderheim war, keine Wildlederschuhe hatte. Ich glaube, ich würde heute noch daran polieren, um sie zum Glänzen zu bringen. Da hätte auch viel Spucke nicht geholfen, um sie Gottgefällig glänzen zu lassen.

Die vielen Schikanen, Schläge und Ungerechtigkeiten, die den Kindern in ihrer Betreuungszeit angetan wurden, wirken sich deshalb auf deren restliches Leben aus. Sie werden nie vergessen, was man ihnen an Untaten, nein, Grausamkeiten antat. Da hilft auch keine Zeit der Freude, die sie auch mal dort erleben durften. Diese schönen Zeiten waren für die meisten Kinder, die in der kirchlichen Obhut sein mussten, zu selten. Daraus resultiert, dass viele der bereits Erwachsenen, die in den Unterbringungen viel Leid ertragen mussten, die Wut, den Zorn, und den Hass nie wieder aus sich verbannen können und eine Entschädigung, wenigsten aber eine Entschuldigung, fordern, für das, was man ihnen an Schaden zugefügt hat.

Der Missbrauchsbeauftragte der Bundesregierung klagte, die Katholische Kirche habe die Aufklärung des Missbrauchs verschleppt. Daraufhin forderte der ehemalige Regensburger Bischof Kardinal Gerhard Ludwig Müller eine Entschuldigung von ihm. Er würde „falsche Informationen“ verbreiten.

Kleidung

Gottesdienst mit Schuhen

Bibelstelle(n): 2. Mose 3,5; Und er sprach: Nahe nicht hierher! Zieh deine Schuhe aus von deinen Füßen, denn der Ort, auf dem du stehst, ist heiliges Land. „Zieh die Schuhe von deinen Füßen, denn der Ort, auf dem du stehst, ist heiliger Boden“. Vermutlich gilt das (auch) für die Gotteshäuser, in denen die Christen ihrem Gott huldigen und die Priester ihren Dienst an Gott ausüben.

Josua 5,15 Und der Oberste des Heeres des HERRN sprach zu Josua: Zieh deinen Schuh aus von deinem Fuß; denn der Ort, auf dem du stehst, ist heilig!
Die Schuhe sind an diesen Stellen das Sinnbild des sündigen Menschen in seiner Unreinheit, seinem Eigenwillen und Stolz. Die Priester im Alten Bund durften keine Schuhe tragen, sie verrichteten ihren Dienst vor Gott barfuß.

Über dieses Thema (des Kirchenkaisers Kleider) habe ich deshalb geschrieben, weil in meiner Kindheit ein kleiner Junge einmal seinen Dienst am Altar verrichten wollte, es aber nicht durfte, da er barfuß war. Der Pfarrer wusste wohl nicht, dass dieser kleine Diener sich absolut gottesdemütig gezeigt und sein Gebot befolgt hätte. Er trug keine maßangefertigten teuren und modisch schicken Lederschuhe, wie sie heute die Kirchenmänner am liebsten tragen. Und dazugehörend die elendsteuren maßgeschneiderten Gewänder, die sie auch noch mit blinkendem Geschmeide hervorheben. Am liebsten bei einer Hochmesse, wenn endlich mal wieder die Kirche mit angeblich Gläubigen und Bigotten vollgestopft ist. Da können sich die Domherren und Gemeindepfarrer wie Pfauen in ihrer ganzen Farbenpracht zeigen. Doch hat das Pfauenverhalten und das Gebaren wie das eines Paradiesvogels nichts mit der Demut, wie sie Jesus gepredigt hat, zu tun. Da war der kleine Junge Gott ganz sicher näher als jeder großspurige Prediger. Besonders der, der ihn der Kirche verwies.

Schon seit vielen, vielen Jahren, treten die Priester mit blank polieren, aus Schweinsleder gefertigten Schuhen vor den Opfertisch Gottes, um ihn zu lobpreisen. Doch an das Gebot, vor IHN ohne Schuhe zu treten, halten sie sich nicht. Der geheiligte Boden wird „mit Füßen" in Schuhen getreten. Wo bitte ist da der Respekt zu dem, den sie anbeten – auch aus Furcht vor einer Strafe nach dem Tode? Und der Papst trägt rot lackierte, maßgefertigte Schuhe, die er selbst nicht mit seiner Spucke und einem Lappen wichst äh, poliert. Und jedes Jahr gibt's ein neues paar Schuhe.

Teuer und Pompös

Es ist gar nicht so einfach, den Geschmack des Papstes und die kirchliche Tradition unter einen Papsthut, ergo, Papstmütze bzw. Papstkrone zu bringen. Schließlich will man auch hip und schick aussehen, wenn man sich den Gläubigen zeigt. Da will man nicht einen schäbigen Mantel, eine abgewetzte Jacke und eine befleckte Hose tragen. Und wenn schon der Papst sich in Geschmeide kleidet, dann wollen es auch seine Untertanen ihm nachmachen dürfen. Und jedes geweihte, geheiligte Clubmitglied weiß, wie pompös sich ihre Gottesknechte dem Volke zeigen. Billig ist an ihnen nichts.

Dezember 2005 trug der deutsche Papst, seine Heiligkeit Benedikt der XVI., auf seinem Gottesschädel den so genannten Camauro. Der Camauro ist eine häufig fellbesetzte rote Samtmütze. Im 17. Jahrhundert war das bei den Päpsten hippe Mode. Für mich sieht dieses Gebilde eher aus wie eine Mütze für eine Klopapierrolle. Der Papst, so munkelt man, legte mit diesem roten Gebilde ein Bekenntnis zur Tradition ab. Schaut euch mal das Bild an, wo der Oberpapa der Christen diese Camauro auf dem Kopf trägt. Wer da nicht lacht, der ist ... ein wahrer Christ.

Darf man den Papst überhaupt auf das Thema kirchlicher Dienstkleidung ansprechen, um ihn würdig ausstatten zu können, damit er immer gottgefällig auftritt? Klar hat ein Papst auch einen kirchlich elitären Geschmack, wenn es um seine Präsenzklamotten geht. Privat zieht er vielleicht auch mal eine abgewetzte Jeans an, aber für den Papstdienst ganz sicher keinen zugeschnittenen und kratzenden Jutesack. Redet ein Papst über seinen Kleidergeschmack? Darf man ihn nach seinen Körpermaßen fragen? Oder ist der Papst kein Mensch, sondern ein spirituelles Wesen ohne menschliche Bedürfnisse? Die Gläubigen würden sagen, dass er kein Mensch ist. Für sie ist er ein Geistlicher. Und so Weltliches wie Klamotten interessieren ihn nicht. Ja, von wegen, gerade die Kirchenoberen, angefangen beim

Papst, interessieren sich sehr wohl für ihr Erscheinungsbild. Und da ist ihnen das Teuerste gerade gut genug.

Um in seiner Kirchengemeinde immer im Mittelpunkt zu stehen, was die Bekleidung betrifft, da kennt auch der (einfache) Pfarrer oft keine Grenzen mehr, wenn es um sein Aussehen geht. Hauptsache er sieht teuer, trendy, cool, lässig und anziehend aus, um Eindruck bei seinen Kirchengästen zu schinden. Das kann man besonders leicht bei den Frauen, aber auch bei den Kleinen, den Ministranten und/oder zukünftigen Novizen erreichen. Dass die Geldausgaben der klerikalen Elemente dabei exorbitant in die Höhe schießen, ist dem Gottesmann egal, da es von seinem lieben und von ihm geliebten Kirchensteuerzahler finanziert wird. Hauptsache ist doch, dass er der Sonnenschein in der Gemeindemitte ist, aber auch bei seinem Gott Eindruck schinden kann.

II. Vatikanisches Konzil (1962–1965)

Bezüglich der Kleidung propagierte man die „edle Einfachheit".

„In vestimentis non est sapientia mentis – die Weisheit des Geistes steckt nicht in den Klamotten, die jemand trägt."

Doch die Träger der liturgischen Gewänder halten sich noch immer an die edle Einfachheit!? Edle Einfachheit? Was ist das denn? Was die liturgischen Gewänder betrifft, sind diese ganz sicher keine einfachen Gewänder. Um sich davon zu überzeugen, gehet hin zur Heiligen Messe. Schauet und staunet über die „edle Einfachheit“ ihrer Gottesdienstgewänder. Ja, das sollte man sich mal reinziehen. Was ihr dann zu sehen bekommt, ist getragene Lüge – vor Gottes Augen. Und sie schämen sich nicht ihrer Lüge ... vor ihrem Herrgott.

Wenn man Gott auf den Bildern sieht, obwohl man sich kein Bildnis von Gott machen sollte, was dennoch der Fall ist, und das reichlich, sieht man ihn fast nur in einem weißen Tuch, welches um die Schulter bis zu den Lenden gewickelt ist. Mit Pracht und Prunk und unnötigem Schnickschnack hat das bei Gott nichts zu tun. Und Gott kauft auch nicht bei Schickimicki und Blingbling Vatikanhändlern ein.

Priesterkleidung

Um für die feschen Priesteranwärter und den wichtigen Prälaten ein angemessenes Erscheinungsbild in der Öffentlichkeit zu garantieren, werden Fashion Weeks in Rom, auf dem Petersplatz, abgehalten, wo sie dann ihr sündhaft teures Kleidchen und Röckchen an hübschen zarten Jungs bewundern und gleich noch (mit)bestellen können. Die Feinarbeiten, damit auch alles Maß genau sitzt, wird dann von den besten Schneidern der Stadt, mit feiner Nadel und teurem Zwirn erledigt. Dass dabei auch mal Gold eingewoben wird, versteht sich ja von selbst. Besonders bei den ganz Mächtigen des Vatikanstaates. Sollte es mal regnen, dann nimmt man den Petersdom als Laufsteg für die Vorführung der teuren Gewänder. Und das

Geld, das dafür ausgegeben wird, bezahlt der Dombesucher – wovon er aber nichts weiß. Die vielen Goldschmiede und Edelsteinhändler haben auch ihre Verkaufstische schmuckreich aufgestellt und alles, was ein Priesterherz an glänzendem Geschmeide begehrt, repräsentativ drapiert. Auch hier wird der Staatsbürger, der seine Kirchensteuer abbrennt, unwissend und auch nicht wollend dazu gebracht, dass man das Glänzen des Predigers schon von weitem sieht. Fast wie eine Erscheinung Gottes selbst. „Der Priester muss vor allem durch sein Verhalten erkennbar sein, heißt es, aber auch durch seine Bekleidung, sodass jedem Gläubigen und überhaupt jedem Menschen seine Identität und seine Zugehörigkeit zu Gott und zur Kirche unmittelbar erkenntlich ist.“ „Die Kleriker haben gemäß den von der Bischofskonferenz erlassenen Normen und den rechtmäßigen örtlichen Gewohnheiten eine geziemende kirchliche Kleidung zu tragen.“

Sind die rockähnlichen Kleider der Priester geziemende Kleider für einen ... Mann? Was ist unter „Örtliche Gewohnheit“ zu verstehen? Doch bitte jetzt nicht das Gotteshaus nennen. Wohl eher ein Freudenhaus, ein Theater, oder an Fasching die Straße. Männer und Röcke, ich weiß nicht so recht. Jetzt will ich aber mal großzügig und tolerant sein und gestehe den Männern der Kirche zu, wenn sie unbedingt Kleider tragen wollen, dies auch im Gotteshaus ungestört zu tun.

Wen wundert es, wenn Männer, die nicht mehr wissen, dass ihr Priestersein auf dieser Welt, aber nicht von dieser

Welt ist, sich dann auch immer mehr von dieser Welt unterscheiden wollen.

Das Erkennen, dass man als Priester ein Mensch dieser Erde, und nicht von einer anderen Welt ist, ist ein großer Schritt weiter zu erkennen, dass das Christentum nicht heilig ist. Wenn also ein Priester sich immer mehr von seinem Standesamtsgewand abwendet, es in der Öffentlichkeit nicht mehr trägt, so gibt er, so mein Verstehen, zu erkennen, dass er sich von der Kirche abnabelt – es zumindest versucht. Sollte ich mich da jetzt irren, was ohne Weiteres der Fall sein kann, so kann es dennoch sein, dass ein Noch-Priester damit zeigen möchte, dass er ein Mensch ist, der nicht frei von Sünde und somit ein Mensch Gottes ist. Und nicht ein kirchlich Außerirdischer, ohne Fehl und Tadel. Und jetzt ein wunderbarer „Mir verdreht es die Augen"-Satz: „Wir, (die Kirche) suchen in vielen Verlautbarungen vergebens nach einer klaren und kraftvollen Theologie des Priestertums, und wir vermissen weithin die warmen und werbenden Worte, mit denen die Oberhirten ihren Priestern den Sinn des geistlichen Kleides erschließen und sie zum Tragen ermuntern."

Na dann ermuntert mal fleißig weiter, aber bitte nicht auch noch mit warmen Taten bei kleinen und wehrlosen Geschöpfen.

Immer weniger Menschen interessieren sich für die vielen unglaublichen Worte des Kirchenklerus. So werden es auch immer weniger, die sich in Gewänder von Schauspielern und Märchenerzählern stecken lassen wollen. Die wenigen jungen Priester, doch reichlich der alten, tragen ganz sicher mit (falschem) Stolz das Priestergewand, weil es ihre Macht jedem angeblichen Popel auf der Straße zeigt. Oder, wenn sie erhaben durch die Kirche schreiten, und am Altar ihre Arme ausbreiten, um sich in ihrem Prachtgewand bewundern zu lassen. Bei den eh schon fest Eingeglaubten, da wird das Gewand, das Röckchen, in erhabener Haltung getragen, damit auch jeder ihrer Schafe sieht, wer ihr Schäfer ist, vor dem man aber auch Angst haben muss, weil dieser gute Hirte einem (sonst) das Fell über die Ohren zieht, was man (fast) nicht merkt.

Elegante Priesterkleidung: Stil und Qualität

Die Edelschneider des Vatikans möchten, dass sich die Herren des Kirchenstaates, aber auch alle einfachen Priester in ihren Herrschaftskleidern, wohlfühlen. Die Würde des Amtes soll durch ihre Kleidung herausgehoben werden. Deshalb bieten sie in ihrem Sortiment nur Produkte von ausgewählter Qualität an. So können sie immer gewährleisten, dass die Würdenträger mit dem Einkauf auch mehr als nur zufrieden sind. Die meisten Kleidungsstücke aus ihrem Sortiment werden nach Maß gefertigt. So stellen sie sicher, dass die Priesterkleidung perfekt passt und bei der Arbeit repräsentativ ist. Ich nenne es Eindruck schinden. Wer edle und teure liturgische Gewänder sehen will, der schaue ins Internet unter Priestergewänder. Da findet sich vieles von den hippen Männerkleidern.

Die Kasel

(lat. casula = Häuschen) wird bei der Messe getragen. Sie ist ein ausladendes, oft aus edlem Stoff und in liturgischen Farben gefertigtes Obergewand ohne Ärmel für den geweihten Priester. Der Preis kann variieren von 350 bis 3500 Euro, wobei es auf das Material und die Verarbeitung ankommt. Teuer wird es ganz sicher, wenn man feinste Seide verwendet und die Kasel mit Goldfäden durchwebt. Und bei Bischöfen aufwärts im Rang wird jedes Kleidungsstück ein teures Vergnügen, von den Steuerzahlern bezahlt. Ein Kollarhemd bekommt man dagegen wenn es der Träger nicht übertreibt mit dem Luxus - für mal eben nur so 100 Euro. Kirchengünstig würde ich sagen, oder? Und der Anzug, der auf den knielangen Gehrock des 19. Jahrhunderts zurückgeht, kostet mal schlappe 300 bis 3500 Euro. Und jetzt die Überraschung: Diesen Anzug zahlt der Priester selbst. Soll ich das jetzt tatsächlich glauben? Irgendwie schaffen es die Anzugträger immer, dass sich ein Sponsor, eine Sponsorin findet, den „armen“ Priester adäquat einzukleiden. Adäquat heißt hier teuer einkleiden.

Paramente/Messgewänder

Paramente sind die im Kirchenraum und in der Liturgie verwendeten Textilien, die oftmals künstlerisch aufwendig gestaltet sind. In diese Kategorie fallen alle kirchlichen Gewänder sowie Artikel, die aus Stoff hergestellt sind, z.B. Altartücher, Kelchwäsche, Ciboriummäntelchen, Ambobehänge und Segensvelen. Zu den liturgischen Gewändern zählen beispielsweise Kaseln, Alben, Stolen, Chormäntel, Dalmatiken, Talare und Chorröcke, sowie Kommunionalben, Ministrantengewänder und Taufkleider. In allen Stilrichtungen werden kostbare liturgische Gewänder (neu) gefertigt. Nur die besten Materialien werden dafür verwendet. Klar, was denn sonst! Die Eurosummen können bereits gestiegen sein.

Kirchengünstig: Dalmatik, violett, mit goldenen Streifen, günstig auch mal für 590,00 EUR zu haben. Oder Dalmtik, weiß, aus hochwertigem Wolltrevirastoff, Streifen in Gold und braun, und weich gefüttert. Ein klein wenig teurer, dafür aber sehr schick in seiner Ausführung und Verarbeitung. Zu haben schon für 615,00 EUR. Supergünstig, oder?

Und jetzt ein weiteres supergünstiges Kleidungsstück für den heiligen Mann. Ein Dalmatik, weiß/gelb/altgold, handgewebt mit rundem Halsausschnitt und seitlichem Reißverschluss. Darauf das Motiv: drei goldene Kreuze. Das kostet nur schlappe 705,00 EUR.

Alles, was ich hier an Kosten aufgezählt habe, dürfte bereits nicht mehr so günstig zu haben sein. Es soll nur mal einen kleinen Einblick von kirchengünstigen Bekleidungsstücken der Priester und Hohepriester geben.

Was wird schon ein Messgewand – Marienkasel, handgewebt, gefüttert, mit Innenstola und Kelchvelum, Motiv: drei goldene Kreuze auf Vorder- und Rückseite – kosten? Nun, schlappe 730,00 Euro, oder ein klein wenig mehr darf es auch sein, weil man es sich leisten kann. Nur ein klein wenig, nur angedeutet teurer das folgende Messgewand, welches man bei einer Shoppingtour in einem der Outlets des Vatikans ganz billig erwerben kann. Meist ist es ein ausgemustertes Kardinalspurpurmäntelchen oder Messgewand – Marienkasel aus nicht mehr ganz hochwertigem Wolltrevirastoff, doch aber mit gesticktem Motiv an der Vorder- und Rückseite, so wie mit Innenstola, gefüttert mit hellblauer Seidenponge. Zu haben für schlappe 838,00 Euro. Und wenn es etwas teurer sein darf und sich ein großzügiger Spender findet, der stattet den Stadtpfarrer oder einen Prälaten mal so nebenbei mit einem Messgewand – Marienkasel, weiß, blau gefüttert, mit handgesticktem Mariensymbol, mit Innenstola und Kelchvelum – für 1.217,00 Euro aus. Wie wäre es mit einem Rauch- oder mit einem Chormantel? Da kostet ein Mäntelchen nur mal 1200,00 Euro aufwärts. Je nach Verarbeitung und Material. Dagegen stinken Talare echt ab. Was die kosten, erinnert da eher an Secondhandware. zum Beispiel ein priesterliches Anbetungsgewand, einfache Ausführung, grober Stoff, kostet dann nur ca. 200,00 Euro. Das Geld dafür befindet sich in jedem Opferstock.

Da ich ein Zweifler vor dem Herrn bin, kann ich mir nicht vorstellen, dass die aufgelisteten bunten Gewänder, was den Preis betrifft, für Prälaten aus den oberen Rängen bestimmt sind. Das hier Aufgezählte ist eher für einen Dorf- oder Stadtpfarrer gemacht.

Kleider machen Leute – „Frauenkleider“ machen Priester

Mit den anspruchsvollen Priesterkleidern können Prediger jeder Gemeinde und jeder Situation souverän (überteuert) gegenübertreten. Motto: „Preiset den Herrn für seine Pracht“.

Ein angemessenes Erscheinungsbild im Amt

Für jeden Priester ist es wichtig, dass sie ihren Gemeindemitgliedern jederzeit in angemessener Kleidung (bunten Kostümen) gegenübertreten. Die (Ver)kleidung sollte Ruhe und Entschlossenheit vermitteln, damit die Menschen das Gefühl bekommen, dass ihnen zuverlässige Persönlichkeiten gegenüberstehen, denen sie ihr Vertrauen schenken können. Die Priesterkleidung erfüllt die liturgischen Kriterien, die für die Ausübung des Priesteramtes - so ist es vorgesehen - wichtig sind. Ob in der Kirche, am Sterbebett oder auf dem Friedhof.

Und was machen sie mit den alten gammligen Gewändern, die den Zeitgeist oder den Geschmack des Herrlichen nicht mehr erfüllen? Die werden verscherbelt. Motto: Neues ist besser. Also muss das Alte raus. Und mit duftenden, sündhaft teueren Gewändern in der gruftgeschwängerten Kirche bringt man frischen Spüli-Duft dort hinein, wo die Gläubigen das Haus Gottes in Massen verlassen, um diese doch noch an sich, die Kirche, zu binden.

Unter diesen Gewändern, dem Statussymbol der kirchlichen Macht, befinden sich fast schon unschätzbare Kunstwerke, die in mühevoller blutdurchtränkter Händearbeit geschaffen wurden. Feinste Stoffe wurden mit edlen Stickereien zuhauf für die Männer der Kirche hergestellt. Doch mit den Jahren werden diese Schätze verschmäht und landen, wenn sie niemand haben will, bei der Altkleidersammlung. Das eine oder andere Kunstwerk findet, Gott sei Dank, dann Unterschlupf bei einem Faschingsverein, oder einem Theater. Aber auch bei Atheistenverbänden findet es ein neues würdevolles Zuhause. Dort können dann die Ungläubigen auch mal erleben, wie sich so edles Stück am eigenen Leibe anfühlt, wenn sie es sich überstreifen. Sie erleben dann, welch Machtaustrahlung es in einem bewirkt, wenn man die Arme ausbreitet und das Messgewand, das Entweihte, zur Prachtentfaltung bringt. Ihnen wird schlagartig klar, wie mit solchen Gewändern die Menschen beeinflusst und manipuliert wurden und noch immer werden. Solch Gottesdienergewand verändert den, der darin steckt. Es umgibt ihn eine Aura der unzerstörbaren Macht über jeden und alles. Zumindest bei den meisten der Gottesworteverkünder.

So manches edle, golddurchwebte, einst mit überhöhtem Stolz vor den Gläubigen gezeigte Prachtgewand, landet auch mal bei Satanisten, zur Verehrung ihres Gottes, und um das teuflische Gewand Satan darzubieten. Nicht jedes teure Stück wird zum Treten und verbrennen bei 666- Messen verwendet. Der ein oder andere protzige Umhang eines Bischofs erfüllt nach dem Aussortieren noch einen weiteren heiligen Zweck. Einmal im Jahr wenigstens, wenn der

Heilige Nikolaus auf die Kinder losgelassen wird. Mit Mütze und Stab. Ganz cool kommt man an Fasching mit diesem Verherrlichungskleid an. Jeder verneigt sich vor dem Träger des Protzgewandes und versucht es auch noch zu küssen.

Und was sich nicht im Ganzen loswerden lässt, schreddert man in der Altkleiderfabrik und macht dann daraus teure Sofa- und Sesselbezüge oder Sitzbezüge für das neue Big-Bischoffahrzeug. Und der Rest, der gar nicht mehr verwendet wird, geht an die Dritten Länder, und dort schneidert man neue Kirchenkaiserskleider für modisch bewusste Kirchenfürsten – die man billigst erwerben kann, wenn der klerikale Kunde auf Kostenersparnis eingestellt ist. Doch leider geben sich die höheren Herren nicht mit Secondhandware zufrieden. Nur das Teuerste ist das Beste, was dem Diener Gottes zusteht – denken sie.

Und beim Juwelier gegenüber wird der brillantenteure Blingbling für die gierigen und stets Busserl bereiten Finger bestellt – selbstverständlich auf Kosten der Kirchensteuerzahler. Was die Kirchgänger nie kapieren, ist, dass die meisten Pfaffen niemals ihren Kragen vollbekommen, wenn sie erst einmal auf den Geschmack des Geldes und der Macht gekommen sind. Na ja, wenn man schon seinem Pfarrer in der Kirche von Angesicht zu Angesicht gegenübersteht, dann will man wenigstens sehen, wofür man das Geld ausgegeben hat – ausgeben musste. Schließlich ist die Kirche ein Big-Business-Unternehmen. Auch mal durch eine großzügige Spende. Darf es auch noch ein teurer Sportflitzer oder ein sauteuerer SUV, made in Germany, sein? Und wenn der Herr Pfarrer sich während der Messe langweilt, weil er gerade mal nichts zu tun hat (Wandlung vornehmen, Hostie hochhalten, Predigen, Weihrauch schwenken), dann braucht er etwas zum Spielen, damit er nicht auf dumme Gedanken kommt. Nein, nicht gleich einen der kleinen Ministranten ... für später im Gebets-, Gesangsraum oder in der Sakristei. Ein Gebetswürfel, um sich abzulenken, sollte da schon reichen.

Was ist ein Gebetswürfel? Es ist ein mit Gebeten versehener Segenswürfel (Abendgebete, Tischgebete, Morgengebete, Kindergebete, Schutzengel-Gebete, Dankgebete, Stoßgebete u.v.a.) für die verschiedenen Tageszeiten und Anlässe.

Ja, Gebetswürfel. Auch mir war das fremd und neu, doch ist es so wie eben gelesen. Für die Priester und Gläubigen gibt es Gebetswürfel. Kennt man das Würfeln nicht schon aus einer anderen Erzählung? Beim Würfeln um das Kleidungsstück Jesu? Und um was würfelt der Pfarrer? Um ein kurzes Gebet, da es ihn mittlerweile total langweilt, ständig Litaneien von Gebeten zu rezitieren? Auf Dauer kann das nur langweilig sein. Armer Pfarrer, kann ich da nur tröstend sagen.

Was würde auf meinem Gebetswürfel stehen? „Oh Herr, verschone mich vor den Verfechtern des katholischen Glaubens. Oh Herr, verschone mich vor den Bigotten und Kohorten idealisierter Katholiken. Oh Herr, lass meine Köchin endlich was Genießbares kochen. Lieber Gott, erlöse mich von meiner ratschenden Haushälterin. Und, oh Herr, verschone mich von dir.“

Sonderangebote – aber nicht vom Wühltisch

Alles kann man der Kirche nicht schenken, doch erkennbar billiger geht immer. Zum Beispiel: Gravierter Kelch (goldfarben): 260,00 Euro. Alter Preis 279,00 Euro. Mein lieber Gott, ist das aber ein Superschnäppchen. Danke, lieber Gott, für deine Güte – meine Güte, ist das aber „billig“! Oder ein schlichtes, ja so ist es zu lesen bei dem Anbieter, ein schlichtes vergoldetes Ostensorium, was auch immer das sein mag, gibt es ganz günstig. Klar, mal wieder auf Kosten der Gemeinde, nur jetzt für 225,00 Euro zu haben. Der alte Preis betrug 239,00 Euro. Ja, das ist echt ein Betrug an den Zahlenden, doch die wollen es ja nicht anders haben. Für die ist ihr Herr Pfarrer nicht zu teuer. Denn, so ihr Glauben, was teuer ist, ist gut. Wenn‘s sei muas, dann machds hoid selig, die Gebetsvernarrten. Zwei weitere Sonderangebote, die die Zahler des Katholizismus gerne übernehmen, um sich beim Pfarrer einzuschleimen, habe ich noch in petto. Einmal eine saugünstige, vergoldete Hostienschale, super billig zu haben für 190,00 Euro. Der schweineteure Erstbetrag betrug, was für ein Betrug, noch 199,00 Euro. Ja wenn man da nicht zuschlägt und das Schnäppchen nicht gleich mitnimmt, dann kommt der Pfarrer aus der Nachbargemeinde und schnappt es einem vor der Nase weg. Da muss der Käufer schon schnell sein, sonst entbrennt ein Kirchenkrieg unter den heiligen Männern und ihrer lieben Gemeinde mit der Nachbargemeinde. Und Gott freut sich wie ein kleines Kind, wenn man sich in einem kirchlichen Gemeindekrieg bekämpft, um seine Gunst zu bekommen. Denn, wer das billigere Zeug bekommt, der ist vor Gott der Beliebtere. So war es schon bei Kain und Abel. Dem einen war er wohlgesonnen und dem anderen – vergiss ihn. Und heute ist es nicht anders – überall auf der Welt.

Und jetzt noch ein Gefäß für ein ge(er)fundenes Reliquiar, echt super günstig, das nie ein Pfarrer ablehnen kann und soll. Mit solch Zaigl (Gegenstand) kann man nicht nur Gott blenden, sondern ganz besonders den toten Ex-Besitzer der Reliquie, dem oder der Heiligen. Dieses Aufbewahrungsteil, das Reliquiar, wenn auch nur vergoldet, kostet, man glaubt es kaum, ermäßigt, jetzt statt des Originalpreises von 239,00 Euro nun nur noch 225,00 Euro. Da freut sich doch das Herz des Spenders, wenn man so supergünstig den Pfarrer abspeisen kann.

Und der Kirche ist nichts zu teuer! Schon gar nicht für einen Priester, der als Mann Gottes und als Ausplapperer seiner Geheimnisse für sein Christenvolk liebliche Worte seines Herrn verkünden muss.

Vieles mehr an tollem selig machendem Kirchengut für rund um den Altar, und dazu noch mit einem Spottpreis versehen, gibt es für alle Priesterlein, wenn auch zuerst nur vergoldet. Doch wer in der Hierarchie aufsteigt, der bekommt dann alles in reinem Gold gefertigt und mit vielen Edelsteinen (Blendersteine) versehen. Sicher auch wieder als Schnäppchen im Kaufhaus der Prälaten.

Und die Verkäufer des teufelsteuren Zeugs für Priester verdienen sich eine goldene Nase und bekommen dafür, dass sie den Heilsverkündern stets Angebote gemacht haben, die nie ein Kirchenmann ablehnen kann und konnte, dann einen Platz im Himmel.

Die aufgezählten Preise sind nun schon die Billigpreise der letzten Jahre. Inzwischen gibt es neue, sehr schicke und modische Hohepriestergewänder. Schick und fein, ... so muss es sein. Und teuer, scheiß teuer. Noch teurer als letztes Jahr. Motto: Wir haben's ja, das Geld.

Die Preise der aufgezählten Statusbekleidungen, und das ganze Drumherum, sind nur grob geschätzte und/oder vom Internet übernommene Summen, aus den Shoppingmalls des Vatikans.

Der Heilige Rock – ist nicht mehr zu haben

Der Heilige Rock ist eine verehrte Reliquie, die im Dom zu Trier aufbewahrt wird. Dieser Rock soll, gemäß alter Überlieferung, der Leibrock Jesu Christi sein. Das Gewand wird, da es nahtlos und ungeteilt ist, als ein Symbol für die Einheit der Christenheit gedeutet. Zu sehen ist das Gewand nur bei Wallfahrten des Heiligen Rockes.

„Die Kriegsknechte nahmen, als sie Jesus Christus gekreuzigt hatten, seine Kleider, machten vier Teile, einem jeden Kriegsknecht einen Teil, und den Leibrock. Der Leibrock aber war ohne Naht, von oben an durchweg gewebt. Da sprachen sie zueinander: Lasst uns ihn nicht zerreißen, sondern um ihn losen, wessen er sein soll, auf dass die Schrift erfüllt würde, welche spricht: Sie haben meine Kleider unter sich verteilt, und über mein Gewand haben sie das Los geworfen. Die Kriegsknechte nun haben dies getan." (Joh 19, 23-24)

Der in Trier aufbewahrte Heilige Rock ist in seiner derzeitigen Form nicht das Gewand, das Jesus als Leibrock getragen hat. Der Heilige Rock bildet als „Trägerkleid" den Aufbewahrungsort für die eigentliche Reliquie, den ältesten wollenen Tuchrest. Bei diesem Tuchrest könnte es sich um einen Teil eines nahtlosen Leibrockes handeln. Es könnte aber auch ein Stück Stoff sein, das die Geburts- oder Todesstätte Jesu berührt hat. So wurde die Verehrung dieser Rock-Reliquie (Stofffetzen) mit dem Leibrock Jesu in Verbindung gebracht. So soll der Heilige Rock, das, was er als Teilstück beherbergt, Wirkungsvolles den Gläubigen suggerieren.

Der Heilige Rock, der angebliche Leibrock Jesu, ist ein, so heißt es, wahrnehmbares Zeichen an Jesus Christus, auch wenn Jesus zu seinen Lebzeiten dieses Gewand nicht getragen hat.

Und so tragen die Nachfolger der Apostel und Jesu nun auch Hohepriesterinnenkleider, die einen Mann zu einem weibischen Priester machen, um sich zu Jesus und der von ihm niemals gegründeten Religion zu bekennen. Doch Priesterkleider, schöne bunte und teure Röcke, machen erhabene und verehrungswürdige Leute. Sogar zu Göttern – bereits hier auf Erden. Und unter dem Rock versteckt sich gut ein(e) süße(r) Kn(G)abe, denn: „Proximus sum egomet mihi.“ (Ich bin mir selbst der Nächste).

Markenschutz für die Nonnentracht von Mutter Teresa

Ja, die war schon eine besondere Marke, diese Heilige.

Die Nonnentracht der heilig gesprochenen Mutter Teresa – ein weißer Sari mit dunkelblauem Rand – steht unter Markenschutz. Das indische Patentamt hat den Antrag auf Markenschutz am 04. September 2016 bewilligt. Es war am Tag der Heiligsprechung (leider) der weltberühmten Ordensschwester, die aus meiner Sicht alles andere als eine Wohltäterin war. Um jemanden heilig zu sprechen, sollte man diese Person erst einmal richtig kennen. Die, die sie leibhaftig, in Kalkutta, in deren Hospiz und Krankenhäusern kennengelernt haben, würden diese Frau nie als Heilige bezeichnen. Doch wie immer, geistig Arme erkennen nicht, was Sache ist, oder sie wollen nicht wissen, was Tatsache ist – und sei sie noch zig tausendfach menschenverachtend an den Ärmsten unter den Armen begangen worden.

Jetzt bin ich mal gespannt, wann man die riesige Vielfalt des Heiligen Glaubens der Katholischen Kirche zu Marken machen möchte. Reichlich Zeug haben sie ja. Bestes Beispiel dafür sind all die Reliquien, die auch ohne Markenschutz schon besonders heilige Marken sind.

Geweihte Gegenstände (Devotionalien) – supergünstig

Devotionalien sind eine wunderbare Sache für die individuelle Gestaltung Ihrer Gottesdienste. Es handelt sich dabei um kleine, geweihte Gegenstände, die sich aber auch hervorragend als Geschenk anbieten. Das ist zum Beispiel bei einer Taufe, einer Kommunion oder einer Hochzeit der Fall. Kirchliche Devotionalien hinterlassen bei den Gemeindemitgliedern ganz sicher einen guten Eindruck. Über eine persönliche Aufmerksamkeit seitens der Kirche freut sich schließlich jeder. Nun, das lasse ich mal dahingestellt sein.

Bischofsstab – Krummstab

Die bischöfliche Gehstütze nennt man auch Krummstab. Mit diesem Krummstab bewegt sich der fast schon Allmächtige durch die Reihen seiner Gläubige(r)n, schenkt ihnen ein mildes Lächeln, und grüßt sie mit einem segensschwenkenden Händchen.

Man nennt den Krummstab/Bischofsstab auf altägyptisch heqa, auet, was so viel bedeutet wie Herrscher-Zepter, Hirtenstab, Abtsstab, Pastoralstab. Der Krummstab ist als altägyptische Insigne bereits mehrere tausende Jahre (2707–2216 v. Chr.) belegt. Nach Christi Tod wurde das altägyptische Zeichen als religiöses Herrschaftssymbol von vielen Ländern übernommen. Und da den neuen Religionsgründern nichts Eigenes einfiel, klauten sie das bereits vorhandene Zeichen der Macht. Um das Jahr 600 nach

Christus, so heißt es, gab es bei der Weihe des Heiligen Kolumban von Luxeuil den Krummstab zu sehen. Der Krummstab verbreitete sich erst ab dem 7. Jahrhundert als Symbol kirchlicher Macht bei den Würdenträgern der Kirche.

Ja, so kennt man sie, die lieben Diebe des Christentums. Und wenn sie nicht bald (aus)sterben, dann klauen sie noch heute – und bis in alle Ewigkeit.

In der christlichen Tradition gehört der Krummstab zu den Pontifikalien. Was sind Pontifikalien? Das sind Gewänder, die für den Gottesdienst bestimmt sind, sowie der Ring am Finger, dem Brustkreuz und die Bischofsmütze für den gesegneten Hirtenschädel.

Im alten Ägypten war der Krummstab das Herrschaftszeichen verschiedener Pharaonen und Gottheiten. Man benutzte den Krummstab auch mal als Werkzeug zum Heranziehen von Tieren. Heute machen es die Katholikenherren mit den Menschen. Sie ziehen sie am Kragen zu sich heran, und würgen ihnen das Geld, von dem sie meist sehr wenig besitzen, heraus. Und wenn diese Herangezogenen nicht gleich spuren, zieht man ihnen eins mit dem Heiligen Stab über die Rübe – und das, wenn nötig, immer und immer wieder, bis es bei dem Mann im bunten Gwanderl und der Fischmütze auf dem Kopf, in dessen Geldbeutel herzerwärmend klimpert, weil die Zahlungsunwilligen das geforderte Geld dann doch herausrückten. So bildete der altägyptische Krummstab fast schon die Vorlage für den Bischofsstab, um ihn gewaltvoll einsetzen zu können. Ein geweihter Papst entledigte sich dieses „Schlagwerkzeuges" und bekam dafür einen Kreuzstab (Ferula). Na ja, mit dem Hoheitszeichen kann man auch kräftige Schläge auf das Kreuz der Sünder verabreichen. Der ein oder andere Schlag mit dem Heiligen Stab auf den Kopf der Sünder verhilft zu verändertem Denken, so vermutlich ihre, der Schläger, Gedanken. Und wenn nicht, dann eben nicht, Hauptsache, das Schandmaul schweigt für immer. Wenn das nicht reichte, so war es früher fast schon gang und gäbe, kam es zu einer Vollstreckung nach der Urteilsverkündung, also einer gottgewollten(?) Hinrichtung. Die Freude der Hinrichtung übernahmen sie, die Gottesgeweihten, auch gleich noch selbst. Man(n) (Bischof und seine Diener) wollte da immer auf Nummer sicher gehen, dass die Gottlosen, das Gesindel, die Teufel in Menschengestalt nie wieder Kirchentreue aufwiegelten, dass diese gegen die Gottesfromme und demütige Kirche aufbegehrten.

Wenn der Bischof in seinem Hoheitsgebiet seinen Krummstab nach außen zeigte, so galt es früher, so habe ich es gelesen, dass er diesen Stab wie eine Peitsche schlagen durfte. Heute brauchen sie keine Peitsche mehr, um die niederen Menschen, den menschlichen Dreck, der nicht der Priesterkaste angehört, um sich herum wegzuschlagen. Heute wird das gleich mit dem Krummstab des Bischofs erledigt. Schließlich muss er ja für irgendetwas (Sinnvolles aus ihrer Sicht) gut sein. Um sich darauf abzustützen, ist dem Bischof der Krummstab dann doch zu banal. Und wenn das nicht reicht, dann stehen sofort ihre Schläger bei Fuß. Und die kennen weder Gott noch Teufel, doch schlagen sie zu, auf Teufel komm raus – wenn ihr Fischmützerlträger es mit einem segensreichen, klerikalen Fingerzeig befiehlt.

Auf dem Gebiet eines anderen Bistums hielt der Bischof den Stab stets so, dass die Krümmung zu ihm hinzeigt. Weihbischöfe halten die Krümmung des Stabes stets zu sich gewandt. Bei einer liturgischen Messe, an der mehrere Bischöfe oder Geistliche teilnehmen, trägt in der Regel nur der Vorsteher der Feier den Hirtenstab nach außen. Bei einer liturgischen Messe im Petersdom oder dort, wo der Papst eine Messe abhält, trägt der Pontifex keinen Krummstab, sondern einen Kreuzstab, die Ferula. Die Ferula (lat. für Gerte, Rute, Stock) ist ein in der römisch-katholischen Kirche dem Papst vorbehaltenes Zeichen. Es handelt sich um einen Stab, auf dem sich am oberen Ende ein Kreuz befindet. Es gibt diesen Stab auch mit einer Kugel über dem Kreuz. In der Antike stand die Kugel eines Zepters für den Globus. Bei einem Träger der Ferula befindet sich die Kugel oberhalb des Kreuzes. Sie steht für den Auftrag der Götter, die Herrschaft auszuüben. Und auf dieses Kreuz wird mehr mit überhöhtem Stolz als mit Demut auf den Gepeinigten, den Gekreuzigten, den besiegten Gottessohn gezeigt.

Und jetzt noch ein Link für alle die ein wenig mehr über die Kleiderordnung des Priestermannes erfahren möchte. Zum Beispiel: Wer weiß, was die 33 Knöpfe an der Soutane bedeutet? Es soll an die 33 Lebensjahre Jesu erinnern. Lebte Jesus 33 Jahre lang? Nichts weiß man. https://www.katholisch.de/artikel/13769-mit-brustkreuz-und-violetten-socken

Kirchenwerbung – Menschenfang

Ist jemandem schon aufgefallen, dass die Kirche die älteste Werbeagentur der Welt ist? Bei genauer Betrachtung des katholischen Kirchengebildes wird man schnell erkennen, dass tatsächlich viel Werbung in eigener Sache betrieben wird. Dass die Gelder nicht aus dem eigenen Geldsäckel dafür hergenommen werden, ist ja wohl jedem klar. Der Verbreitungsgrad ihrer Werbekampagnen, ihre Zielgruppe, hat eine weltumspannende Ausdehnung. Und das Universum wird auch noch zum Untertan gemacht – nach erfolgreichen Werbestrategien und anschließender Annektierung. Klar, wer weiß das nicht, dass die Kirche anstrebt, über die Welt zu herrschen und auch das Universum zu erobern, um es ihr untertan zu machen.

Viel fehlt nicht mehr, um die gesamte Weltbevölkerung zu beherrschen und Ansichten der Kirche in die Köpfe zu pflanzen. Ihr zentrales Produkt ist das Evangelium, die Verbreitung der (angeblichen) Worte Gottes. Weltweit haben sie Filialen installiert. Selbst in den kleinsten Dörfern im Amazonasgebiet oder in ganz Afrika sind sie vertreten. Dabei stört es sie nicht, dass die Indianer des Amazonas oder die Afrikaner eine eigene Religion haben, nach der sie leben wollen. Nicht viel anders sieht es in Asien aus. Auch dort wird mit harten Bandagen um jeden „Sünder“ geworben. Ich nenne es lieber gekämpft. In speziellen Gebäuden bringen sie ihr Produkt unter die Leute. Dies erfolgt durch geschickt eingefädelte Manipulationen, denen sich fast kein Christ mehr, nach jahrelangem Beschwatzen, entziehen kann. Wenn mich nicht alles täuscht, geht der Päpstliche Rat davon aus, dass Werbung die Einstellungen und das Verhalten der Menschen nachhaltig beeinflussen kann. Ja, das ist wohl wahr. Doch das Wie, das hat man nicht erklärt. Wohl aus weiser Voraussicht, weil bei denen nichts Gutes dabei herauskommt.

Und, was heißt hier kann? Die Kirche macht es ohne zu fragen, egal, ob man es will oder es verabscheut. Das beginnt schon in der Windel, wenn man zum Taufbecken getragen wird. Jetzt weiß ich auch, warum die meisten Babys immer so lauthals schreien. Sie wollen nicht getauft werden und damit der Christenheit angehören. Dieses Geschrei zeigt auch, dass man bereits im Säuglingsalter denken kann und auch versteht, was um einen herum geschieht – was man als gut oder nicht gut empfindet. Und wenn das Kind es schon nicht mit Worten und Schreien verständlich machen kann, dann zumindest damit, dass es in die Windel kackt und auf bzw. in die Kirche pisst. Leute, versteht ihr die Sprache der Kinder nicht? Noch eindeutiger kann ein Kind seinen Widerwillen nicht mitteilen. Wenn ihr schon nicht auf das Flehen des Kindes hört, dann riecht wenigstens, was es will oder nicht will. Ich habe es auch so gemacht – vermute ich mal, aber auf mein herausgeschrienes Flehen hat auch keiner gehört – und so wurde ich ein zwangsgetaufter Christ mit vollgekacktem Strampelhöschen. Heute muss ich mein Missfallen nicht mehr auf Babyart zu verstehen geben. Warum eigentlich nicht? Die Kirche lässt doch auch ihren Gefühlen freien Lauf, wenn es um Sünder geht oder Abtrünnige oder Atheisten, oder, oder …

Kirche und Werbung ist, wie man jetzt merkt, ein sehr heißes Thema an dem man sich schnell die Finger verbrennen kann. Die Kirche verspricht Gefühle und Sinn und sorgt auch für erstauntes Kopfschütteln. Und doch liefert sie einem hin und wieder Gründe zum Lachen. Angeblich fordert sie auch die Wahrheit. Die eigene? Sie erforscht die Träume und die Sehnsüchte und geht auf die Bedürfnisse und Sorgen der Menschen ein, die sie erreichen möchte. Da kommt mir jetzt nur der Begriff der Gehirnwäsche oder das Umstrukturieren der eigenen, der selbstständigen, der unbefleckten Gedanken in den Sinn.

War gerade von der Kirche zu lesen? Ja, so war es. Die Kirche tut sich mit positiven Gefühlen und Emotionen, die voll von Liebe sind, meist sehr schwer, doch schreckt sie nicht davor zurück, menschenfreundliche Handlungen zu suggerieren, wo immer es geht, um ja gut dazustehen. Hollywood lässt grüßen – und der Oscar ist dann auch ihrer, für ihre satanisch perfekte Darbietung.

Die meisten Veranstaltungen der Kirche bringen die Menschen weder zum Lachen noch zum freudigen Feiern. Selbst bei „freudigen Feiern" ist bei der Kirche alles reglementiert. Wer zu viel lacht, zu feierfreudig, jedoch nicht im kirchlichen Sinne ist, der nimmt dadurch die Kirche, den Glaubensinhalt, nicht ernst genug. Und so wird sogar die Art des Lachens, des Feierns, allgemein gesehen, vorgeschrieben.

Das mit dem Lachen stimmt. Und was soll es denn schon Überraschendes in der Kirche geben? Dass mal der Kelch, gefüllt mit Rotwein, auf dem Altar umkippt? Oder der Trunkenbold, der am Altar steht, umkippt? Dass plötzlich der Teufel erscheint und mit dem Gottesprediger in den Himmel auffährt? Ähnlich wie eine teuflische Höllenfahrt, nur, dass es dieses Mal in den Himmel geht? Oder dass sich die Oblate in einen knusprigen Braten und der Wein, statt in das Blut Jesu, in Kirschlimo verwandelt oder in ein leckeres Bier? Besonders in bayrischen Kirchen? Na das wäre mal was Erheiterndes und auch gleich noch ein echtes Wunder des Herrn dazu. Die Kirche sollte mal solch eine Oblaten - und Wasserverwandlung in einem Bierzelt abhalten. Ob da dann der liebe Gott ein Einsehen mit seinen Gläubigen hat und ihnen statt das Fleisch Jesu eine gut gebrutzelte Sau auf den Brandaltar, Biertisch, knallt und statt das Blut seines Sohnes Hektoliter gekühltes Bier auf den mit einer Wurstplatte verzierten „Altar“ stellt? Was glaubt ihr, wie schnell der Herrgott noch zigtausende Christen für seine Ablegereinrichtungen bekommen wird? Huch, das ist ja fast schon ein Werbetrick, den ich der Kirche zukommen lasse. Nee, das will ich nicht. Der Herrgott gibt nur seinen Sohn und dessen Blut. Mehr aber auch nicht. Überraschend wäre es auch, wenn die Kirchenherren ihren Gläubigen die Kirchensteuer wieder zurückgeben würden. Am besten während des Gottesdienstes. Ok, ich hör mal wieder zu träumen auf. Solch überraschendes Wunder der Geldrückgabe wird es in den Kirchen nie geben.

Die Kirche wirbt auch mit: „Wir sind erlebnisorientiert.“ Wie, was, erlebnisorientiert? Dass man in der Kirche singen, beten und mittlerweile auch tanzen darf? Totengesang und Totentanz für Gott und seine Familie – die im Himmel? Und viele Stoßgebete – mitten ins Herz der Heiligen und Mächtigen des Himmels und der Erde? Warum sollte man das machen? Was soll das alles bringen?

Und jetzt mal wieder ein Lesevergnügen der besonderen Art. Nicht von mir geschrieben, aber gerne für dieses Buch übernommen; zur Freude des Lesers.
„Auch die Sprachfähigkeiten sind eher an akademischen Diskussionen orientiert als am Sprachvermögen der Gottesdienstbesucher. Man könnte auch sagen, dass die, deren Sprache man ohnehin nicht spricht, sowieso nicht mehr kommen.“ Insofern begibt man sich in ein sprachlich-soziales Reservat. Und nun wissen wir, so tut es jedem kund, warum die Kirchen, die Clubhäuser, leer bleiben. Es liegt an der unverständlichen Theologesprache. Sie ist gekünstelt, überladen wie eine barocke Kirche und ohne Seele in ihren Worten. Sie ist ... weltfremd! Und dennoch: Was trotz allem für die Kirche spricht, obwohl man es besser weiß, ist ihr Realitätssinn. Und wer lacht jetzt noch alles mit mir?

Die Kirche, so sagt sie, ist weiterhin sehr gefragt. Man nimmt sie dann in Anspruch, wenn das Leben zu scheitern droht, wo krisenhafte Entwicklungen im Leben auftreten. Wo der Sinn des eigenen Lebens in Frage gestellt wird. Das ist und bleibt ein sicheres Pfund, mit dem wir, damit meint die Kirche sich selbst, wuchern können. Was das

Wuchern betrifft, gebe ich der Kirche recht. Was das in Anspruch nehmen von Hilfe seitens der Kirche betrifft, erkennen die Hilfesuchenden sehr schnell, dass ihnen nicht wirklich geholfen wird – auch wenn sie zahlen. Die Kirche erhebt auch einen Anspruch, ehe sie dem Anspruch der Hilfesuchenden, bei viel Glück, mal nachkommt. Hier lautet das Motto: „Ohne Moos nichts los“ oder: „Wer von Gott etwas will, durch seine Vertreter natürlich, der muss wissen, dass Gott teuer und seine Hilfe nie umsonst zu bekommen ist“.

Kirchliche Werbung kommt dem Bedürfnis nach Religion und dem Heiligen deshalb entgegen, weil sie gerade *nicht* informiert und aufklärt, sondern viel verschleiert und noch mehr überhöht. Ja, das ist eines ihrer probaten Mittel, die sie einsetzen, um sich jedoch selbst zu erhöhen, gegenüber allen anderen, dem Geschmeiß aus ihrer Oberschicht gesehen.

Zentrale Gottheit der christlichen Religion ist Geld. Stets omnipräsent, omnipotent und heiß geliebt. Damit ist alles so wunderbar treffend auf den Kirchenpunkt gebracht. Mit dem Geld der „Wohltäter“ leben sie wie Maden im Speck. Sie verlassen sich auf die Allgemeinwerbung, die ihnen vieles zeigt und verspricht, bekommen zu können, wenn man das nötige Kleingeld hat. Und auf das NICHTS der Kirche können und wollen sie gerne verzichten. Da leben sie lieber im Hier und Jetzt und gerne außerhalb der Kirchen (vorgaben).

Soll mich dieses Verhalten nun wundern? Nein, ganz sicher nicht. Die Kirche betreibt keine Werbung, die anziehend ist und Versprechen einlöst. Niemand kommt dauerhaft dorthin, wo es nichts für sie gibt. Und Werbung, die nichts hält, ist tot. Kirchenwerbung, eine ... Charmeoffensive? Sie versucht es zumindest, doch scheitert sie kläglich. Sie verspricht viel, doch hält sie wenig bis gar nichts. Dann lieber dem Mammon der weltlichen Werbung folgen als den Versprechungen, die nichts hergeben, und wenn man den Versprechungen glaubt und sich auf sie einlässt, recht schnell auch noch bettelarm gemacht wird.

Fazit: Glauben ist gut, Wissen ist besser. Damit meine ich das Wissen über die Verschleierungstaktik der Kirchenwerbung. Schön ist nicht gleich gut, bei den Versprechungen der Kirche.

Proselytismus

Proselytismus klingt schon sehr verdächtig nach einer Nervenkrankheit oder einer Verhaltensstörung, auch wenn es das nicht ist. Obwohl, ich bin mir da nicht ganz so sicher, ob es nicht doch eine Störung ist. Zumindest ist der Geist gestört, der in einem tobt, weil er nicht frei von Kirchenwirrwarr ist.

Proselytismus ist mittlerweile eine abwertende Bezeichnung für eine „Abwerbung“ von Gläubigen, bei der keine innere Bekehrung stattfindet. Was sehr verständlich ist. Klar, die wollen sich nicht von einer Totensekte bekehren lassen. Sie ziehen es vor, unabhängig in ihrem Denken und Handeln zu sein – und auch zu bleiben.

Siehe auch Wikipedia. Der Ausdruck Proselytismus = hinzukommen bezeichnete ursprünglich die Hinwendung anderer Völker zum Judentum. In heutiger Zeit ist es in der Religion bzw. Mission eine negative Bezeichnung für das Abwerben von Gläubigen aus anderen Konfessionen, Kirchen und Glaubensgemeinschaften, die zum Eintritt in die eigene Konfession oder kirchliche Gemeinschaft bewegt werden sollen. Negativ ist die Bezeichnung vor allem dann, wenn mit dem Begriff Proselytismus nicht einfach nur eine freundliche Einladung verbunden wird, sondern unethisches Verhalten beim Versuch, andere zum Übertritt in die eigene Glaubensgemeinschaft zu überzeugen. Hier ist die Kirche Meister ihres Faches.

Indoktrination

... die brutalste Waffe, um willhörige Christen zu schaffen.

Siehe auch Wikipedia. Indoktrination (lateinisch doctrina ‚Belehrung‘) ist eine besonders vehemente, keinen Widerspruch und keine Diskussion zulassende Belehrung. Dies geschieht durch gezielte Manipulation von Menschen durch gesteuerte Informationen, um ideologische Absichten durchzusetzen oder Kritik auszuschalten. Die wesentlichen Merkmale bzw. eine zentrale Methode der Indoktrination ist die Propaganda. Die Form der Informationsdarbietung ist hier einseitig verzerrt, die Gesamtheit der verfügbaren Informationen wird zensiert, die der Ideologie (Welt/Anschauung, Weltbild, Ansichten, Denkart, Denkweise, Geisteshaltung, Gesinnung, Überzeugung, Lebenanschauung, Vorstellung usw.) widersprechenden Angaben werden zurückgehalten, deren Äußerung mit diskreten Benachteiligungen oder konkreten Strafen bedroht. Eine unkontrollierte Monopolisierung der Massenmedien und autoritäre, religiös oder politisch motivierte Erziehungsformen können Indoktrination fördern. Dabei werden die (scheinbar) positiven Seiten des Systems überhöht, während kritische oder missliebige Informationen unterdrückt werden.

Dieses Instrumentarium kann doch nur von Gottes Gnaden und durch ein Dogma des Papstes, des Pontifex Maximus, entstanden sein.

Gottes Diener

Undank ist des Priesters Lohn

Viele Priester sehen ihren Beruf oftmals im Bild des Hochseilartisten, oder dem eines Dompteures im Raubtierkäfig - und das ganz ohne Schutz. Wenn sie mit den Aufgaben, mit denen sie betraut wurden, nicht mehr klarkommen, ihre Aufgaben der Seelsorge nicht mehr erfüllen können, weil sie damit nicht im Einklang stehen, kappen sie die „Ehe“ mit Jesus Christus. Die Diözese dankt einem scheidenden Pfarrer für seinen langjährigen Dienst in der Seelsorge, doch Lob für den langen, treuen und gut ausgeführten Dienst erhalten sie nicht. Das Prädikat „treu“ allein schon deshalb nicht, weil sich ein Priester auf Lebenszeit der Kirche verpflichtet hat. Das „gut“ fehlt in der kirchlichen Amtssprache, außer, man heuchelt, und dann auch nur mit zusammengekniffenem Arsch. Einen Dank erhält niemand, der seinen Priesterdienst hinschmeißt – doch, von mir. Ein Dankeschön ist für die eigenen Gildemitglieder ein Fremdwort. Als wenn ich das nicht wüsste. Bei spendablen Zahlern unter den Gläubigen entfleucht den Hochwürden, Exzellenzen und Eminenzen schon mal ein heuchlerisches herausgequetschtes Dankeschön. Bekommen die auch einen geheiligten Segen? Nein, denn den kann jeder erteilen. Dazu muss man kein Priestermann sein.

Wie sieht es denn mit einem kirchlichen Abschiedsbrief aus? Bekommt ein geläuterter Priester (wenigstens) einen schleimig, doch hervorragend formulierten Abschieds-Empfehlungs-Brief, wenn der Ex-Priester zum Teufel in die Hölle geschickt wird? Also weit weg von seinem bisherigen Wirkungsbereich? Nein, so ein Schreiben gibt es nicht – für niemanden. Und wenn es der beste Freund war. Fast hätte ich Mitleid mit den Geläuterten, aber nur fast. Ich gebe aber zu, dass kein Mensch mit solcher Unmenschlichkeit und Kälte behandelt werden darf – auch kein Ex-Pfarrer.

Und die Kirche schafft es tatsächlich, ohne Hand anzulegen, dass der Mensch (ehemals Pfarrer) stirbt und doch dabei so lebendig ist wie zu seinen guten alten Priesterzeiten. Das erinnert mich an einen Text den ich mal gelesen habe. Darin stand ... in etwa: Bernd oder Bernhard C. antwortete der Kleriker-Krankenkasse, deren Post nach seinem gehaltsmäßigen Ausscheiden aus dem Priesterdienst „an die Angehörigen des verstorbenen Pfarrers C." adressiert war: „Ich lebe noch!"

Das schaffte nicht einmal Gottes Sohn. Der erweckte Tote zum Leben, doch die Katholiken und die Fischmützenträger schaffen es, dass ein Ex-Ihresgleichen tot ist, doch weiter seine Kirchensteuer und Krankenkassenbeiträge in die Klerikalkrankenkasse einzahlt. Doch sonst, wie bereits gelesen, ist so ein Abweichler für alle anderen, so will es der Kirchenfürst, bereits tot. Lebendig tot. Tot wie ein Zombie.

Und weiter geht es mit der Unmenschlichkeit der Kirche gegenüber seinen einstigen Dienstmitarbeitern.

Die seelischen Wunden ausgeschiedener Priester wirken noch viele Jahre nach. Und weil das nicht reicht oder erst recht Spaß macht, jemanden zu quälen, macht man mit dem grausamen Spiel weiter, um den Verräter zu vernichten. Wenn dabei ein Familienmitglied zu Schaden kommt, dann ist das ein Kollateralschaden, den man in Kauf nimmt. So geschehen bei einer jungen Ehefrau, die unter einer schweren Krankheit litt. Man behauptete verletzend und wie mit einem Messer tief in die Seele gestochen, dass dies eine Strafe Gottes sei. Diese Worte sind nicht von mir erfunden, solche Worte kann man im Internet und auch anderen Plattformen haufenweise lesen. Und ich habe viel gelesen.

Die Liebe des Christentums kennt Grenzen – ganz besonders bei *ehemaligen* Brüdern und Schwestern des *gleichen* Glaubens.

Meine Definition von Priester – Mensch

Niemand von den Menschen sollte nur durch eine einzelne Eigenschaft definiert werden, wie etwa Logik, Gefühle, Toleranz, Intoleranz, Emotionalität, Hilfsbereitschaft, Intelligenz, Dummheit, Arroganz, Narzissmus, Eifersucht, Rachsucht, Rücksichtslosigkeit u.v.m. Und schon gar nicht mit dem Gottesglauben, den man aufgedrückt bekommen hat.

Die Menschen sind keine Stereotype, sondern komplexe Individuen mit vielen Facetten. Es ist zu erwarten, dass auch die Kirchenvertreter im farbenprächtigen Angebergewand alle Facetten des Menschen akzeptieren, und nicht nur bei den Gläubigen. So sollte es auch bei denen sein, die mit der Kirche nichts zu tun haben wollen. Für beide Seiten ist es unabdingbar, dass man alle Individuen mit ihren Eigenschaften begreift und sie wertschätzt, was leider nicht der Fall ist. In vielen Fällen ist es so, dass sie, die Priesterschaft, beginnend oft schon beim einfachen Pfarrer, nur ihre Gefühle in den Mittelpunkt stellen und über die ihrer Mitmenschen erhöhen. Wer das nicht begreift, ihnen vielleicht auch noch ihre Empfindungen aberkennen will, an ihrem Kirchenlack kratzt, der muss mit Strafe rechnen. Das Strafen ist eine ihrer besonders negativen Eigenschaften, die sie gerne ausleben, um wiederum ihre Macht zu zeigen und klar zu machen, wer welche Individualität zu wertzuschätzen hat.

Eine ihrer größten Empfindungen, eine Machtempfindung, ist ihr Ego, wovon sie viel haben, weil man es ihnen mit theologischen Worten eingepriestert hat. So ist es kein Wunder, dass sich die irdischen Sprecher Gottes, wie sie sich gerne bezeichnen, als charismatische Führungspersonen gebärdeten, und das mit einem ausgeprägten Hang zur Ausübung der von Gott gegebenen Macht.

Diese geweihten Kirchenmänner brauchen und lieben die Egodusche in der Menge ihrer Gläubigen. Für sie ist die Lobhudelei das Lebenselixier, ohne das sie nicht leben können.

Die Hohepriester und ihr Leithammel in weiß wissen schon, wie man Eindruck bei den Gläubigen schindet und sie so an sich bindet.

Und der gläubige Kirchgänger schaut demutsvoll und schweigend, weil er/sie es muss, auf die gezeigte Empfindsamkeit der Gotteswortverkünder und definiert sie so in ihrem (geheiligtem) Wesen. Dem Wesen der Arroganz, der Rücksichtslosigkeit, der Respektlosigkeit, der Machtgeilheit, der Intoleranz, und der Verliebtheit (progressiven Narzissmus) in sich selbst. Ein gewöhnlicher Mensch ist ein sterblicher Mensch. Ein Priester ist ein Gotteswesen und stirbt nie, ist ihr wahnsinniges Denken, von und über sich selbst. So definieren sie sich selbst schon als von Gott gezeugt. Sie sind, wenn schon nicht von göttlicher Geburt, so doch dem Göttlichem nahe, bereits auf dieser Erde.

Ein Gläubiger ist nur dann gut, wenn er gehorsam den Worten eines Kirchenmannes Folge leistet, und jeder andere ist nur einen Schritt (Genom) von einem Tier entfernt – das man bestenfalls schlachten und fressen kann. Diese Menschen sind für sie ohne Verstand, aber voller tierischer Instinkte, ... und ohne Seele. Sie sind keine Schöpfung Gottes. Hier wird der Leser sicherlich weitere Eigenschaften gedanklich hinzufügen können.

Übrigens: Christen haben kein Selbstbewusstsein, sondern ein Christusbewusstsein. Leider verkennen sie das immer wieder. Was sie haben, ist entweder ein Minderwertigkeitskomplex oder ein überhöhtes Gottesbewusstsein, was nicht irdisch ist. Irre, ja, das schon!

In erster Linie ist es nicht Gott, der hier auf der Erde nicht barmherzig ist, nein, es sind seine Brüller hier auf Erden, die unbarmherzig sind. Wer sich einmal in ihren Fängen, in ihrem gesponnenen Netz, verfangen hat, der zappelt (fast) vergeblich, um wieder frei zu kommen. Nur mit der Hilfe von Menschen, die von Gott frei sind, können sie aus dem klebrigen Spinnennetz der Christen befreit werden. Die Kirche liebt keine Abtrünnigen und macht alles, damit auch niemand zu einem Abtrünnigen werden kann. Was ... sei Dank, nicht immer gelingt.

Ist jemandem aufgefallen, dass im Wort Abtrünnigen das Wort Abt steckt? Soll das heißen, dass die Gottesflüchtlinge, die „Abtrünnigen", dann hinter den Kloster-/Gefängnismauern verschwinden – für immer, wenn es sein muss? Um wieder auf Gotteslinie gebracht zu werden? Vom Abt persönlich?

Hier die Erklärung des Wortes Trünnig. Es kann bedeuten: abspringen, brechen mit, ab(t)schwören, verraten. Das Wort Trünnig kann ohne Vorwort Ab(t) benutzt werden. Oh, wie göttlich schön!

Und nun noch verschiedene Fragen: Ab welcher Zeitrechnung zählt man die Schöpfung Mensch als Mensch? Und ab wann zählt der Priester nicht mehr als ein Normalo unter den Männern? Lebten die Schöpfungen, ehe man sie als Mensch bezeichnete, ohne Erbsünde? Was geschieht mit der Gottesschöpfung nach dessen Tod? Gibt es auch für Tiere einen Himmel? Darauf gebe ich schon mal eine Antwort. Es muss einen Himmel für die Tiere geben, da viele Tiere heilig sind. Beginnend schon mal beim Heiligen Geist, den man als eine weiße Taube kennt. Oder das Opferlamm, der Osterhase, der Esel, auf dem Jesus ritt, die Fische, denen die Bischofsmütze nachempfunden wurde. Kamele, auf denen die Heiligen drei Könige aus dem Morgen- oder Abendland, oder war es doch um die Mittagszeit, dahergeritten sind, um dem Jesulein zu huldigen und es mit Gold, Weihrauch und einer seltsamen, aber teueren Salbe salbten. Der Verräterhahn, der dreimal krähte, nachdem Petrus seinen Vorarbeiter verleugnet hat, zählt der auch zu den himmlischen Tieren, so wie auch die heilige Kuh einer anderen Fakultät des Glaubens? Und was ist mit einer Laus, die im Gottespelz juckt? Bin ich mit meinem Buch jemand, der mit Schmutz auf Gold (Gott, Kirche und ihre Priester) wirft? Bin ich dadurch gefährlich? Wenn ja, dann bin ich einer unter vielen, die aus der Sicht der Kirche gefährlich sind, weil sie den Kirchenschmutz von den Menschen fernhalten wollen. Doch ich sage: „Wer andere mit Kot beschmeißt, muss sich nicht wundern, wenn er die Scheiße wieder zurückbekommt.“ Und, ich bin gerne der Cleaner (der Reiniger) für Unschuldige, deren Herz und Verstand noch nicht von der Kirche verschmutzt wurde. Zitat von Kurt Tucholsky: „In Deutschland gilt derjenige, der auf den Schmutz hinweist, als viel gefährlicher als derjenige, der den Schmutz macht.“ Hat die Kirche genug Reinigungstücher, so wie Besen und Schrubber, um ihren Dreck selbst zu entfernen, den sie hinterlassen hat bei denen, die frei von kirchlicher Abartigkeit und Sündhaftigkeit leben wollen?

Sind es denn die Gläubigen und ihre Herren nicht selbst, die sich durch ihr menschenunwürdiges Verhalten gegenüber anderen beschmutzen? Die sich ihren Glanz selbst abtragen bzw. sich mit Schmutz überdecken? Ja, das machen sie schon selbst, da braucht es niemand anderen, der ihren Glanz mit Dreck beschmiert. Beispiele dafür gibt es in dieser von mir beschriebenen Gesellschaft mehr als genug. Sie selbst tragen teure Gewänder und reichlich Gold und Edelsteine an sich herum und sind dennoch weniger als die, die sie wie Dreck behandeln. Und so bin ich nun jemand, der ihren verteilten Dreck wieder zu ihnen zurückwirft – und das auf meine ganz spezielle Art.

Warum die Oberpriester sind, wie sie (meist) sind

Wodurch definiert sich ein progressiver Priester- Narzissmus? Ein progressiv narzisstischer Priester betont immer erst seine eigenen Qualitäten, die anderer interessieren ihn wenig. Er betreibt meist ein gutes, fast schon, wenn auch oft übertriebenes „Eigenmarketing", und darin ist er auffällig gut. Ein progressiver Priester-Narzisst vermag auch ohne mit der Wimper zu zucken andere, meist Nebenbuhler, durch unterschwellige Botschaften empfindlich abzuwerten. Meist fehlt solch einem Menschen der Humor und die Selbsterkenntnis. Allgemein hält man solch einen Menschen für arrogant, und er liebt es, anderen gegenüber grob verletzend und abwertend zu sein. Selbst weist er aber jegliche Kritik als Abwertung von sich. Seine größte Angst ist es, selbst abgewertet zu werden. Sein Bestreben ist es, immer zu glänzen und seine unterschwelligen Defizite möglichst zu verdecken oder zu verschleiern. Ein Narzisst kämpft ständig mit tiefliegenden Minderwertigkeitskomplexen. Er begibt sich daher ständig in Konkurrenz und Vergleich mit anderen und will immer der Beste und Überlegenste sein. Wenn er es mal nicht ist, findet bzw. erfindet er gute Erklärungen und verabreicht dann, was nicht selten vorkommt, einen Rundumschlag, um wieder tadellos abzuschneiden. Und alle, die das miterlebt haben, sollen gefälligst „staunen" und „applaudieren". Was für ihn reine Selbstverständlichkeit ist. Ja, so ein Priesternarzisst hat es nicht leicht, in einem Rudel voller Löwen mit prächtiger Mähne und den Ansprüchen auf den Thron.

Beispiele für Priester mit ausgeprägtem Narzissmus können sein: Ich bin gebildeter, belesener und klüger als die anderen. Ich bin anderen moralisch auf jeden Fall überlegen, bin der einzig GUTE unter Schlechten. Ich verdiene es, als bedeutend und wichtig bewundert zu werden; das steht mir zu und andere können sich glücklich schätzen, mich zu kennen.

Das eben gelesene ist wohl eine Personenbeschreibung für die Anwartschaft in einem Bewerbungsschreiben für einen freien Bischofsstuhl. Oder soll ich sagen, dem Herrschaftsthron eines Bischofs?

Es ist mir klar, und sicher auch jedem Leser, dass es „arme Teufel" in der Priestergemeinde gibt, die den progressiven Priesternarzissten schutzlos ausgeliefert sind. Wie soll ich diesen Ausgelieferten gegenüberstehen? Zwiespältig!?

Priesterwerdung – ein kleiner Einblick

Und jetzt ein kleiner Einblick, wie man zum Berufspriester wird bzw. werden kann bzw. dazu überzeugt bzw. dazu überredet wird. Je nachdem, wia mas seng wui (wie man es sehen möchte). Die Priesteranwärter sind jung und ambitioniert. Begierig, sich zu beweisen. Was? So entsteht Idealismus. Wartet nur, so sage ich, bis sie ein wenig selbstsicherer werden und ein wenig selbstgefälliger, dann gehören sie mit Haut und Haaren der Kirche, die sie mit Macht ausstattet und mit der sie aber nicht ... gottgewollt umgehen können. Damit meine ich einen Gott, der mit dem Christengott nichts zu tun hat. Und so sind sie leichte Beute der Kirchenoberen geworden.

Ein angehender Priester sagte: „Ich brenne für ein Ideal." Schön, und welches ist das? Viele Menschen mussten aufgrund solcher Ideale brennen, auch wenn sie das ganz sicher nicht wollten. Schon gar nicht für die selig machende Kirche. Sie wollten ohne Kirche und Glaube zum Christentum leben. Und wer das wollte, der brannte oft schneller, als ihm, ihr, denen lieb war. Und sei es, dass man einem die Haut vom Leib brutzelte, um ihn, um sie zu Christen zu machen. Direkt nach dem Abitur machte er ein vorbereitendes Jahr mit Sozialpraktikum und trat dann ins Priesterseminar ein – wo man ihm das soziale Verhalten ganz schnell gegenüber Ungläubigen, Andersgläubigen und denen ‚die keine Diener an der Opferstätte sind, ausgetrieben hat. Er lernte dort wohl oder übel nur, wie er sich gegenüber seinen „Meistern" sozial zu verhalten hat, damit die aus ihm ein Priesterchen machten. Im Wort „machten" steckt der Begriff „Macht". Und damit passt es, wie auf den Punkt gebracht.

Voraussetzungen für die Priesterausbildung

Grundsätzlich kann jeder zum Priester geweiht werden, der männlich, katholisch und unverheiratet ist, aber er muss von Gott dazu berufen sein, so eine Aussage, zu denen, die Priester werden wollen. Ob jemand berufen ist, entscheidet jedoch nicht der Einzelne selbst. Es gibt drei Aspekte, die darüber entscheiden, ob jemand tatsächlich berufen ist: die Neigung, die Eignung und die Annahme durch die Kirche. In manchen Fällen sind es auch mal die katholischen Erzieher in den Kinderheimen und Internaten, und das mit sehr subtilen Methoden. Diese sind nicht immer schmerzfrei.

Die Neigung – zum Unguten

Gott wird niemals jemanden zu etwas berufen, der nicht aus sich selbst heraus Priester werden will. Deshalb ist die Neigung, der Wille, als Priester leben zu wollen, der erste Aspekt einer Berufung zum Priester. Die Zeit im Theologenkonvikt bietet die Möglichkeit, die Neigung und den Wunsch zum Priestertum tiefer zu erkunden und zu prüfen. Jeder Kandidat muss von Anfang an die Bereitschaft mitbringen, sich auf dem Weg zum Priestertum formen zu lassen, um so in die Lebensart des Priesters bestens hineinzuwachsen. Das Priestertum ist ein Dienstamt und dazu gehört vor allem die grundlegende Bereitschaft, Gott und den Menschen in Demut und Gehorsam dienen zu wollen. Diese Bereitschaft ist der erste Schritt und die Voraussetzung, um sich auf den Weg zum Priestertum zu machen. Dass man Breitschaft aufbringt, wird den Delinquenten in und mit Gottesnamen und mit Gotteshänden schon klargemacht. Wie, das kann man sich ja vorstellen. Fragt mal ehemalige Internats- und katholische Kinderheimbewohner. Unter denen befanden sich immer mal Jungs, die sich das Kirchenpersonal herausgepickt hat, um sie für sich, dem Kirchendienst am Altar und im Ornat zu gewinnen.

Gott hat niemanden von den Menschen be- und gerufen um Priester zu werden. Und Gott schaut auch nicht gelangweilt herab, sieht einen Mann auf einer Parkbank herumlümmeln und ruft: „Hey, du da, ja, du, der du auf der Bank herumlümmelst. Willst du nicht ein Priester werden? Meine Diener auf der Erde laufen mir alle davon und die, die noch da sind, glauben nicht mehr an mich oder denken, sie seien wie ich ein protziger Gott im Himmel, und dass wollen sie auch sein – auf meiner Erde. Ich benötige unbedingt Diener, die mir dienen, und sich nicht wie Fürsten aufführen und ständig nur betteln um noch mehr Geld, Gold und Edelsteine, und was es sonst noch so an Edlem gibt, das ein Priesterherz begehrt. Also, hast Lust, mir zu dienen, mir zu huldigen und mich zu lobpreisen? Auch mal den ein oder anderen aus der Reihe der Ungläubigen, Andersgläubigen und denen, die sich nicht entscheiden können, wer ihr Gott sein soll, zu bekehren? Wenn ja, dann lass dich ausbilden und formen, in meinen Ausbildungszentren in den vielen Klöstern und Schulen meiner Bistümer. Und wenn du alles gut und gottgefällig, also für mich, machst, dann erklimmst du auch rasch die ein oder andere Sprosse auf der Leiter zu mir in den Himmel? Also, wie sieht's aus, machst du mit und lässt dich zu einem meiner Diener schulen? Doch wenn du ein weiterer Diener für mich bist, dann sei und bleib ein einfacher Diener im Weinberg des Herren. Versprich aber, dass du das dann auch bleibst, denn die meisten halten sich nicht an meine Gebote der Armut. Außer sie glauben, Armut sei die Umschreibung für grenzenlosen Reichtum. Und, hast Lust dazu?"

Und sollte sich dieser Angesprochene dann Gott und seiner Umformung hingeben, dann wird er wie die meisten seiner Lehrmeister werden. Geldgierig, korrupt, herzlos, gnadenlos und unersättlich im Streben nach Macht und Reichtum. Der werdende Gottesdiener, der noch als Mensch diese Ausbildung auf sich nimmt, der wird zuerst einmal, und das ganz fix, zu einer Knetmasse verarbeitet und dann zu einer geistlosen und hörigen Puppe geformt. Hörig im Sinne seiner Meister im heiligen Talar.

Die Eignung – zum oft Unguten

Gott wird nur jemanden zum Priestertum berufen, so eine Aussage, der auch fähig ist, dieses auch und zur jeder Zeit fruchtbar auszuüben. Hätte es nicht so lauten sollen: „... dieses furchteinflößend auszuüben?"

Die Kirche, so sagte man es mir, schaut sehr darauf, dass jeder Kandidat eine hinreichende Gesundheit (Körperlich

Behinderte wollen und sehen sie nicht gerne in ihren Reihen als Diener am Altar. Geistig eingeschränkte erst recht nicht – und doch stehen dort welche, die einen gehörigen Schlag weghaben) und eine entsprechende menschliche Reife besitzt. Dass er eine gläubige Sicht auf sein und das Leben anderer hat. Mit Liebe soll er am Gottesdienst der Kirche teilnehmen, damit er ein betender und damit geistlicher Mensch ist und er den festen Entschluss hat, Jesus auch in einem zölibatären Leben nachzufolgen. Und wo war Jesus, ehe er wieder in seine Heimat zurückkam? Er war doch für lange Zeit wie vom Erdboden verschwunden, ehe er seine Jünger um sich versammelte, die ihn fast bis zum Tode begleiteten. Bei der Hinrichtung, das an das Kreuz Nageln, da waren die meisten der Anhänger Jesus dann plötzlich weg. Sie haben ihren Herrn und Meister im Stich gelassen. So verfahren seine Anhänger auch heute noch. Kaum benötigt man ihre Hilfe, da verschwinden sie ins Nirgendwo. Niemand von den Priestern wird Jesus je folgen.

Und ich bleibe dabei, so meine Ansicht, Jesus hat ganz sicher nicht auf die Freuden mit Frauen verzichtet. Damit meine ich nicht nur mit ihnen nett Essen zu gehen oder mit ihnen am Seeufer oder auch mal auf dem See, was er besonders eindrucksvoll konnte, spazieren zu gehen. Ich meine damit, dass er auch seine Sch(l)äferstünchen mit ihnen hatte. Unter einem schattigen Ölbaum oder auch mal in einem Ziegenstall. Er kennt das – hoffentlich, wie es sich anfühlt auf Heu und auf Stroh.

Bei der Ausbildung des Priesterkandidaten wird penibel darauf geachtet, so steht es geschrieben, so wird es verkündet, wie schon das Wort Gottes, dass er mit der Kirche, dem Papst, den Bischöfen, den Priestern und Diakonen und allen Menschen Gottes verbunden leben will. Von großem Wert, so die weitere Aussage, ist, dass er eine Liebe und Solidarität zu all den Menschen haben ... muss, soll?, die arm, benachteiligt und zurückgesetzt sind.

Hierzu kann ich nur sagen: „Mehr als eine Solidarisierung ist es dann auch nicht – und das muss reichen, für die Armen, die Benachteiligten und die Zurückgesetzten – oft auch von den Männlein der Priesterkaste.

Ebenfalls ist es wichtig, man vermerke, dass man beim Priesteramtsanwärter erkennt, dass er die Fähigkeit, sollte er diese noch nicht haben, entwickelt, um den Glauben missionarisch zu verkünden. Hier heißt missionarisch verkünden, dass man das mit Drohungen, Schlägen und Verteufeln betreibt.

Ganz wichtig ist es für den Probanden, dass er bezeugen kann, eine geistliche Ausstrahlung zu haben, und fähig ist, mit haupt- und ehrenamtlich engagierten Christen in der Kirche zusammenarbeiten zu können.

Wer sich diesen jahrelangen Schulungen in einem Priesterseminar aussetzt, der hat ganz sicher die wahnsinnige, verrückte Ausstrahlung mit im Gepäck (Hirn), um mit haupt- und ehrenamtlichen Christen zusammenarbeiten zu können. Da bleibt alles in der Familie – sollte man meinen.

Doch was machen sie, die guten Menschen mit geistigen Ausstrahlungen, den blendenden? Sie vergiften den gesunden Verstand derer, die noch ungetauft sind.

Der Auszubildende für das Priesteramt muss in besonderer Weise bereit sein, Gott zu verherrlichen und den Menschen um ihres Heiles willen helfen zu wollen. Er muss den festen Entschluss haben, unwiderruflich das Priestertum nach dem Willen der Kirche auf sich zu nehmen – mit freiem Willen.

Sie wollen dem Menschen nicht helfen, sie drängen sich auf, und das gnadenlos. Mit Hilfsbereitschaft hat das wenig bis gar nichts zu tun. Für sie sind die Menschen nur Opfer, die man bluten lassen kann. Damit meine ich, das Hab und Gut der Menschen in ihre Taschen fließen zu lassen, bis der, die Geschröpften für immer abgehen. Sie injizieren ihr Gottesgift in deren Adern, um den Geist gefügig zu machen. Wenn dabei jemand draufgeht, na, dann hat sie, er, Pech gehabt – was der Tote dann aber nicht mehr merkt. Und die Liebkoser Gottes, diese Gotteserbschleicher, scheren sich einen Dreck darum, wie die Angehörigen zu leiden haben, wenn jemand aus ihrer Mitte verreckt ist.

Was den freien Willen angeht, den ein Priesteranwärter bei Eintritt in dem Konvent noch hat, ist vermutlich jedem Leser klar, dass dieser ihm in den vielen Jahren der Ausbildung entzogen wird. Motto: „Bist du nicht willig, so gebrauche ich Gewalt“ – fällt mir dazu nur ein.

Die Annahme durch die Kirche

Die Verkünder der Gottesworte sagen: „Die Kirche ist Zeichen und Werkzeug der Liebe Gottes unter den Menschen. Auch im Hinblick auf ihre Berufung."

Unter dem Werkzeug befinden sich stets ein Hammer und Nägel – für die Ungeliebten. Vielleicht auch mal ein Schlagstock Gottes, um den (noch) sturen Priesterlehrling doch noch auf Linie zu bringen, wenn er in seiner Klerikalausbildung festgestellt hat, dass vieles von den Gutworten und Guttaten der Christen, besonders den Klerikern, in allen Ebenen, nichts mit seinen Ansichten und damit einhergehend auch nichts mit seinem lieben Gott, aus seiner Kinderzeit, gemein hat. Und das Holz für diesen Zurechtweisungs- und Gedankenzurechtrückungsknüppel lassen sie von einem kernigen Holzfäller oder feschen Zimmermann fällen und drechseln.

Die Aufnahme in die Kirche, in die Priesterreihe, geschieht nur durch einen Bischof. Er erkundigt sich bei den Ausbildern um deren Einschätzung des Kandidaten, ob dieser in seiner Entwicklung, durch die Priesterschulung, als Mensch, als Christ gereift ist, um als Priester geweiht zu werden.

Und Ausbilder rufen im Chor: „Ja, nimm ihn auf in unseren Reihen, denn er ist (nun) wie wir." Und dabei grinsen sie hinterfotzig. Wichtig für die Annahme durch die Kirche und die spätere Aufnahme in das Priesterseminar in Köln ist, dass der Kandidat menschliche Qualitäten besitzen muss. Seine christlichen Grundhaltungen und seine pastoralen und speziell seine priesterlichen Fähigkeiten soll er in einem lebendigen Zueinander entwickelt haben.

Was meint man mit dem lebendigen Zueinander? Meint man damit das Miteinander zueinander, wo man sich das ein oder andere Zuckerl, auch mal sich selbst, dem anderen zuschiebt oder mit einem anderen ... austauscht? Wahrlich, das ist dann die priesterliche Fähigkeit, die sich sehr spezifisch zeigt. Und mit dem pastoralen Wortwirrwarr zeigt jeder der Geschulten im Talar dann sein Können, aber niemals sein Gönnen – zu den Bedürftigen. Sie selbst sehen sich als die Bedürftigsten im Weinberg des Herrn. Von mir aus auch im Obst(ler)garten des Herrn.

Für die Toten haben die keine Verwendung. Für sie erfüllen sie keine Zwecke mehr, die ihnen zu Nutzen wären. Nach der Beerdigung eines Katholiken, Deckel drauf und Ruhe damit.

Indem die Kirche den Anwärter zur Priesterausbildung annimmt, darf er sich nun sicher sein, dass er sich in seinem Wunsch, Priester zu werden, nicht getäuscht hat. Gott ruft ihn wirklich. Der Schüler darf nun darauf vertrauen, dass man ihm helfen wird und sein Leben als Priester groß und schön (gemacht) wird.

Und wer mit dem „falschen“ Wunsch in die Priesterausbildung stolperte, dem wurde der „richtige“ Wunsch eingeimpft. Mit vielen Worten, die er nie wirklich verstehen wird und die er bald aufgibt, verstehen zu wollen. Dann plappert er bald die Worte nach, besonders die Wünsche, die man ihm ... nahelegte. Dies waren: Geld, Macht und Prestige –, wo immer man sich aufhält.

Rattenfängerseite – und die Falle schnappt zu!

Der folgende Text ist vom Original ein klein wenig abweichend und verkürzt wiedergegeben, doch inhaltlich bleibt alles beim Original. Es wird Werbung für eine Diözese in Deutschland gemacht.

„Oh wie schön, Du interessierst Dich für den Beruf eines Priesters. Hast Du auf diese (Internet)Seite geklickt, weil Du über Dich selbst, aber auch von anderen Menschen, die Du bereits gut kennst, mehr erfahren möchtest, oder weil Du Dich zu einem Priester berufen fühlst, es bereits ganz tief in dir drinnen ahnst, dass Du zum Priester von Gott berufen bist. Spürst Du in Dir die Neugier und möchtest mehr erfahren, wie man dazu kommt, Priester werden zu können? Zwölf erfahrene Priester kannst Du bei uns kennenlernen; einer davon ist sogar Bischof. Eines haben sie gemeinsam: Sie sind glücklich und sehr zufrieden mit ihrer Lebenswahl, die sie vor vielen Jahren getroffen haben.

Wir wollen Werbung für die vielfältigen Möglichkeiten machen, die man als Priester im Dienst des Bischofs bekommt. Wer sind wir? Wir sind Priester, die sich treffen, um gemeinsam zu beten und über Gott und die Welt zu plaudern. Damit die Zunge nicht eintrocknet, gibt es auch Leckeres zu Essen und Trinken. Und wenn wir gemeinsam kilometerweit gewandert sind, dann gibt es danach auch mal ein (selbstgebrautes) Bier.

Es ist in unserer heutigen Zeit und in unserem Land nicht mehr so gefährlich, gegen den Strom zu schwimmen, doch ganz einfach ist es auch heute noch nicht, als Kind bzw. Jugendlicher sein Leben mit dem tiefen Glauben an Gott groß werden zu lassen und es als Erwachsener selbstbewusst weiter zu führen. Niemand kommt so ohne weiteres auf den Gedanken, sein ganzes Leben nur in den Dienst der anderen Christen zu stellen. Dazu kommt das „Problem" mit Armut, Ehelosigkeit und Gehorsam, welche man auferlegt bekommt, wenn man Priester werden will. Für Außenstehende machen diese Vorgaben den Priesterberuf unattraktiv, und deshalb wählt kaum noch jemand den Priesterjob. Man wählt ihn nur, so hört man immer wieder, um sich selbst einen Vorteil in dieser Welt zu verschaffen – was nicht wahr ist. Na, wenn das mal wahr ist."

Und wer jetzt bei dieser Werbung weich geworden ist, der sitzt in der kirchlichen Falle. Raus kommt man nur, wenn man rausgeprügelt wird – zum Teufel gejagt wird.

Lebensfrage

Kaum gedacht und schon zappelt man im Netz der großen weißen Spinne. Ja spinni denn, ha?

Die Göttliche Frage: Hab ich etwas Wichtiges in meinem Leben übersehen? Immer wieder überkommt einen jungen

Mann diese Frage. Bei dem einen oder anderen auch mal die Frage, soll ich Priester werden? Vermutlich kommt diese Frage auf, wenn man viele Jahre als Ministrant in der Gemeindekirche tätig war. Sicher stellt man sich auch die Frage nach dem Sinn, Priester zu werden. Eine der wichtigsten Fragen wird dem Thema Zölibat beigemessen. Würde man als Priester wegen des Zölibats zur Einsamkeit gezwungen werden und dafür mit Unmengen von Arbeit überlastet sein? Werde ich ein glückliches Leben auch ohne eine Partnerin führen?

Die meisten der Priester würden behaupten, dass sie ein glückliches Leben, wenn nicht mit einer Partnerin, so aber mit Gott führen. Doch nicht jeder, der das Gelübde vor Gott bzw. dem Bischof abgelegt hat, ist für immer mit seinem Amt und dem damit verbundenen Leben glücklich. Priester Marius - so nenne ich die Person mal, sagt: „Ein Priester zu sein, bedeutet nicht zwangsläufig unglücklich mit seinem Job zu sein, doch auszuschließen ist es nicht.“

Ein weiterer betroffener Priester sagte dazu: „Je länger ich, vor meiner Zeit als Priester, darüber nachdachte, den Priesterweg einzuschlagen, desto heftiger kam bei mir die Frage auf, ob mein Glaube stark genug sein würde, mein ganzes Leben auf Gott aufzubauen und für ihn ein Leben als Priester zu führen.“ Und ehe er sich versah, war er wieder passend gepolt worden und ging den Weg des Priesters. Frauen waren vermutlich nicht (mehr) begehrenswert, und schon gar nicht, um mit einer Kinder zu zeugen, da dies ihn beschmutze. Depp, als wenn es kein Wasser zum Waschen gäbe und um den „Schmutz“, den Samen des Lebens, der huch, danebenging, von sich zu waschen. Nun, von Weihwasser würde ich Abstand nehmen, das tötet sogar den Glauben an Gott, wenn man sich damit wäscht. Kein Wunder bei diesem, bewiesenermaßen, Brackwasser.

Als Jugendlicher hat Marius stets versucht, nach christlichen Werten zu leben und ist immer brav und gehorsam, wie er war, zur Messe gegangen, weil ihm das seine Eltern so beigebracht und vorgelebt haben. Als er in das Alter kam, wo man vieles hinterfragt, hat er eine Gruppe von Jugendlichen getroffen, die fest im Glauben standen und viel über Gott und seine Schriften redeten. Ihm brannte das Herz in der Brust, so sagt Marius, als sich für ihn der Sinn der Schriften erschloss, wenn man ihn auf seine Zeit der Jugend und der vielen Gespräche mit anderen ansprach. Er hat heute noch ein vergilbtes Bild bei sich, wo er mit ca. zehn Leuten nachts auf den Tischen über Gott und das Leid in der Welt diskutiert hat.

Auf dem Tisch? Na ja, warum nicht? Immer noch besser als unter dem Tisch, voll mit Wein vom Weinberg des Herrn. Schade nur, dass der Alkohol nicht geholfen hat, erkennen zu lassen, was man wirklich an Lebenswertem verpassen wird. Auch welche Einschränkung es mit sich bringt, in ein Priesterkorsett eingesperrt zu sein, war Marius und seinen Freunden da noch nicht bekannt.

Frage: Warum eigentlich immer Weinberg des Herrn und nicht mal ... Birnbaumplantage? Eigentlich egal, denn dann brennt man sich daraus einen Birnenlikör, aus der Birnbaumplantage des Herrn. Und die Gärtner dieser göttlichen

Herrschaftsplantagen und Rebstöcke brauchen jeden Tag ihr Geistesgetränk in Maßen, damit sie mit dem Kirchenleben noch irgendwie klarkommen können – ehe sie einen Abgang aus der Kirchengemeinde antreten. Und der Suff rafft sie dahin. Immer noch besser, so abzukratzen als wie durch das Kirchengejaule in der Heiligen Messe. So manches Geheul in der Kirche lässt den stärksten Kirchenochsen am Alter in die Knie gehen. Die Beine werden schwammig und durch den Herzschrittmacher jagt ein tödlicher Stromschlag. Ein Geistesblitz des Allmächtigen oder des Heiligen Geistes war das dann ganz sicher nicht. Das würde ja mit dem Teufel zugehen, wenn es so wäre.

Die Arbeit mit Kindern, so Marius, wurde zu einem Schwerpunkt in seinem priesterlichen Dienst. Soso, die Kinderarbeit, äh, die Arbeit mit Kindern hat es ihm angetan. Soll das heißen, er und die Kinder arbeiten? Am Kirchenbau? Oder arbeitet man am liebsten am Kind?

Und über die Kinder, so Marius, erreichten sie auch die Eltern, die mit der Kirche meist nichts zu tun haben wollen.

Die Eltern werden schon wissen, warum sie der Kirche fernbleiben. Wobei ich nicht verstehe, weshalb dann ihre Kinder in die Kirche gehen. Und auch hier beweist es sich, dass man Kinder gut ausnutzen kann.

Arbeitsvermittlung

Peter, es kann auch Alexander oder Josef R. sein, sagte, als er in der Oberstufe war, dass er eigentlich Lehrer werden wollte. Der Mann vom Arbeitsamt, der in die Klasse kam, meinte, dass es in absehbarer Zeit keine freien Arbeitsstellen für Lehrkräfte gäbe. Bessere Chancen hätte er, wenn er EDV-Techniker würde oder aber katholischer Priester. Damit hatte er bei ihm eine Frage aufgeworfen, die ihn ab diesem Tag nicht mehr losließ. Warum eigentlich nicht Priester werden?, waren oft seine Gedanken? Und die Antwort wurde immer klarer, je mehr er darüber nachdachte. Er kam zu dem Ergebnis: „Ja, das wäre ein Leben für mich." Na klar doch, in Saus und Braus, gepaart mit Macht und Prestige. Und wann begreift der nächste, dass er als Pfarrer nie den Menschen und sich selbst nicht gerecht werden kann und deshalb erst gar nicht in die Kirche eintritt? Oder sogar in ein Priesterseminar?

Immer wieder nutze ich gerne einige frei erfundenen Bezeichnungen für ein Priesterseminar. Hier mal eine kleine Kostprobe davon. Unterbringungsumerziehungseinrichtung, Anpassungsstätte des Glaubens, an den Mammon und die Macht. Prägeanstalt für werdende Priester (Druckermeister der großen Geldscheine). Liebhaberzüchterverein des Grauens.

Hier nun ein Tipp für arbeitssuchende Priester. Wer vom Arbeitsamt nicht vermittelt werden kann, warum auch immer, z.B., weil die Vorstellungen des Suchenden zu hoch gegriffen sind, der kann ja mal das Spielen mit den Handpuppen erlernen und auf Tingeltour durch die Lande ziehen. Jedes Puppenspiel lockt Kinder an, denen man dann sein Können zeigen darf. Hoffentlich etwas wirklich Erheiterndes, wie „Der Kasper schlägt Gott und den Teufel in die Flucht", und die Kinder sind darüber sehr erfreut, denn der liebe lustige Kasperl befreit die Welt, wie wir alle wissen, immer vom Bösen.

Gottessprache

Folgend nun himmlische Feinheiten der göttlichen Sprache – eines Unguten

Gen 19,23: Als die Sonne über dem Land aufgegangen und Lot in Zoar angekommen war, ließ der HERR auf Sodom und Gomorra Schwefel und Feuer regnen, vom HERRN, vom Himmel herab. Er ließ ihre Städte einstürzen mitsamt ihrem ganzen Umkreis, auch alle Einwohner der Stadt und alles, was auf den Feldern wuchs.
Jes 1, 20: Wenn ihr euch aber weigert und auflehnt, werdet ihr vom Schwert gefressen. Ja der Mund des HERRN hat gesprochen.

Jes 34,2: Denn der HERR ist zornig über alle Nationen, er grimmt über ihr ganzes Heer. Er hat sie dem Bann bestimmt, zur Schlachtung freigegeben. Auch hier wird der Zorn Gottes auf die „Ungläubigen" spürbar.

Joh 3,36: Wer an den Sohn glaubt, hat das ewige Leben; wer aber dem Sohn nicht gehorcht, wird das Leben nicht sehen, sondern Gottes Zorn bleibt auf ihm.

Hier zeigt sich, dass die Gottesfurcht der Dreh- und Angelpunkt einer guten Beziehung zu Gott ist. Nur Menschen, die den Kirchengesetzen gehorchen, laufen nicht Gefahr, den Zorn Gottes auf sich zu ziehen. Und nun weiter mit der Todessprache.

So spricht der HERR, der Gott Israels: „Gürte ein jeglicher sein Schwert um seine Lenden und gehet hin und zurück von einem Tor zum andern das Lager, und erwürge ein jeglicher seinen Bruder, Freund und Nächsten“. Und Mose ward zornig über die Hauptleute des Heeres, die Hauptleute über tausend und über hundert waren, die aus dem Heer und Streit kamen, und sprach zu ihnen: „Warum habt ihr alle Weiber leben lassen?“ „Denn der HERR, euer Gott, ist ein Gott aller Götter und HERR über alle Herren, ein großer Gott, mächtig und schrecklich, der keine Person achtet und kein Geschenk nimmt.“

Zumindest ist er nicht bestechlich – könnte man meinen. „Furcht und Schrecken vor euch wird der HERR über alles Land kommen lassen, darauf ihr tretet, wie er euch verheißen hat.“ „Und wenn sie der HERR, dein Gott, dir in die Hand gibt, so sollst du alles, was männlich darin ist, mit des Schwertes Schärfe schlagen. Allein die Weiber, die Kinder und das Vieh und alles, was in der Stadt ist, und allen Raub sollst du unter dich austeilen und sollst essen von der Ausbeute deiner Feinde, die dir der HERR, dein

Gott, gegeben hat.“ „Wenn jemand einen eigenwilligen und ungehorsamen Sohn hat, der seines Vaters und seiner Mutter Stimme nicht gehorcht und, wenn sie ihn züchtigen, ihnen nicht gehorchen will, so sollen ihn Vater und Mutter greifen und zu den Ältesten der Stadt führen und zu dem Tor des Orts, und zu den Ältesten der Stadt sagen: Dieser unser Sohn ist eigenwillig und ungehorsam und gehorcht unsrer Stimme nicht und ist ein Schlemmer und ein Trunkenbold. So sollen ihn steinigen alle Leute der Stadt, dass er sterbe, und sollst also das Böse von dir tun, dass es ganz Israel höre und sich fürchte.“

Nun aber Schluss mit der Abartigkeit des Gottes der Christen. Oder dürfen es doch noch ein paar Scheibchen des Grauens mehr sein? Dann suchen Sie bitte im Internet unter dem Suchbegriff: Grauenvolles Altes Testament nach. Da finden Sie sicher noch vieles, was einem das Blut in den Adern gefrieren lässt.

Man würde Blasphemie betreiben, wenn man IHM das Prädikat „der gute und liebe Gott“ verleihen würde. Und da ich keine Gotteslästerung betreibe, es auch nicht möchte, das machen schon zig Millionen andere, deren Verstand auch dazu noch blind ist, um zu erkennen, wer und was ihr anbetungswürdiger Gott wirklich ist, unterlasse ich es nun weiterhin zu spotten, möchte aber doch Aufklärung betreiben, welche sich vielleicht wie eine Gotteslästerung liest.

Einmal ist kein Mal, heißt ein Sprichwort. Deshalb predigen sie in den Kirchen alles wie unter Trance immer und immer wieder herunter, bis dass es für immer in den

Köpfen der Gläubigen verankert ist. Der Rest des Hirns, der für klares Denken reserviert bzw. geschaffen ist, wird überwuchert von schmerzhaften Gedankenranken, damit ja nimmermehr der Vereinnahmte frei denken kann. Und so predige ich auch mehrmals die gleichen Worte gegen das Christentum und deren Schandtaten.

Theologensprache

Religiöse Sprache und säkulare Sprache

„... und dem Ringen mit Gott nicht gefeit“. Verstehe ich darunter ein Wrestling mit Gott? Einen Käfigkampf? Allein schon mit den Worten, den seltsam künstlich klingenden Sätzen der Priester, den Theologen, tragen die meisten der Menschen ihren Kampf aus, um auch nur ansatzweise zu verstehen, was man ihnen mitteilen möchte. Hier ein paar Beispiele, wie man als Theologe mit seinen Gläubigen, aber auch Nichtgläubigen spricht. Sie sprechen mit ihnen, als seien sie nicht ganz dicht in der Birne, oder nicht das hellste Licht auf dem Tannenbaum.

„... die biblische Gottesrede und die Gottesrede als Plädoyer für Humanität zum Thema gemacht wurden, ... referierten heute verschiedene Professoren zu den Themen: „Gottesrede im Zeichen von Ohnmachtserfahrungen“ und „Gottesrede und moderne Medien“.

Aha! Ah ja, ... ich fast nix verstehen – ich nix Theologe!

„... dass kirchliche Angebote zur Stille gut, kirchliche Worte hingegen weniger gut ankommen“.

Ich nix dumm, ich nur bald nix mehr verstehen, was Inhalt sagen wollen mir!

„... die kirchliche Sprache häufig negativ ist, da sie bestimmt ist von der Angst, etwas Falsches zu sagen“.

Die kirchliche Sprache ist immer negativ, da deren Inhalt unehrlich ist. Und dazu auch noch ohne Sinn und Zweck.

„... dass die Sprache weniger eine Frage des Wortschatzes als eine Frage der Haltung ist“.

Haltung einer Sprache? Wie definiert man die Haltung einer Sprache? Besonders die der Kirche? Den Begriff Wortschatz übersetze ich in: Eine geschraubte, eine verdrehte Theologensprache mit sehr vielen Worten. Vergleichbar mit einer Schatz(Truhe), in der viel Goldstücke und Edelsteine liegen.

„... kirchliche Sprache ist deshalb so negativ, weil ihr eine wichtige Kraftquelle fehlt: Freiheit“.

Mal ganz profan ... Freiheit. Freiheit von was? Freiheit für eine Sprache, die die Menschen nicht verstehen? Freiheit vor einem Gott, der der Chef der Katholischen Kirche ist?

„Gott ist der Vater, weil Jesus der Sohn ist“.

Aha, dann ist „Anna die Mutter, weil Hans der Sohn ist.“ Logisch, oder?

Am 05. Mai 2019 hat ein Generalvikar bei einer Predigt im Kölner Dom folgenden Satz gesagt. *„Wer Gottes Geschenke empfangen will, der muss brennen“.* Da haben wir es wieder, bekommst du ein Geschenk von Gott, dann zündet er dich vorher an, oder muss man sich zuerst selbst anzünden, um lichterloh zu brennen, um dann sein göttliches Gnadengeschenk zu erhalten? Und wenn er dich schon nicht persönlich vor der Geschenkübergabe anzündet, dann erledigt das vermutlich einer seiner gehorsamen Diener. Mal ehrlich, auf solch ein Gottesgeschenk kann man echt verzichten. Ich würde nicht vor Dankbarkeit in Flammen aufgehen wollen und jedem ungewollt zeigen, dass ich, wenn ich ein Gottesgeschenk erhalte, vor Freude in Flammen stehen will. So zeigt sich wieder, dass Gott keine Geschenke macht, ohne dass man dafür selbst etwas geben muss. In dem Fall sein Leben.

Jetzt mal ganz ehrlich, ist das nicht Beweis genug, dass man sich an Gott und seinen Geschenken nicht nur die Finger verbrennen kann? Er verlangt, dass der Beschenkte sich dafür opfert. Ganz schön abartig, wie ER sich als Gutwesen gibt, weil er mal was zu verschenken hat. Doch im Gleichgewicht steht das Geben und Nehmen nicht. Er fordert regelrecht den Tod des Beschenkten. Typisch Gott halt!

Mein Gott, was ist das für ein Beschiss, sein Leben zu geben, für ein ... Gottesgeschenk, von dem man eh nichts hat, wenn man verbrannt ist. Ich glaube nicht, dass der Auserwählte nur für ein paar Sekündchen brennen muss, um dann das Gottesgeschenk erhalten zu dürfen. Und wer will schon, und sei es noch so kurz, vor Übergabe des Geschenkes, ohne Schutzanzug, als lebende Fackel dastehen, ... bis dich der Tod holt? Nur weil Gott ein Geschenk zu vergeben hat?

Und die Rabulisten der Kirche kleiden angekündigte bzw. versprochene göttliche Geschenke in schöne, wärmende (verbrennende) Worte. Ähnlich wie bei einem „Schrott-Geschenk“, welches man in blendendes Geschenkpapier wickelt, das aber niemand haben will. Doch gibt es Gläubige, die für ein Geschenk Gottes brennen – wollen, und schon gebrannt haben. Welch ein Glück für mich, dass ich auf Gottes Geschenke gut verzichten kann.

Ist der Satz „wer Gottes Geschenke empfangen will, der muss brennen“ nicht eine göttlich, männliche Sprache der Theologen-Priester? Eine Sprache des Leidens und des Todes? Ja, das ist eine männliche Sprache, wie sie die Priester oft verwenden. Weil ihnen diese Sprache schon durch das Alte Testament vorgegeben wird und sie sich daran orientieren und auch (gerne) danach handeln.

„Die männlich geprägte Sprache lasse Frauen und Männer leiden“. Nein, das sage nicht ich, das habe ich so gelesen. *„Gewünscht wird eine kirchliche Sprache, die jede(r) versteht, die einfacher, klarer und praxisorientiert ist, die die ursprüngliche Wahrheit des Glaubens ausdrückt und den Glauben als froh machende Weisung darstellt“.*

Wie bitte, die ursprüngliche Wahrheit des Glaubens ausspricht? Ja, ist denn alles, was gesagt wurde, eine einzige göttliche Lüge? Ja, das ist es, und daran wird sich auch nichts ändern, wenn die Kirche praxisorientierter ihre Lügen verbreitet. Die vielen Lügen sind tatsächlich für die Gläubigen froh machende Weisungen, denn die Worte der Prediger hören sich für sie wie die reine Wahrheit an. Sie durchschauen die Lügen nicht. Oder wollen sie nicht durchschauen. *„Es soll eine moderne, lebendige Sprache sein, die Sprache unserer Zeit, lebensnah und praxisorientiert. Eine Sprache, die vor allem auch von der Jugend verstanden wird“.* So lebensnah und praxisorientiert kann die Sprache nicht sein, denn warum laufen der Kirche immer mehr junge Menschen davon? Sie verstehen nicht, was man ihnen sagen will. Was sie aber verstehen, ist die Verschleierung des wahren kirchlichen Inhaltes. Sie erkennen, dass sie belogen und betrogen und nur benutzt werden. Gefordert wird weiter, die kirchliche Lehre zu vereinfachen, sodass auch die Laien sie verstehen können. Die Kirche wird es nie schaffen, es wohl auch nicht wollen, dass man alles, was sie predigt, auch zu hundert Prozent versteht. Denn wer alles versteht, der ist nicht (mehr) zu führen. Mehrfach und nachdrücklich wird eine frauengerechte Sprache in Verkündigung und Lehre gefordert, in der dem Weiblichen mehr Raum gegeben wird (z.B. Predigt von Frauen). Na, wenn das jetzt aber kein Scherz ist. Hier werden die Frauen wirklich nur für dumm gehalten. Ihr Glaube ist zwar stark, doch sind sie Realist genug, keinen Deut auf solches Geschwätz (Predigt von Frauen) zu geben. Freiwillig geht die Kirche keinen Schritt von ihrem Weg ab.

Bereits schon bei der Ankündigung von Änderungsvorschlägen sprechen sie, die Theologen, schon wieder und weiter die priesterliche Theologensprache. Und um genau das Gewünschte, das auch Geforderte, zu erreichen, hätte man hier schon anfangen müssen, nicht so geschwollen (froh machende Weisung, ... eine lebendige

Sprache, ... als dienend erfahrbar und von Liebe und Vergebung getragen) zu reden. Die theoretisch theologische Sprache ist nicht in der Praxis umsetzbar. Beim besten Willen und Wollen und auch mit Gotteswillen nicht.

Die Gebete und Lieder in unseren Gebetbüchern sollen nicht nur von Brüdern, sondern auch von Schwestern sprechen, so eine weitere Theologenforderung. Die ausgedruckten Kirchenlieder sollten in eine Fassung gebracht werden, die einer zeitgemäßen Theologie entspricht. Das gilt insbesondere für Texte, durch die sich Frauen ausgeschlossen fühlen. Texte, die in einer allzu martialisch-kriegerischen Sprache wenig vom Gott der Liebe erkennen lassen?

Erstens, was ist eine zeitgemäße Sprache für die Theologen? Eine Gossensprache, welche sie angeblich selbst nie sprechen, die aber jeder, der nicht so gebildet und so geschult ist, wie sie es sind, die auch, hoffentlich, ... das Fußvolk versteht? Oder eine schwülstige neuakademische Sprache, eine, die in Verknüpfung mit der Sprache des Volkes gesprochen wird? Dass wäre dann eine Nice-Sprache. Oder stellen sie sich eine Sprache in dritter Person vor, weil sie ja - so glauben sie - die Monarchen ihrer Dienerschaft, dem einfachen Volk sind. Habe ich eine eventl. neue Sprache für die Theologen vergessen, die sie neu für das Volk ersinnen? Eine Sprache, die es nur in ihrem Kopf gibt, und darin umher schwimmt, wie eine Nudel in der Suppe?

Auch haben wir jetzt gelesen, die Bestätigung aus dem Munde eines Theologen erhalten, dass der Glaube Gottes martialisch-kriegerisch ist. Ob dieser Mann noch in der Kirche seinen Dienst tut, nach solcher Aussage? Gepriesen sei der Herr, für diese wahren Worte.

Predigen – Katastrophenrhetorik

Predigt (lat. praedicatio) ist eine Rede im Rahmen einer religiösen Feier. Die Predigt hat einen besonderen Stellenwert im Neuen Testament und im christlichen Gottesdienst. Im Allgemeinen hat eine Predigt, die der Pfarrer auch mal von der Kanzel auf die Kirchenanwesenden herab schmettert, die Form eines Monologes. Mittlerweile gibt es auch kreativere Formen. Es dürfen auch mal Fragen an die Zuhörer gerichtet werden (mit Antwortmöglichkeit). Die Dauer einer Predigt hat sich im Lauf der letzten Jahrzehnte stark verkürzt. Heute dauert eine Predigt in einer katholischen Kirche etwa zehn Minuten. Kein Wunder, auch unter den Gläubigen gibt es Zuhörer, die den Worten des Erzählers nicht alles glauben. Dann lieber weniger, und man muss sich nicht über das meiste der Predigt ärgern, weil es purer Unsinn ist, der einem zu Gehör gebracht wird.

Zu meiner Kinder- und Jugendzeit hat sich der „Prediger", der Katastrophenrhetoriker, auch mal bis zu einer Dreiviertelstunde auf der Kanzel lautstark in Rage geredet, um den Kirchenbesuchern zu sagen, was er dachte – auch über seine missratenen Kirchenmitglieder. Die meisten der Kirchenbesucher haben eh nicht verstanden, was er gepredigt hat. Und viele hat es überhaupt nicht interessiert, was da brüllend, sollte wohl aufweckend, erweckend, einschüchternd und ermahnend sein, aber auch mal lispelnd und einlullend, verkündet wurde.

Viele der Kirchengänger, denen der Po vom langen Sitzen auf der Holzbank und der langen Predigt des Pfarrers wehtat und der Kopf brummte, kamen nur aus reinem Pflichtbewusstsein in die Kirche, um den Schein zu wahren, dass sie dem Glauben an Gott auch nachkommen. Das Murmeln von „wann hört denn der da oben auf der Kanzel mal wieder auf?“ war oft in der eigenen Bankreihe, aber auch in der davor und der hinter mir zu vernehmen. Manche Kirchenbesucher haben wohl ein Stoßgebet zum Herrn gesendet. „Oh Herr, wenn du mich hörst, dann erhöre mein Gebet und lass mich gleich nach Beginn der Predigt des Pfarrers einschlafen, um mich davon zu schützen, was ich eh nicht und nie verstehe, was er alles predigt.“ So sind dann einige der „Befreiungs- und Erlösungsbeter“ recht schnell eingeschlafen, was durch leises Schnarchen erkennbar war. Oh die Glücklichen. Und wenn der Olle zu laut schnarchte, dann gab es einen Ellenbogenrempler seiner Alten, damit der selig Schlummernde schlagartig wach und in die grauenhafte Realität zurückgeholt wurde. Ja, der Herr gab es dem Bittenden, was sehr selten vorkam, die Predigtbefreiung im Schlaf, und die Alte riss ihn unsanft aus dem Schlaf, gewürzt mit einem bösen Blick und auch mal einem deftigen „Ja, Kruzifix, hör mit dem Schnarchen auf“, was dem Erweckten zuerst zu einem bedröppelten, und nach Erkennen, aus welch ungeliebter Situation der bis dahin Glückliche gerissen wurde, zu einem sehr angefressenen Augenaufreißen zu seiner Angetrauten bewegte. Und wenn der Pfarrer bei der Predigt feststellte, dass immer mehr seiner Schäfchen einschlummerten, dann erhob er auch mal lautstark die Stimme oder räusperte sich laut, so dass auch der Tiefschlafendste aufwachte und schuldbewusst herum glotzte. Die Aufmerksamkeit der anderen Anwesenden war ihm dann auch sicher.

Früher waren die Kirchen immer kalt, in den kalten Monaten zumindest, und da ist nur selten jemand eingeschlafen, weil man zitterte, und nicht nur weil man fror. Die Angst der Gläubigen war früher noch größer, da die Predigten und die Verkündungen noch unheilvoller waren. Mittlerweile gibt es unter den Holzbänken, jedoch nicht in jeder Kirche, eine Heizung, die jeden, wenn diese den Arsch wärmt, recht bald in den Schlaf befördert. Und manchem Hintern wurde es auf der Kirchenbank auch mal zu heiß. Manche Gottesweiber wären froh, wenn sie einen echt „Heißen“ hätten, um vielleicht den Pfarrer damit ein wenig zu reizen und ihn dann in der Sakristei verführen zu können. Erst mal ein wenig „Hoppe, hoppe Reiter“ spielen, und dann „Hoch mit den Röckchen“. Die eigenen Alten bekommen eh nur einen roten Pavianhintern, bei all dem Zirkus, den man in der Kirche auf der „Heißen Bank“ geboten bekommt. Wie ich schon in einem anderen Buch geschrieben habe, kann man sich an Gott verbrennen, und sei es nur durch das Sitzen auf einer geheizten und geheiligten Kirchenbank.

Sind die Kirchenbänke eigentlich geweiht? Klar, mit einer Wisch- und Wegbewegung des Pfarrers wurden sie blitzschnell gesegnet. Und das muss reichen für die Kirchenbesuche. Wichtiger ist, dass sie ihre Lauscher für den Prediger öffnen, um die Gotteswoite zu vernehmen. Später dürfen sie, oder sollen sie, noch die Münzbeutel öffnen, um zu geben. Schließlich will der Pfarrer auch was für sein Gebrabbel haben.

Vermutlich wurde die Heizung nicht unter den Bänken eingebaut, damit niemand am Sitzplatz festfriert. Wohl eher, dass man schon auf Erden, in der Kirche, spürt, wie es einmal sein wird, wenn dir in der Hölle der Hintern heiß gekocht wird. Die Kälte in der Kirche, nicht nur die emotionale, war sicher dafür gedacht, den „Gläubigen" an die Bank gefrieren zu lassen, damit niemand vor der Predigt flüchten kann bzw. konnte.

Um die Dauerpredigt etwas unterhaltsamer zu gestalten, wäre ein Sketch, ein Witzelein, ganz klein, schon mal angebracht gewesen, was jedoch nie erfolgte. Es hätte den Wunsch nach Schlaf sicher reduziert. Ein Film, vielleicht von Dick und Doof, wurde auch nie zur Erheiterung und Untermalung einer seiner Predigten gezeigt. Da wären die Freude und die Heiterkeit der Gläubigen groß gewesen, wenn man endlich was Lustiges in der Kirche erlebt hätte. Wer weiß, vielleicht wäre dann sogar ich ein „Prediger" der katholischen Kirche geworden, wenn ich meine Lebensheiterkeit mit anderen Besuchern der Heiligen Messe hätte teilen dürfen, als ich noch ein Gutgläubiger, jedoch Kirchenunwissender war, was den wahren Sinn der Katholischen Kirche betraf und noch immer betrifft. Nach der Messe habe ich oft vernommen, dass man sich gegenseitig gefragt hat, was denn der Inhalt der Predigt war. Eine Botschaft, welche auch immer es war, habe man nicht herausgehört. Motto: „Hast du verstanden, was der Pfarrer in der Predigt gemeint hat?“ Das Beste und Lustigste war, wenn einige der alten Weiber lautstark verkündeten: „Ge, was hod den der Herr Pfarrer heid wida für einen Schmarrn erzählt. Glabsd, dass a des a moi bleim lassen kand, Predigten zu hoidn, die koana versteht, ha?“ Und die Zustimmung unter den Weibern war groß. Und die Männer sind nach der Messe in das nächste Wirtshaus gepilgert, um sich die trockene Kehle zu nässen und um die staubtrockene Predigt hinunterzuspülen. Eine Predigt von vielen, der sie keine Aufmerksamkeit schenkten, da sie wussten, dass es Unsinn ist, was der Pfarrer einem erzählt und die überhaupt niemanden interessiert. O.K, fast niemanden interessiert. So sind diese Gläubigen die gleichen Heuchler wie ihre Prediger des Christentums. Und wer das noch immer nicht glauben will, der lese nun, was was ich entdeckt habe. Das hat zwar jetzt nichts mit Predigt zu tun, bestenfalls nur am Rande, doch Blödsinn und Unsinn bleiben nun mal Blödsinn und Unsinn. Also, Plinius (der Ältere, der Jüngere?) hatte die Übeltaten der Kometen für unabwendbar gehalten; die christliche Kirche dachte anders darüber: der außerordentlich helle Komet von 1456 – vielleicht war es der Halleysche Komet – aufgemerkt, jetzt kommt das Verrückte, wurde von Papst Callixtus in den Bann getan und es wurde das Gebot erlassen, zu seiner Abwehr die Mittagsglocken zu läuten. Es heißt auch, dass er den Kometen exkommuniziert haben soll. Da hat der Komet sich sehr darüber geärgert. „Ja Himmelarschundzwirn, da bin ich ganz entspannt auf der Reise durch das Universum und werde plötzlich, ohne mich zu fragen, was ich hier will, von irgendeinem dahergelaufenen Katholiken exkommuniziert. Ja Kreizdeife no a moi, was san´d des den für größenwahnsinnige Deppen, mi einfach in den Bann zu schicka und zu exkommunizieren!“

Die Predigten, die sich am tiefsten in mich hinein gebrannt haben, waren die Gardinenpredigten oder die Leviten der Klosterschwestern, denen ich lauschen musste, wenn ich mal wieder gesündigt habe. Die Strafpredigten bekam ich fast jeden Tag als kleiner Bub zu hören – so lange, bis ich diese schon auswendig rezitieren konnte. So wurde ich schon für das Amt des Predigers konditioniert. Zu einem Kirchenprediger wurde ich nicht. Ich predige nun Worte gegen das katholische Kirchensystem. Ein System, das auf Gott und seine Liebe keinen Wert legt. Wenn es diesen „lieben“ Gott tatsächlich auch geben sollte! Und ob es ihn gibt, das weiß nur Gott allein.

Die Redewendung, jemandem die Leviten lesen, vorhalten, stammt aus dem Klosterleben des Benediktinerordens. Es wurden häufig Bibeltexte aus dem dritten Buch Moses (Leviticus genannt) vorgelesen, die vorwiegend Verhaltensmaßregeln für Leviten (Priester) enthalten. Im Anschluss folgten oft auch Mahn- und Strafpredigten zur Besserung der lasterhaften Geistlichkeit. In der sprachlichen Überlieferung entwickelte sich aus dem Lesen des Leviticus das Tadeln und die Ermahnung.

Ich war nicht umsonst in verschiedenen katholischen Kinderheimen, wohl zur Vorbereitung, weil man die „Insassen“, so auch mich, zu guten und gehorsamen, aber auch demutsvollen Dienern Gottes machen wollte? Was aber fehlschlug, denn mit Prügel treibt man den Glauben aus und nicht nur den Teufel, den viele der Schläger des Christentums in sich tragen.

Rhetorisch-theologische Taschenspielertricks

Die Taktik, augenscheinliche Schwächen der eigenen Ideologie so mir nichts, dir nichts, mal ins Gegenteil zu verkehren, hat bei religiösen Verkündern Methode. So wird mitunter gerne auch mal das Leid und das Elend als die andere, die unschöne Seite von Gottes Liebe umetikettiert. Erschreckend nur, wie viele Erwachsene, darunter auch sehr viele gebildete, auf diese rhetorischen Tricks hereinfallen.

Jetzt ein Beispiel für den rhetorischen Kirchentrick: *„Gott ist angekommen in der Schäbigkeit (das sind wir Menschen) und Finsternis des Menschenlebens, um Gottes Heilkraft, Gottes Schöpferkraft zu entfalten und um zur Umkehr einzuladen“*. Was heißt hier einzuladen? Zwingen wollen sie die Menschen. Von wegen Einladen, das würde ja bedeuten, dass man wenigstens was Leckeres zu Essen und Trinken bekäme, aber denkste, das gibt es bei Gott nicht. Hier auf Erden locken sie dich mit geschmacksneutralen Oblaten und keinem Schlückchen Wein, um den Papperdeckel runterzuspülen.

In der Schäbigkeit und Finsternis des Menschenlebens, die Gott höchstpersönlich genauso erschaffen haben soll, zeigt sich auch die Schäbigkeit Gottes in seinem Tun. Mit der göttlichen Schöpferkraft scheint es also nicht weit her zu sein. Gott erscheint mir da eher ein Stümper und Miesepeter zu sein, wenn man sich das alles vor Augen führt, was es da an Schlechtigkeiten, aber auch Not und Elend auf der Erde gibt. Und das geschaffen von einem Unfehlbaren!? Und da vor Gott nichts war, gab es auch keinen Lehrmeister, der Gott zeigte, in unendlichen Zeiten, wie man mit Ton und Erde etwas schafft, das ohne Makel ist. Doch das, was er geschaffen hat, ist ganz sicher voll von Makel, was ja bedeutet, dass nicht alles mit Makel behaftet ist. Gott sei Dank, kann man da nur sagen.

Kirchliche Kampf- und Überlistungssprache

Es gibt Sätze, bei denen es mir die Sprache verschlägt – vor Erstaunen oder Entsetzen, vor lauter Glück oder weil mich der Schmerz überwältigt. Bei der Sprache der Theologen führen die Hörer nicht selten einen geistigen Kampf, um zu verstehen was sie und/oder Gott ihnen eigentlich sagen will. Es ist ein Kampf mit den Worten Gottes. Verstehe ich darunter eine Art Geisteswrestling mit Gott? Allein schon mit den Worten, den seltsam künstlich klingenden Sätzen der Theologen, tragen die meisten der Menschen ihren Kampf aus, um auch nur ansatzweise zu verstehen, was sie einem mitteilen möchte. Aber dann geben ihnen auch noch die mehrdeutigen Worte Gottes den Rest für ihren einfachen Verstand. Hier nun ein Beispiel dafür, wie man als Theologe mit seinen Gläubigen, aber auch Nichtgläubigen spricht. Sie sprechen mit ihnen, als seien sie nicht ganz dicht in der Birne oder nicht das hellste Licht auf dem Tannenbaum. Und Gott schaut gnädig auf die Doofen herab.

Und weiter geht's

Weitere Fundstücke aus dem Internet. *„Der eine Gott ist Gott als Vater, Sohn und Geist, ist also in sich selbst Beziehung, Gemeinschaft, Liebe. Gott ist Vater, Sohn und Geist, und der Geist ist das Band der Liebe zwischen Vater und Sohn. So grob zusammengefasst, erklärt das die christliche Theologie. Wir glauben, dass der eine Gott Liebe ist, in sich selbst zuerst, und dass dann diese Liebe ausstrahlt nach außen und uns und alle umfasst, damit er sich aller erbarme."*

Wenn ich das mal versuche zu verstehen, dann komme ich zu dem Ergebnis, dass Gott selbst nicht weiß, wer und was er ist. Klar, wenn man drei in einem ist. Wie passt das jetzt zusammen? Hier verschließt sich für mich das Verstehen der Theologischen Wortakrobatik, denn all diese Worte sind nutzlos und lesen sich wie eine verbale Tarnung, die wahrlich mit viel Aufwand und Raffinesse entwickelt wurde – zur Verdummung des „einfachen Menschengeistes". *„Das ist das Geheimnis, das wir erblicken, wenn Gott uns in sein Herz schauen lässt. Aber warum dieses Herz Gottes ist, wie es ist und was es ist, das bleibt ein Geheimnis, bis ans Ende der Zeiten und vielleicht sogar in alle Ewigkeit".* Ja, hier stimme ich uneingeschränkt zu, den Gott gibt es nicht, den wir, auch ich, erblicken möchten. Und damit ist er nicht einsehbar – bis zu (s)einem Herzen und (s)einem Verstand. Wo nichts ist, gibt es auch nichts zu sehen. Aus, Basta – und Amen. „Ende der Zeiten ... und in alle Ewigkeit“?

„Licht – ich merke, da redet etwas zu mir, Gott aus seinem Wort heraus, durch Fügungen, durch unerklärliche Ereignisse. Das Absolute, das hinter allem Sichtbaren steht, will in Kontakt mit mir treten. Ich antworte, und darf in enger Absprache leben mit dem Urgrund meines Daseins.“
„Wenn ich vom Brot des Lebens esse, das Jesus gibt, dann singe ich auch sein Lied, und zwar mit Überzeugung.“ Hä? „Oh du wahrer Gott, du, der du (nicht) der Herr der Christen bist, hilf mir, denn jetzt verdrehen sich meine Verknüpfungen im Gehirn, bei solch Mir-verdrehts-die-Augen- Sätzen.“

„Mich beunruhigen nicht die unverständlichen Bibelstellen, sondern diejenigen, die ich verstehe.“
Mark Twain (1835-1910)

Religion ist in Deutschland fast schon zu einer Fremdsprache geworden. Für viele Menschen hat diese Sprache einen negativen Klang. Sie lehnen sie ab, weil sie damit negative Erinnerungen an die Schule, an die Kindheit und Jugendzeit verbinden. Andere haben persönlich schlechte Erfahrungen mit der Kirche gemacht. Und warum versucht die Kirche dennoch die, die nichts mit ihnen zu tun haben wollen, zu bekehren und in ihren Christenkreis einzubeziehen? Die Antwort ist ganz einfach. Jeder dieser Angesprochenen hat Geld, wenn auch nicht alle von ihnen viel davon haben.

Doch viel von wenigem ergibt auch viel Zaster für den Hosenbeutel des Gottesmannes. Und wer ums Verrecken nicht will, der wird dann tatsächlich für immer ausgeschlossen, auch wenn er doch mal zwangsgetauft wurde, was ja bedeutet, dass man der Kirche bis nach dem Tode hinaus noch gehört. Mit Worten und Taten wird das dann eindringlich klargemacht, dass man in die Kirche nicht mehr eintreten darf. Und was man unter eindringlich versteht, das haben schon viele Unschuldige und klardenkende Menschen schmerzlich bis tödlich erfahren müssen.

Theologenrhetorik – zum Davonlaufen

Die Zahl der Kirchgänger sinkt, und die Zahl der Austritte steigt. Das liege nicht allein an einer zu konservativen Kirche, sondern (auch) an ihrer Sprache. Das sind deutliche Zeichen dafür, dass die Kirche ein sterbendes System ist. Es geht nicht nur um deren Inhalte, sondern auch darum, ob sich Menschen in der Sprachwelt der Kirche wohl fühlen. Und das ist oft nicht der Fall.

Es gibt zwei Arten, wie pastorale Mitarbeiter sprechen. Bei der ersten werden belanglose Kettensätze aneinandergereiht: „Jesus lädt dich ein. Wahrlich, er lädt dich zum gemeinsamen Mahl (Manna) ein. Was anderes gibt es nicht. Oder doch? Trockenes Fladenbrot, alten stinkenden Fisch und Wasser – aus der Leitung? Ein Mahl, wie er es mit seinen Jüngern feierlich geteilt und eingenommen hat." Also Trockenbrot, Dörrfisch und bestenfalls wässrigen Wein? So werden viele Sätze mit viel Text produziert, die aber wenig aussagen sollen. Und was die Hörenden daraus machen, ist deren Angelegenheit. Schließlich können sie frei entscheiden, was sie von dem Gehörten verstehen wollen.

Die zweite Art fußt auf emotional überfrachteter Methodik. Es werden akrobatische Sprachsätze aneinandergeklöppelt, und die Gläubigen werden aufgefordert, ihre Gefühlswelt auf Zettelchen zu schreiben. Was soll diese ganze Esoterik? Nur um eine göttliche Botschaft zu verkünden, die eh niemand wirklich versteht? Die Gläubigen tun aber so, als wenn sie die Botschaften verstehen. Warum verkündet man frohe Botschaften mit sanft einlullendem Psychogeschwafel? Und wenn man einem Menschen helfen will, der sich in einer Lebenskrise befindet, dann schickt ihn bitte nicht zur Kirche, denn die kann ganz sicher nicht helfen. Sie bringt einen noch tiefer in die Lebenskrise, wenn man sich ihr anvertraut – auch wenn sie noch so zuckersüße Worte gebraucht, dass einem der Eiter aus den Ohren läuft. Es bringt nichts, wirklich nichts, sich der Kirche anzuvertrauen und auf Hilfe zu hoffen, die es, abgesehen davon, nie, ich wiederhole, nie in der Kirche umsonst gibt, doch deren Hilfe aber umsonst war, wenn man sie in Anspruch genommen hat. Ich weiß, dass Theologen immer auf der Suche nach scheinbar tollen Wort-Bildern sind. Ich halte das aber nicht für klug und schon gar nicht für passend. Wir leben in einer Zeit, in der das Sprechen in Bildern nicht mehr zum gewohnten Sprachgebrauch der Allgemeinheit gehört. Die Menschen leben heute in einer Zeit, in der man eine kurze und prägnante Sprache spricht. Sie sprechen aus, was sie auch meinen, was bei den Vertretern der Kirche nicht bzw. meist nicht gut ankommt. Und glaubt ein gestandener Priester, dass, wenn er balljonglierend oder fußballspielend, oder was auch immer er denkt, dass es Kinder und Jugendliche beeindruckt, durch die Kirche läuft, cool wirkt? Ja, das glaubt er tatsächlich. Doch welcher Jugendliche unterhält sich beim Fußballspielen über Gott und dann noch in der Kirche? Warum reden sie mit den jungen Gläubigen nicht so, wie sie es mit Freunden tun würden. Ganz einfach, weil sie diese Sprache der Menschen nicht mehr beherrschen. Und warum merken Theologen nicht, dass ihre Art zu sprechen manchmal peinlich ist? Weil es ihnen keiner direkt sagt, da die Ehrfurcht vor dem Priester noch zu groß ist. Es gibt zu wenige Gelegenheiten für ein offenes und ehrliches Feedback der jungen Gemeindemitglieder, da sich die Kirchendiener vor ihrem Volk verstecken. Und so stehen sie, die jungen Priester, dann oft allein da und fragen sich, warum man ihre Worte nicht annimmt, aber auch oft nicht versteht. Es ist die gelernte Theologensprache, die sie von den Menschen entfernt hält.

Die Kirche ist den jungen Menschen nur noch sehr schwer vermittelbar, mit all ihren verknöcherten Ansichten, den seltsamen Handlungen, und den verstaubten Worten Gottes. Die hölzernen Versuche, cool und jung zu sein, schlagen fehl, um bei den Nichtchristen wie der Blitz der Erkenntnis einzuschlagen und sie zu überzeugen, dass es die wahre Liebe nur mit Gott gibt. Was die jungen Christen betrifft, da müssen die Prediger des katholischen Glaubens massenweise Gebete in den Himmel schicken, dass ihnen Gott hilft, damit diese nicht auch noch davonlaufen – was sich als unwirksam herausstellt, denn viele von ihnen schlagen bereits die Kirchentüre hinter sich zu. Sie suchen ein anderes, ein gelobtes Land, das mit der Katholischen Kirche nichts zu tun hat und nicht von ihr verunreinigt wird.

Hier nun ein wissenschaftliches Sprachbeispiel der Theologie, das man erst mal verstehen muss – wenn man es will. Da wird zum Beispiel eine „Hermeneutik der Multiperspektivität des Diskurses“ gefordert oder festgestellt: „In der Einheit der doppelten Relation ist Jesus Christus das Person-Sakrament als Ereignis der vollkommenen Gottesgemeinschaft.“ Hä??? I versteh des ned. Wer sonst noch?

Wer die Sprache des Volkes beherrscht, findet ein offenes Ohr; wer nicht, erlebt das Gegenteil und die Zuhörer wenden sich ab! Ist diese Aussage richtig? Müssen wir nicht immer wieder Worte ertragen, die fahrlässig, ohne jegliches Sprachempfinden in Hörsälen, Parlamenten und Kirchen gesprochen werden? Die Pfaffen halten sich für elitär – im besten Sinn des Wortes, es aber noch, oder doch nicht sind. Mit Häme will ich mich auf die stürzen, die sich mal oder schon wieder im Wort vergriffen haben. Denken und sprechen und auch das Schreiben fordere oft Mühe und Konzentration, die sich aber für den Leser lohne, weil er keinen Duden hervorholen muss, um nach Übersetzungen zu blättern, weil man seltsames Denglisch benutzt, um cool, locker, hip wirken möchte. Auch werden zu viel und zu oft Fremdwörter benutzt. Ein klein wenig davon ist ok, aber bitte nicht übertreiben.

Ein weiterer „Hä, den versteh ich nicht"-Satz.

„Wir wollen uns jetzt in die Tradition unserer Väter und Mütter im Glauben stellen und zusammen das Glaubensbekenntnis sprechen." Einfacher wäre es, zu sagen: „Lasst uns unsren Glauben bekennen." Wie das geht, muss man im Gottesdienst gar nicht so genau erklären, denn das Ritual lebt aus dem Geübten und aus dem Erleben. Oder wie Erik Flügge die Theologen auffordert: *„Sprecht mehr so, wie ihr beim Bier sprecht."* Mit Luther gesagt, der gern beim Bier sprach: *„Tritt frisch auf! Tu's Maul auf!"*

Äußern sich Theologen über religiöse Inhalte, egal, ob mündlich oder in Schriftform, dann ist ihre Sprache sehr häufig ein Mischmasch aus *vorgegebener Enthüllung* und Verschleierung. Wenn Theologen in bedeutungsschweren Worten von göttlicher Offenbarung sprechen und damit Geheimnisse eines übernatürlichen Mysteriums preisgeben, dann immer in Worten, die kaum ein Mensch versteht. Die weitere Mixtur ihrer Sprache besteht aus sprachlichen Verrenkungen, die nichts anderes sind als verbale Nebelschwaden, die kaschieren sollen, dass Unerklärliches und Widersprüchliches, aber auch nur dogmatisches Behaupten unerklärbar ist. Mein Fakt daraus: Bei der Rhetorik der Theologen, in Wort und Schrift, vergeht einem die Freude an der deutschen Sprache.

Seltsame Gebetsinhalte

„Zu dir rufen wir, verbannte Kinder, Evas; zu Dir seufzen wir, trauern und weinen, in diesem Tal der Tränen. Wohlan denn, unsere Fürsprecherin, wende deine barmherzigen Augen uns zu.“ Wie, was, barmherzige Augen? Wie können Augen barmherzig sein?

„Lamm Gottes, du nimmst hinweg die Sünde der Welt, erbarme dich unser. Lamm Gottes, du nimmst hinweg die Sünde der Welt, gib uns deinen Frieden.“ So, ein Lamm soll die Sünde der Welt hinweg nehmen? Und danach auch noch den Frieden geben? Das heißt, des Menschen Gott ist dann ein Lamm? Ein Deichschaf vielleicht? Wenn wir das Ebenbild Gottes sind und er ein Schafsbock ist, dann sind die Menschen auch Schafe. Schwarze und weiße Schafe. Und ganz oft auch zu sehen, geschorene Schafe – von dem Gottesdiener in bunten Gewändern und blutigen Schafspelz gehüllt.

„Erhabene Mutter des Erlösers, du allzeit offene Pforte des Himmels und Stern des Meeres, komm, hilf deinem Volke, das sich müht, vom Falle aufzustehen. Du hast geboren, der Natur zum Staunen, deinen heiligen Schöpfer, die du, Jungfrau davor und danach, aus Gabriels Mund vernahmst das selige Ave, o erbarme dich der Sünder.“ Was soll man jetzt zu diesem Gebet noch sagen? Maria eine Pforte? Ein Stern für das Meer? Vom Falle aufzustehen? Was soll man jetzt darunter verstehen? Gut, dass ich das nicht wissen muss, was Kirchgänger bei diesem Gesäusel zu verstehen haben.

„Tür, die uns das Licht erschlossen: Freu dich, Jungfrau, voll der Ehre, über allen Seligen hehre, sei gegrüßt, des Himmels Krone, bitt für uns bei deinem Sohne.“ Jetzt reicht es aber. Kein Kommentar mehr.

Mehrdeutigkeit in der Theologensprache

Die Priester lieben die Sprache der Mehrdeutigkeit. Sie wenden sie oft und gerne an, um sich Hintertürchen offenzuhalten, aber auch, was wohl zuerst zu benennen wäre, um die Hörenden in ihren Kirchen und Gemeinden unwissend und gefügig zu halten, aber auch, um ihnen keine klare Auslegung ihrer Worte (Verkündigungen und Botschaften) zu ermöglichen.

Folgend nun ein paar Beispiele, wie sich diese lesen.

Wer anderen allzu tief in den Hintern kriecht, muss sich nicht wundern, wenn er ihnen bald zum Halse heraushängt. Übersetzt heißt das: Wer dienert, wird schnell nervig.

Gläubige ärgern sich über Gebühr. Heißt das, sie ärgern sich über eine neue Gebühr oder mehr, als sich gebührt? Kirche lässt Hilfesuchende hängen. Hier könnte man meinen, Die Kirche lässt sie (Menschen) im Stich, oder lässt sie (Menschen) aufhängen?

Eine Hand voll Teeblätter mit kochendem Wasser übergießen. Wer möchte da schon seine Hand hinhalten, wenn er diese Frage gestellt bekommt, um das kochende Wasser auf die Handinnenfläche mit den Teeblättern darauf gegossen zu bekommen? Aber eine Handvoll der Teeblätter, als ungefähre Mengenangabe für das Glas, in das das heiße Wasser gegeben wird, bedeutet keine Gefahr für die Gesundheit.

„Der gute und brave Mensch denkt an sich selbst zuletzt." Denkt er erst zuletzt an sich selbst oder sogar zuletzt ... nur noch an sich selbst?

Hier nun mal ein Schmunzler: Der Priester soll die Gläubigen fair führen. Und nicht, „der Priester soll die Gläubigen verführen".

Er hat in der Kirchengemeinde liebe Genossen. Oder, hat er in der Kirchengemeinde Liebe genossen? Ja, was denn jetzt? Wie soll man diesen Satz verstehen, wenn man ihn zu hören bekommt?

Und da soll jemand wissen, was der Gottesmann will. Ist alles, was Gott sagt, eine Auslegungssache?

Kirchlich rabulistische Feinheit

felix culpa (lateinisch für „glückliche Schuld"). Der Ausdruck ist eine zugespitzte Formulierung, im wahrsten Sinne des Wortes – und der Tat – welch teuflischer auch immer. So sprechen sich die Täter mal ganz geschwind von ihren oft extremen und menschenvernichtenden Vergehen frei.

Das macht sie froh und glücklich in ihrer gottverdammten Schuld. Jesus hat durch seinen Tod am Kreuz den Sündern vergeben. Was machen seine predigenden Apostel, die selbst oft Sünder sind? Nichts! Da kann man ja herrlich sein Osterlamm schlachten und zum Fressen und Saufen übergehen.

Dem Verständnis der „glücklichen Schuld“ dient das Konzept der renovatio in melius („Erneuerung zu etwas Besserem“), ... dem sie sich ganz sicher nicht verschworen haben. Wenn man es ganz geschickt anstellt, ersetzt man „bonum (Gutes) durch malum (Schlechtes, Böses)“ Vergleichbar ist die Aussage des Sprichworts, dass man durch Fehler lernt. Das heißt nicht, dass man Fehler machen sollte, um daraus zu lernen, noch, dass Fehler gut seien, sondern dass ein Fehler zu einem „guten Fehler“ wird, wenn dadurch die nötige Lernerfahrung gemacht wird. Kurz gesagt, durch den Fehler habe ich gelernt, wie man etwas anders machen muss, damit es gut wird bzw. ist, und nicht nur für mich. Und so wird man durch die schuldhafte Handlung den begangenen Fehler, der aufgedeckt wurde, dann glücklich, weil es mir hilft, weitere Schuld in Zukunft durch anderes Handeln zu vermeiden. Motto: „Oh Herr, vergib mir meine fehlerhaften Handlungen, und ich bin ein glücklicher Sünder – wenn du mir immer wieder vergibst.“

Theologie – in kurzen Auszügen

Von Artur Lechelt

Die »Offenbarungswissenschaft« Theologie erscheint mir zunehmend als ein in sich geschlossenes System, *als* selbst gewähltes Denk-Getto. *Innerhalb dieses Gettos wird, ausgehend von unantastbaren Dogmen, konsequent gedacht, wortreich beschrieben und mit beneidenswert schöpferischer Fantasie interpretiert. Gleichzeitig praktizieren die Theologen, bezogen auf die* Denk-Optionen *jenseits der Dogmen, konsequenten* Denk-Verzicht.

Die in dem von der realen Welt weitgehend abgeschotteten System entwickelten Behauptungen bzw. Meinungen oder besser: Fantasieprodukte werden dann häufig arrogant und rücksichtslos, insbesondere natürlich gegenüber Fachkollegen, bis aufs Äußerste verteidigt.

Theologische (Lehr-)Bücher zur Dogmatik, zur Systematischen Theologie etc. gleichen Labyrinthen und vermitteln nicht den Eindruck, wichtige Erkenntnisse im Dienste des christlichen Glaubens verständlich darstellen zu wollen.

Hier zählt noch immer ihr Gesetz des Stärkeren, dass man alle für dumm halten muss, und wenn es sein muss, auch mal renitente Typen in den eigenen Reihen, da sie meinen, sie würden alles besser wissen und reformieren wollen.

Dabei schert man sich einen Dreck, was der ein oder andere schon Hervorragendes, aus kirchlicher Sicht gesehen, erbracht hatte. Immer nur gleiche Meinung und anhaltendes Schulterklopfen gibt es unter der erhabenen Elite der klerikalen Herrlichen ganz sicher nicht. Wie zivilisiert sie damit umgehen, wäre schon ein köstlich, brutal heiteres Theaterstück wert.

Vordergründig verwendete liebliche Worte und das teure Kreuz auf der Brust drohend und mahnend nach vorne gerichtet und im Rücken bereits der Stahlknüppel für alle Fälle, sollten die Worte und das Kreuz des Gekreuzigten nicht ausreichen – für eine göttliche Überzeugungskraft. Ein bereits gut benutzter Teakholzknüppel, mit Resten von Blut daran, ist auch ein überzeugendes Argument in den Händen eines verärgerten Christen und Gottespredigers. Allein schon der Gedanke dazu, dass Worte nicht ausreichen, lässt in mir ein Kopfkino entstehen, wie der Stahlknüppel sich verbiegt und der Holzknüppel bricht, wenn er auf einen klerikalen Sturschädel trifft, der dann doch irgendwann endlich klein beigibt – bei dieser lieblichen Überzeugungsarbeit seiner Mitbrüder im Geiste. Jaja, immer druff of de ollen Köppe.

Jetzt ein ganz kleiner Einblick, was die Moraltheologie bedeutet.

Die Moraltheologie wird Moral, theologische und übernatürliche Ethik genannt. Sie ist die systematische Behandlung der christlichen Sittenlehre. Der Moraltheologie geht es darum aufzuzeigen, wie der Gläubige auf dieser Erde Frucht tragen soll, das ewige Leben im Himmel zu erreichen. Hauptinhalt ist daher das Gebot der Gottes- und

Nächstenliebe, welches sich in den übrigen Geboten Gottes entfaltet und konkretisiert. Jeder Mensch ist von Gott persönlich angerufen und zu einer Antwort der Liebe eingeladen, die er durch ein Leben gibt, welches durch die Übung der göttlichen und natürlichen Tugenden mit der Ordnung des göttlichen Gesetzes übereinstimmt. Die Moraltheologie zeigt die Mittel auf, wie der Mensch mit Hilfe der Gnade Gottes dieses Ziel erreichen kann.

Wie immer, so ist es bekannt, alles nur zu Gunsten der Gottkönige und seiner Fürsten des Christentums, aber ganz sicher nicht zum Wohlsein des Menschen. Unter der Nächstenliebe verstehen sie nur die Liebe zu sich, der Priestergilde, selbst. Liebe für andere, nein, gibt es nicht. Geheuchelte schon – in Perfektion.

Wo bleibt da die allgemeine Moral in dieser christlichen Theologenwelt, der Welt der Priester? Diese bleibt, spätestens ab der Priesterausbildung, auf dem Weg zu ihrer Macht dann auf der Strecke, da diese nicht zu ihrer eingeschränkten, doch aber angeblichen heiligen Moral passt. Ihre Moral ist nicht von dieser Welt, wenn auch auf dieser Welt zuhause.

Durch diese Theolügenmoral kennt diese Religion nur einen Zweck, den Selbstzweck: Dies sind Machterhalt, Unterwerfung von Mensch ... und Tier, und den Anspruch über die „Wahrheit“. Die allumfassende Wahrheit!

Oh Gott, warum nimmst du nicht einen riesigen Radiergummi und radierst das Christentum, das dich zu einem

Monster macht und deiner Schöpfung Schaden zufügt, nicht vom Planeten Erde? Mache es, und du wirst vielen Menschen einen wahrlich göttlichen Gefallen tun. Mir auf alle Fälle!

Ist „fundierte Kritik an Theologie" möglich?

Dass Theologie keine Wissenschaft ist, zeigt sich auch darin, dass sie z. B. im Schulunterricht nicht so vermittelt wird, tatsächlich auch gar nicht so vermittelt werden kann, wie dies etwa mit den Naturwissenschaften geschieht. Die meisten erwachsenen Menschen besitzen naturwissenschaftliche Grundkenntnisse, die sie in die Lage versetzen, im Alltagsgeschehen auftretende mathematische Fragen oder physikalische Phänomene zu beantworten bzw. mindestens zu verstehen. Sie haben jedoch keine Chance, sich in ebenso vernünftiger Weise mit theologischen Fragen auseinanderzusetzen, weil ihnen auf diesem Gebiet keine, auch nur im Entferntesten vergleichbaren, Regeln und Kenntnisse zur Verfügung stehen. Unzählige Verfechter des Christentums, von seiner Frühzeit bis in die Gegenwart, Begriffe, theologische Redewendungen und Argumente zur Stützung selbst der unsinnigsten Thesen entwickelt und stets weiter verfeinert, die insbesondere auf Menschen, bei denen „das kritische Bewusstsein unentwickelt oder die natürliche Leichtgläubigkeit ungebrochen ist" (Paul Tillich), sehr überzeugend wirken. Solange Theologen, wie insbesondere in Deutschland, in großer Zahl auf den von der Gesellschaft finanzierten sichersten Arbeitsplätzen der Welt sitzen und ungehindert ihre Argumentations-, Interpretations- und Manipulations-künste weiterentwickeln können, wird sich daran auch nichts ändern: Die vergleichsweise kleine Schar der Kritiker hat gegenüber der gut organisierten Phalanx der Kirchen und ihrer Theologen vorläufig nur geringe Chancen, sich Gehör zu verschaffen.

Das großartige Gebäude der Theologie erweist sich, bei näherer Betrachtung, als selbst gebastelter „Käfig", als ein grandioses Denk-Getto. Seine Insassen bemerken dies nicht. Sie wähnen sich vielmehr in einem höchst komfortablen, „staatskirchenrechtlich geschützten Theotop", in dem sie wohldotiert und ungestört ihren theologischen Hobbys frönen können.

Oh wie schön wäre es, wenn man einen riesigen Käfig hätte, in dem all die Verkünder einer perfekten Welt und Märchenerzähler des Glückes eingesperrt werden würden, da diese, ihre Welt die Welt des Grauens ist, und das unter der Knechtschaft der Diener Gottes. Oder sollte es heißen, sie für immer wegzusperren? Ja, so klingt es besser und auch passender. Und wer füttert sie? Mir doch egal, und wenn sie sich gegenseitig auffressen. Ihr heiliges Brot, die abermillionen Hostien und den verwandelten Wein, den können sie sich reinschieben oder reinschütten, bis ihnen der Appetit vergeht und das Zeug später dann wieder aus dem Hals herauskommt.

Wie gefangen Theologen in diesem „Käfig" sind, mag ein aus dem Bereich der römischen Konfession entlehntes, ebenso simples wie krasses, Beispiel zeigen, das sich wohl in den 80er Jahren des letzten Jahrhunderts (!) ereignete *und von Peter De Rosa (*1932) in seinem Buch* Der Jesus-Mythos *so beschrieben wurde: Der Vatikan produziert weiterhin brillante Satiren über seine eigene Position. Einige Jahre lang buken Nonnen die Hostien wegen einer Bauchkrankheit, von der ein Zweitausendstel der Bevölkerung betroffen sind, ohne Gluten. Die Betroffenen sind allergisch gegen dieses Protein, das in Substanzen wie Weizen vorkommt. Das Gluten greift den Dünndarm an und macht sie sehr krank.*

Zweifellos mit der Autorität Christi erklärte Ratzinger feierlich, Brot ohne Gluten *sei nicht mehr Brot. Vielleicht* transsubstantiierte *es in etwas anderes. Folglich befahl er den Nonnen, das Backen Gluten freier Oblaten einzustellen. Die Allergiker mussten entweder riskieren, sehr krank zu werden, oder auf die Kommunion verzichten.*

Von den bigotten Kohlköpfen glaube ich, dass sie lieber „in Christi", was auch immer das bedeuten mag, krank wurden, weil sie knusprige Oblaten auf ihre labbrige Zunge schoben und herunterwürgten. Gedanklich: „Vergiss die Gesundheit, verrecken müssen wir so oder so mal.

Im Zusammenhang mit der Thronbesteigung Joseph Aloisius Ratzingers *(*1927), als Benedikt XVI., wurde in der Presse dessen herausragende Intelligenz gerühmt. Mir scheint, dass ihn seine „Intelligenz" in der vorher ausgeübten Funktion als Chef der Glaubenskongregation zum Thema Gluten freier Hostien zur Höchstform auflaufen ließ.*

Als der Josef noch kein Erzbischof und Kardinal war, da kam er oft in das Kinderheim, in dem ich einige Jahre verbrachte, um sich dort von der Küchenschwester mit leckeren bayrischen Köstlichkeiten verwöhnen zu lassen. Da hat er ganz sicher bei einem Wurstbrot, für die Rückreise zu seinem Arbeitsplatz, nicht darauf geachtet, ob es glutenfrei war. Doch als guter Papi in Rom, da musste er schon aufpassen, dass er seine Schäfchen nicht mit Glutenoblaten vergiftet bzw. eine Wandlung der Oblate in etwas anderes verwandelt, außer in Gottes Sohn – mit Haut und Haaren. Er konnte es nicht riskieren, dass aus einer glutenfreien Oblate bei der Verwandlung was anderes rauskam als Jesus Christus. Ein Warzenschwein wäre bei einer Wandlung nicht das, was er sich bei der Verwandlung einer Hostie erhofft.

Theologen – „Brotgelehrte"?

In Deutschland gibt es unter den Intellektuellen, insbesondere in der Gruppe der Hochschulprofessoren, nur sehr wenige Christentums- oder Kirchenkritiker.
Es liegt der Schluss nahe, dass es insbesondere unter den akademischen Theologen kaum kritische Intellektuelle gibt, weil viele von ihnen wohl zu reinen »Brotgelehrten« (Friedrich Schiller) mutiert sind, die freiwillig Denkverzicht üben und denen es wesentlich um soziale Akzeptanz und Karriere geht. Es ist zu befürchten, dass sich daran nichts ändern wird, solange die Gesellschaft, großzügig und ohne kritische Fragen zu stellen, Steuermittel zur Finanzierung der theologischen Fakultäten bereitstellt.

Es sei nicht verschwiegen, dass es Theologinnen und Theologen gab und gibt, wenngleich in bedauerlich geringer Zahl, die öffentlich ihre kritische Stimme erhoben. Ich beziehe mich auf jene aus der jüngeren und jüngsten Vergangenheit, die mir in ihren Büchern begegneten. Einige von ihnen haben sich vom Christentum und von ihren Kirchen verabschiedet. Andere fanden den Freiraum für die Veröffentlichung kritischer Gedanken erst im Ruhestand.

Den Männern und Frauen, die dem Kirchensystem kritisch gegenüberstehen und das auch offen kundtun, gehört mein größter Respekt. Viele von ihnen wurden mit der unbarmherzigen Kirchenmacht in die Knie gezwungen. Sie wurden gebeugt, doch konnten sie nicht gebrochen werden. Sie blieben standhaft, und wenn das Leid daraus auch noch so schwer war. Sie zeigten der ihnen einst so geliebten Kirche ihre geistige Unzerstörbarkeit und ihre dadurch zurück erhaltende Würde. Eine Würde, die man nie einem Menschen entziehen darf.

Um Missverständnissen vorzubeugen: Die in der Gemeindearbeit und Seelsorge tätigen Theologinnen und Theologen sind mit der hier geäußerten Kritik an den tonangebenden Theologen und ihrer Theologie ausdrücklich nicht gemeint. Sie verantworten ja die von ihren Kirchen vorgegebene Theologie nicht, und die meisten von ihnen haben wegen der alltäglichen (Über-)Beanspruchung durch ihren Dienst gar keine Zeit, sich mit der Theologie kritisch auseinanderzusetzen.

Letzteres ist natürlich außerordentlich bedauerlich, aber verständlich. In der konkreten Lebenshilfe für Gemeindeglieder ist vornehmlich der Mensch gefragt und nicht die Theologin oder der Theologe.

„Negative Theologie" – das Verschweigen von Gott

Nicht jeder, der das Wort „Gott" nicht im Mund führt oder es sogar ablehnt, spricht nicht von Gott. Es gibt eine theologische Form, die dadurch von Gott spricht, dass sie Gott verschweigt. Sie bringt Gott zur Sprache, indem sie vor Gott und angesichts Gottes verstummt.

Augustinus schreibt: „Verstündest du ihn, es wäre nicht Gott." (KKK 230) Man könnte es anders formulieren: Wenn du glaubst, etwas von Gott verstanden zu haben, war es nicht Gott. Oder um noch einmal Bonhoeffer zu zitieren: „Einen Gott, den es gibt, gibt es nicht."

Mit dem passivum divinum kann über Gott gesprochen werden, ohne das Wort „Gott" zu verwenden.

Und wieder lese ich, dass es keinen ... Allmächtigen gibt, da es ihn nicht gibt, obwohl es ihn doch gibt – in den Gedanken, die man aber nicht sieht, und es ihn damit ja doch wieder nicht gibt, aber für die Christen, von denen viele wissen, dass es ihn doch nicht gibt, gibt es ihn doch, weil er nur ein (Hirn)Gespinst ist und man über ihn spricht, als sei er doch lebendig und sichtbar. Was er echt nicht ist, weil es ihn nur real in den Fantasien der Christen gibt. Was wiederum bedeutet, dass es ihn doch gibt, obwohl es ihn nicht gibt, was sie, die Christen, (fast) alle wissen. Und was es nicht gibt, außer in den Köpfen, ist dann doch existent – wenigstens für die Gottgutgläubigen. Huch, da verdreht es mir die Augen zu einem Silberblick. Das ist der Gottesblick, weil Gott sein Sohn ist, und der Sohn die Mutter, und der Vater der Sohn und die Mutter, die Oma, aber auch die Mutter von Gott ist, und der Sohn ist der Enkel von der Mutter des Vaters und die Mutter des Sohnes zugleich. Und alle zusammen sind sie der Heilige Geist, der ja Gottvater, Gottsohn und der Heilige Geist ist. Und wo bleibt dann die Mutter Gottes? Ok, die zählen wir zum Heiligen Geist dazu. Ja, das ist Kirchenrabulistik in ihrer reinsten Ausprägung. Alles hören und sagen und dabei selbst nichts verstehen. Ich nun auch nicht mehr!

Wenn ich jetzt sagen müsste, dass ich das verstanden habe, dann müsste ich sagen, dass ich es nicht verstanden habe. Soviel zumindest habe ich verstanden, dass dieser nicht existente Gott ein Hirngespinst ist, den es nicht gibt. Aber es gibt diesen Gott, ohne ihn zu nennen, ja doch, wenn auch nur in den Köpfen der Christen und seiner vielen Ableger. Und wenn ich jetzt nicht aufpasse, dann auch bald in meinem Kopf, obwohl es ihn ja nicht gibt, um vor ihm Angst haben zu müssen. Ja Himmeherrgottsakramentnochamoi, gibt‘s des denn, dass i den Gott jetzd a nimma los wead? Wenn ja, dann gibd es den Oidn plötzlich doch – a in mia. Bedarf es für den letzten Satz einer deutschen Übersetzung?

Apropos verschweigen und verstummen, wann tritt das endlich bei denen ein, die den „Den-es-nicht-gibt-Gott“ verherrlichen, um seiner, nur seiner allein, ansichtig zu werden? Geht ja nicht, DEN, IHN, JENEN gibt‘s ja nicht. Tja nun, das wird nie geschehen, denn sie labern viel und das gern, zu dem nicht zu NENNENDEN.

Gewünscht wird eine kirchliche Sprache, die jede(r) versteht, die einfacher, klarer und praxisorientiert ist, die die ursprüngliche Wahrheit des Glaubens ausdrückt und den Glauben als frohmachende Weisung darstellt. Es soll eine Sprache sein, die im Dialog mit den Menschen den Glauben für heute entdecken hilft, eine moderne, lebendige Sprache, die Sprache unserer Zeit, lebensnah und praxisorientiert; eine Sprache, die vor allem auch von der Jugend verstanden wird. Gefordert wird weiter, die kirchliche Lehre zu vereinfachen und die Inhalte kirchlicher Lehre und kirchlicher Dokumente so aufzubereiten, dass auch die Laien sie verstehen können. Dabei sollten kirchliche Verlautbarungen auf einen Absolutheitsanspruch verzichten, als dienend erfahrbar und von Liebe und Vergebung getragen sein. Mehrfach und nachdrücklich wird eine frauengerechte Sprache in Verkündigung und Lehre gefordert, in der dem Weiblichen mehr Raum gegeben wird (z.B. Predigt von Frauen).

Eine konkrete Forderung der Theologengemeinschaft: Die Gebete und Lieder in unseren Gebetbüchern sollen nicht nur von Brüdern, sondern auch von Schwestern sprechen. Die im Gotteslob ausgedruckten Kirchenlieder sollten in eine Fassung gebracht werden, die einer zeitgemäßen

Theologie entspricht. Das gilt insbesondere für solche Texte, durch die sich Frauen ausgeschlossen fühlen müssen. In ähnlicher Weise aber auch für die Texte, die in einer allzu martialisch-kriegerischen Sprache wenig vom Gott der Liebe erkennen lassen.

Und hier haben wir die Bestätigung aus dem Munde eines Theologen, dass der Glaube Gottes eine martialisch-kriegerische ist. Ob dieser Mann noch in der Kirche seinen Dienst tut, nach solcher Aussage? Gepriesen sei der Herr, für diese wahren Worte, was mein Herz vor Freude schneller schlagen lässt. Apologetik ist (auch) denkerische Rechtfertigung und Verteidigung des christlichen Glaubens.

Philanthrop – Misanthrop

Der Priester(fürst), der Philanthrop

Nun, was verstehe ich darunter? Ich verstehe darunter ein menschenfreundliches Denken und Verhalten der kirchenherrlichen Männer im teuren Gewand. Als Motiv dieser Philanthropie wird manchmal die die gesamte Menschheit umfassende, allgemeine Menschenliebe genannt. Und genau das ist es, was sich die Kleriker gerne auf ihr Banner schreiben lassen, um ja als ein guter, lieber und fürsorglicher - und man mag es kaum glauben - spendabler Kirchenmann zu gelten. Dabei sind sie ja nur zu sich selbst philanthropisch eingestellt, was sie geschickt verbergen können.

Woher kommt der Begriff Philanthrop? Er stammt aus der Antike und bezeichnet meist eine wohlwollende, großzügige Einstellung Vornehmer, Mächtiger und Reicher gegenüber ihren sozial schwächeren Mitbürgern.

Und wer sieht sich, wenn es was zu haben gibt (auch und oft) als Bedürftiger? Die Herren der Kirche, um noch reicher zu werden. Und was sie irgendwann dann mal nicht mehr brauchen, geht bei viel Glück an die echt Bedürftigen, aus ihrer oft herablassenden Sicht eher das erbärmliche, bemitleidenswerte Pack, zurück. Das aber auch nur, wenn es sich nicht doch noch teuer, obwohl mit göttlichem Segen des Herrn aufgewertet, verkaufen lässt. So steigern die Wohltäter ihr Ansehen und erwarten dann Dankbarkeit und öffentliche Ehrungen, um sich in ihrer gebend blendenden Herrlichkeit zu zeigen. Und das können die Kirchenmänner besonders gut. Und stets, was nie fehlen darf, mit einem Blick von oben auf die erbärmlichen Versager der Gesellschaft herab.

Was sind denn die Priester, in allen Ebenen, wirklich, wohl nicht nur aus meiner Sicht gesehen? Die meisten der Hohen Priester bezeichne ich als Misanthropen. Es sind Menschen, die andere Menschen hassen, nicht mögen, sie ablehnen. Ich füge jedoch hinzu, dass Misanthropie eine Geisteshaltung und keine Handlungsweise ist, was ich, wie bereits gelesen, bei den Klerikalen im großen Maße ausschließe.

Ein Misanthrop muss weder gewalttätig, aggressiv noch arrogant sein. Eine altruistische (uneigene, selbstlose) Handlung ist bei ihnen nicht ausgeschlossen. Auch Priester sind immer wieder spendabel; sie bekommen ja alles vom Staat, den Millionen (Kirchen)Steuerzahlern und den vielen (Zwangsspendablen?) Gottesgläubigen, und so können sie auch mal ein wenig Spendengut abgeben. Und von den erhaltenen Spendengeldern kann man ja reichlich, 10%, wenn es gut läuft, an Bedürftige weitergeben. An die, die nur herumlungern und dem lieben Gott den lieben langen Tag stehlen und nichts tun – nicht einmal beten, das geht ja überhaupt nicht.

Der grausame Gott und seine Diener – hat sich daran was geändert?

JHWH (bzw. der HERR) ist ein grausamer Gott. Das lässt sich zweifelsfrei anhand zahlreicher Bibelstellen des AT belegen, und, es ist eine allgemein bekannte Tatsache, dass die Bibelchristen damit leben müssen. Ihnen bleibt nichts anderes übrig, als sich ein Glaubensweltbild zurechtzubasteln, in welches dieser grausame Gott auf Biegen und Brechen hineinpasst. Sie müssen einen Tanz wie auf glühenden Kohlen vollführen, denn einerseits haben sie einen „lieben Gott" zu propagieren (und zu verteidigen), weil er für sie einfach ein lieber Gott *ist*; andererseits sind ihnen ganz sicher die vielen weniger schönen Bibelstellen im AT bekannt. Natürlich kann man die Grausamkeiten JHWHs verdrängen und ignorieren. Man kann auch so tun, als ob es die vielen Grausamkeiten ihres Gottvaters gar nicht gäbe. Doch wenn es um den Glauben und Religion geht, sollte man ehrlicher sein und sich nach anderen Werten richten. Zum Beispiel nach der Wahrheit über die ach so geliebte Kirche und deren Glauben allgemein, den ich nie mit gutem Gewissen empfehlen kann.

Es folgen einige wenige aussagekräftige Zitate (in Sachen grausamer Gott), jeweils der Einheitsübersetzung entnommen.

Ex 32,27

Er sagte zu ihnen: So spricht der Herr, der Gott Israels: Jeder lege sein Schwert an. Zieht durch das Lager von Tor zu Tor! Jeder erschlage seinen Bruder, seinen Freund, seinen Nächsten.

Dtn 20,1

Aus den Städten dieser Völker jedoch, die der Herr, dein Gott, dir als Erbbesitz gibt, darfst du nichts, was Atem hat, am Leben lassen.

Dtn 28,63

So wie der Herr seine Freude daran hatte, euch Gutes zu tun und euch zahlreich zu machen, so wird der Herr seine Freude daran haben, euch auszutilgen und euch zu vernichten. Ihr werdet aus dem Land, in das du nun hineinziehst, um es in Besitz zu nehmen, herausgerissen

1.Sam 15,3

Darum zieh jetzt in den Kampf, und schlag Amalek! Weihe alles, was ihm gehört, dem Untergang! Schone es nicht, sondern töte Männer und Frauen, Kinder und Säuglinge, Rinder und Schafe, Kamele und Esel!

Jes 63,6

Ich zertrat die Völker in meinem Zorn, ich zerschmetterte sie in meinem Grimm, und ihr Blut ließ ich zur Erde rinnen.

Jer 48,10

Verflucht, wer den Auftrag des Herrn lässig betreibt, ja, verflucht, wer sein Schwert abhält vom Blutvergießen.

Und all diese Gottesaufrufe zum Vertilgen, zum Verrecken lassen und Abschlachten von Menschen, die ihm nicht in den Kram passen und bereits nicht passten, all diese Grausamkeiten, will die Katholische Kirche, ganz sicher auch die Evangelische Kirche, aus den Köpfen der Menschen, besonders der Gottesverneiner, weil diese wissen, was Sache ist, ausradieren. Sie kratzen und pfuschen auch in den Köpfen der eigenen Anhänger, damit diese sich nicht „schlau" machen, was sonst wieder Flüchtlinge des christlichen Gottesglaubens nach sich zieht. So versuchen sie es, wie schon hunderte von Jahren davor, geistige Bilder, die nicht konform mit dem Katholikenglauben sind, aus den Köpfen auszumerzen, oder diese mit gefälschten Bildern, herrlich bunt und furchtbar kitschig, zu übermalen. So machten sie es auch bei den Malereien aus der christlichen Vorzeit, wenn sie deren Gebäude übernahmen und ihre eigenen vermaledeiten und bescheuerten Gottesbilder anbrachten. Sie übermalten, was aus ihrer Sicht nichts mit Gott und ihrer Vorstellung zu tun hatte. Welch ein Glück, dass sie sich dabei keine Zeit nahmen, weil sie alles schnell und gnadenlos entfernen bzw. übertünchen wollten, um dann ihren Dreck bildlich zu verkünden und das Ungeliebte so vollends zu zerstören. In der heutigen Zeit kann man viele übermalte Bilder wieder hervorholen. So wird, „Gott, dem wahren Gott sei Dank" - der Schund des Christentums von dem wahren „Heiligen" entfernt. Die „Leinwand" die das Böse zeigt, wird entfernt und hervor kommt wieder das wahre Schöne, das wahre Göttliche, vom wahren Gott und seinen Anhängern. Den Anhängern des „lieben" Gottes. Eines Gottes noch vor der Zeit Adam und Evas.

Die Kirche geht am Bettelstab

Arm sein bedeutet, von Gott nicht geliebt zu sein

Bedeutet die Überschrift, dass Jesus erst von Gott geliebt wurde, als die Heiligen drei Könige dem kleinen Jesus Gold, Weihrauch und Myrrhe brachten? Dass er davor seinen eigenen Sohn nicht liebte, weil er arm war? Seine irdischen Eltern waren arm. Sie haben dem Jesusbub kein Gold in die Wiege gelegt. Weihrauch und Myrrhe hätten sich die edlen Herren sparen können. Gold ist was Irdisches. Weihrauch und Myrrhe verflüchtigt sich bei und nach Gebrauch. Damit kann man sich nichts kaufen. Die Myrrhe hätte man sich bestenfalls in die Haare schmieren können. Aus was bestehen Weihrauch und Myrrhe, und wofür kann man Weihrauch und Myrrhe benutzen? Nun, beides besteht aus Baumharz und wird zum Einbalsamieren für Tote verwendet. Wussten die heiligen Männer, dass der Neugeborene das mal brauchen kann? Für sich zur Einbalsamierung oder als entzündungshemmendes Heilmittel für die anstehende Folter vor der Kreuzigung? Waren diese Männer keine Heiligen, sondern Weitsichtige? Wenn überhaupt an der Geschichte mit Jesus und den Heiligen Drei Königen etwas wahr ist.

Arme Menschen können niemandem finanziell helfen, sagt und hört man immer wieder. Wenn diese Personen auch kein Geld haben, so geben sie oft mehr als die, die in Geld schwimmen. Die Hilfe muss nicht immer finanzieller Art sein. Oft hat sich schon bewiesen, dass ein nettes Wort, ein nettes Gespräch, mehr hilft als ein Geldschein mit einer großen Zahl darauf. Weiter war zu lesen: „Beten Sie nicht darum, dass Gott Ihnen nur so viel gibt, dass Sie damit hinkommen“. Was meint der Schreiber mit diesem Satz? Dass man so gerade mal das Monat mit seinem Lohn übersteht und nicht in die Miesen auf dem Konto kommt? Was für ein Shit ist das denn? Und jetzt kommt der Hammer! „Beten Sie stattdessen, dass Gott Sie mit Geld versorgt, damit Sie mehr als genug haben, um andere, die in Armut und Not leben, finanziell zu helfen können“. Wenn jemand von den Predigern bei seinem Gott um Geld bittet, dann sicher nicht, um anderen zu helfen, wenn Gott den Wunsch nach Geld erfüllt haben sollte. Man soll auch, so steht es geschrieben, darum beten, so viel Geld zu bekommen, dass man auch christliche Vereine und Organisationen und die Verbreitung von Gottes Wort in einer Welt, in welcher Gott und Jesus immer mehr verdrängt werden, finanziell unterstützen kann.

Wenn ich bete, dann darum, dass es die Katholische Kirche und ihre geldgierigen Anhänger nicht mehr lange gibt. Ob ich das noch erleben werde? Wohl kaum, aber man wird doch noch träumen dürfen, nicht wahr? Und wen soll ich darum bitten? Den Gott der Christen? „Jeder vernünftige Mensch möchte lieber reich als arm sein“. Und was ist mit den Unvernünftigen? Glaubt der Verfasser von dieser Gelderbettelungsgebeten, dass auch Unvernünftige (wie definiert er diese?), nicht auch ausreichend Geld haben wollen? Und jetzt kommt der absolute Kracher. „Gott ist reich. Gott gibt gerne.“ „Und habe deine Lust am HERRN: so wird er dir geben, was dein Herz begehrt.“ (Psalm 37, Vers 4; Menge Bibel, 1939)

Wenn Sie irgendeinen Wunsch haben, eine Luxuskarre, eine Villa, eine Weltreise im eigenen Learjet, eine Yacht, ein Freudenhaus mit kleinen Kindern, ein Bordell in einem verlassenen Kloster oder was weiß ich was, aber sich unsicher sind, ob die Wünsche im Einklang mit Gott und dem Glauben stehen und dem, was er für Sie vorhat, dann beten Sie einfach zu Gott, dass er die überspitzten Wünsche (nicht) für bare Münze hält. Kann ja sein, dass er der Ansicht ist, dass diese Wünsche schlecht für einen Christen sind. Zumindest der ein oder andere Wunsch, der in Erfüllung gehen soll, wäre schlecht für Kinder und auch Jugendliche. Man kann aber auch abwarten und vertrauensvoll auf Gott hoffen, dass er sich erbarmt und die Wünsche erfüllt. O Gott, hoffentlich nicht, auch wenn man dafür gebetet hat. Und er, Gott, hat ja unendlich viel Reichtum, da kann er mal locker was davon abgeben. Wie die Christen wissen, so glauben sie es, macht es Gott schon richtig. Stets und immer zum Besten der Forderer. Was, so einfach geht das? Wie wäre es mit denen, den Opfern, die nicht in das Bittgebet eingebunden werden wollen? Die werden nicht gefragt, wenn den klerikalen Sündern nach Opfern ist.

Nirgendwo in der Bibel sagt Gott, dass Geld schlecht sei. Das Geld kommt nicht vom Teufel (wie manche Christen fälschlicherweise meinen); aller Reichtum, alles Gold und Silber gehört Gott: „Denn mir, dem Herrn, gehört alles Silber und alles Gold." (Haggai 2:8) Nirgendwo in der Bibel steht geschrieben, dass Gott sagt, dass wir arm sein müssen. Es gibt in der gesamten Bibel keine Stelle, in der steht, dass Geld schlecht sei. Nein, eher ist es so, dass, wenn wir uns in Gottes Gnade befinden, – so die Zusage von Jesus – wir ein Leben in Fülle erhalten und im Überfluss leben (Johannes 10:10).

Mal ehrlich, wer solch einen Gebetsvorschlag, wie oben gelesen, verbreitet, der ist ohne jegliche menschliche Integrität, die mit dem Guten im Einklang sein muss. Mit Spitzfindigkeit werden Worte der Bibel so ausgelegt, dass es eine Rechtfertigung für massenhaftes Vermögen in Form von klingenden Münzen, fettgedruckten 50-, 100- und 200-Euro-Scheine und Wertpapieren, aber auch Edelmetallen usw. gibt, da es von Gottes Gnaden ist, und er es schriftlich kundgetan hat, dass Geld, viel Geld, sehr viel Geld (auch das aus den Taschen der Armen gefischt) seine göttliche Berechtigung hat.

In dem Gebet oben wird nur um Reichtum gebetet, aber ganz sicher nicht, um mit diesem Geld den vielen Armen in der Gesellschaft zu helfen. Sie, die nach dem Mammon beten, kennen den Spruch ganz sicher, der da heißt: „Nur wer sich selbst hilft, dem hilft auch Gott". Genau danach richten sich solch Betenden, die nur Gold und Silber für sich anhäufen wollen. Sie scheren sich einen Dreck darum, wie es anderen geht, die keinen „Reichtum" haben. Sie gönnen denen nicht einmal das Mindeste, um überleben zu können. Für sie, die armen Würstchen, gibt es die Worte Gottes als Nahrung – und das muss reichen. Wo ist nun der Robin Hood der Neuzeit, der den Reichen nimmt, um es den Armen zu geben? Einer würde da nicht reichen, da bedarf es schon eines ganzen Heeres von Helfern der Armen, der Raubritter für das Gute.

Und wie wäre es, wenn sie, die Katholiken und ihre Ableger, beten, dass die, die eh schon kein Barvermögen haben, um Monat für Monat um die Runden zu kommen, sich sagen, dass man dieses wenige gleich den geldgierigen Christen in die Geldschatulle schmeißt und zusieht, wie sie davon in Saus und Braus leben? Jeder freut sich sicher, wenn es auch anderen gut geht. Wäre das nicht das einzige Gebet zu Gott, das er den Armen, den eh schon Kirchengeplagten, einredet, ihr Nichts auch noch in den Schoß der heiligen Kirche legt, damit diese Geldsüchtigen gesättigt werden? Vielleicht noch mit der göttlichen Eingebung, nun auch noch was wunderbar Herrliches getan zu haben, worauf sie dann mit Recht und Fug stolz sein zu können?

Das reiche Haus Gottes

Und der Jünger Stephanus mahnt, dass der Allerhöchste nicht in Tempeln wohnt, die mit Händen gemacht sind, wie der Prophet spricht (Jesaja 66, 1-2): *„Der Himmel ist mein Thron und die Erde ist der Schemel meiner Füße; was wollt ihr mir denn für ein Haus bauen",* spricht der HERR. *„Hat nicht meine Hand das alles gemacht?" „Ihr Halsstarrigen, mit verstocktem Herzen und tauben Ohren, ihr widerstrebt allezeit dem Heiligen Geist, wie eure Väter, so auch ihr."* (Apostelgeschichte 7, 48-51). Unmittelbar nach diesen Worten ließen ihn die Priester umbringen. Sollte mich das jetzt verwundern? Nein, ganz sicher nicht.

Hierzu sage ich: Endlich mal einer, der etwas Richtiges gesprochen hat. Dafür aber wurde er abgemurkst. Jetzt stelle ich mal die Frage: Bedeutet Priester übersetzt Mörder? Kann ja sein, dass die Bezeichnung Priester ein Geheimwort für Mörder ist. Sind es denn nicht die Priester, die schon in grauer Vorzeit, den mittelalterlichen Zeiten, und den Jahrhunderten davor ungeliebte Menschen ermorden ließen und auch mal selbst dabei Hand anlegten? Oder zu einem „Freundschaftsessen" luden, bei dem das Gift der Befreiung dann beigemischt war. Der Gastgeber sagte, mit einem „herzlichen" Lächeln, dass das Mahl wirklich „einmalig" sei und auch wirklich „einmalig" gut munden wird.

Wer weiß, wer weiß, ob es so nicht geschah und noch immer geschieht, um Störende loszuwerden – und das für immer?

Die arme Kirche

Oh du armes Kirchlein. Dir geht das Geld aus? Und was ist mit den Milliarden, die Jahr für Jahr auf die Kirchenclubkonten fließen, wo man sich davon nimmt, was man braucht, um ein Fürstenleben führen zu können?

Was soll dieses Jammern und Heulen? Ihr beißt euch wie blutsaugende Zecken am Staatskörper fest und saugt dem Staat, den Bürgern der Bundesrepublik Deutschland, das Geld aus der Staatskasse. Dieses Geld soll allen Staatsbürgern zugute kommen, aber nein, ihr meint, ihr müsst es euch, mit fadenscheinigen Begründungen, in euere Taschen stecken, um ein feudales Leben führen zu können. Ok, die kleinen Diener des riesigen Kirchenapparates haben davon nichts, ausser dem, was im Opferstock ist. Ihr behauptet, wenn ihr am Aussaugen der Staatskasse seid, uns, den Menschen, etwas gutes zu tun, wenn wir uns in Nöten befinden. Wie lächerlich ist das denn? Mit den Milliardenbeträgen, die euch der Staat, die Steuerzahler zahlen … müssen, auch all die, die mit der katholischen Kirche nichts zu tun haben wollen, begeht ihr, wie es hinlänglich bekannt ist, Betrug am Menschen. Allein schon, wenn ihr sagt, dass es euch vom Gesetz her zusteht. Ihr saugt und schöpft ab, was ihr begehrt und sagt dann auch noch rotzfrech: „Wir sind eine arme Kirche und wir können so gerade noch überleben". Was soll das, ihr seid die nie zu sättigenden Zecken. Ihr saugt das Lebenselixier (Geld) aus den Geldschatullen, doch satt werdet ihr nie. Hört euere Raffgier denn nie auf?

Die wenigen Millionen, die ihr von den Milliarden, die ihr „erbeutet" habt und an die Bedürftigen ausgebt, die holt ihr euch anderweitig wieder zurück. Wo man was gibt, muss später wieder mehr zurückbezahlt werden, ist euer Credo.

In der Bundesrepublik gibt es mehrere Erzdiözesen, von denen einige in Milliarden schwimmen. Die anderen schauen da nur neidisch auf diese Geldmacherkirchen. Hier hält man sich nicht an das zehnte Gebot, das da lautet: „Du sollst nicht begehren deines Nächsten Gut". Doch die Gier nach Milliarden von Euro lässt alle Gebote vergessen. Da sind die Männer des Glaubens nur noch weltlich, in ihrer

Gier. Kirchliche Methoden, um an Geld zu kommen, wenn der Staat schon nicht ausreichend bezahlt, sind die Spendengelder in den Opferstöcken. Die Heilsuchenden spenden während der Messe, weil der Klingelbeutel umherwandert, damit er mit Euromünzen und Geldscheinen gefüllt wird. Aber auch die Gelder derer, die ihr Hab und Gut an die Kirche vermachen – weil man es ihnen abschwatzte. Der Verkauf von Heiligenbildchen und sonstigem Kirchenramsch bringt auch mehr als geplante Spenden ein. Und was ist das Schöne daran? Die Kirche ist dadurch so reich, dass sie (eigentlich) auf Erbschaften nicht mehr angewiesen ist. Haha, das war jetzt nur ein Witz, denn zum Erben gibt es bei den Gläubigen viel, was man (die Kirche) abstauben kann. Niemals würden die Vertreter Gottes sagen, dass sie kein Erbe mehr vermacht bekommen wollen, weil sie doch schon genug Geld haben und selbst nicht mehr wissen, wohin damit.

Und am Ende der Vermögensbekanntgabe äußerte sich ein hoher Würdenträger der Kirche mit den Worten: „Wir haben das Geld vor uns selbst in Sicherheit gebracht.“
Jetzt mal ehrlich, die wollen uns alle doch nur für dumm und dümmer halten – und nicht nur ihre wolligen Schafe der heilig und selig machenden Kirche. Die Narrengemeinschaft der Katholiken glaubt ihnen alle ihre Lügenmärchen. So auch das mit den Milliardenvermögen, welches sie für andere, für Bedürftige ausgeben. Dann sind die Diener Gottes, die am Altar, dem reich gedeckten, die Bedürftigsten unter den Bedürftigen. Lange Zeit galten Paderborn und Köln als die reichsten Bistümer. Doch nun

konkurriert München mit Chicago um den Titel der reichsten Diözese der Welt.

„Im Moment können wir überleben"

Schon seit dem neunten Jahrhundert gibt es kirchliche Stiftungen. Sie gelten als Ursprung des deutschen Stiftungswesens. Darunter sind viele unselbstständige Treuhandstiftungen – teils mit geringem Kapital. Ach, ihr Armen, geht euch die Kohle aus? Dann geht doch zu eurem Bischof und knackt dort den Safe, der sicher prall gefüllt ist mit Geldern, die sie dem Staat und seinen Bürgern aus den Rippen gepr... – äh, geleiert haben.

Jahrhundertelang hat ihr geldbringendes Geschäftsmodell gut funktioniert, und so ist es auch heute noch, damit das riesige Vermögen bestehen bleibt. Ja, das glaube ich sofort, dass ihr Geldvermehrungsmodell wie geschmiert funktioniert hat und noch immer funktioniert. Nur die Zinserträge werden für (un)bestimmte Zwecke eingesetzt. Um sich selbst den Ranzen voll zu fressen, während andere neben der Kirche verhungern, elendig wie Getier verrecken, das man nicht um sich haben will?

Die niedrigen Zinsen bedrohen dieses Erfolgsmodell der Kirche, was einem Kirchenfinanzminister die Tränen in die Augen treibt. Den heutigen Leitzins der Europäischen Zentralbank von 0,05 Prozent und weiter nix oder noch weniger – vergleichen die Geldscheffler der Kirche gerne mit 4,25 Prozent im Jahr 2008. Und hier liest man wieder die verruchte Geldgier heraus. Kaum bekommen sie etwas weniger Knete in ihre Kirchenschatullen und Talartaschen, schon fangen sie zu flennen an – denn die Kirche droht in die Armut abzurutschen. Hier schon mal (m)ein Aufruf: „Bitte (k)eine kleine Spende an die Kirche geben."

Wie jeder Sparer, so steht auch die katholische Kirche vor der Frage: Soll man auf konservative, sichere Anlagemöglichkeiten setzen, die aber kaum Millionenerträge erbringen, oder neue Geldvermehrungsmöglichkeiten erschließen? Millionen gilt in diesem Fall nur für die Kirche. Normalsparer geben sich mit viel weniger zufrieden – wenn es nicht gerade geldgierige Katholiken sind.

Hey, Kirche! Macht es doch so wie früher. Fahrt hinaus und presst den armen Bauern und Knechten das Geld heraus, und wenn sie nichts geben wollen, dann droht mit Schlägen. Im Ausbeuten seid ihr die Besten, da kann euch keiner übertrumpfen. Von euch haben viele gelernt, was man nicht machen sollte, aber dennoch tut. Oder droht doch gleich mit der Verbrennung, da sie, die Opfer, dies sowieso ereilt, weil sie in euren Augen nur Sünder sind. Nur hier auf Erden ist es wohl nicht ganz so heiß, auf dem Scheiterhaufen der Kirche. Ach ja, die lästigen Sünder sollen doch bitte nicht vergessen das Feuerzeug, oder die Zündhölzer, aber auch Reisig selbst, zur Verbrennung mitzubringen, denn schließlich hat die Kirche nichts zu verbrennen. Äh, ich meine, zu verschenken. Nicht einmal ein wärmendes helles Feuer in der Nacht, in dem die Zahlungsunwilligen dann für den Herrn der Kirche brutzeln. Oder schippert mal wieder in die Länder der Dritten und

Vierten Welt. Die haben eh nichts, außer Bodenschätze, die sie selbst nicht heben können. Da könnt ihr Gutes tun und sie für euch buddeln lassen. Im Auftrag und der Verherrlichung eures Gottes – und euch selbst. Und ihr versprecht ihnen, zu einem niedrigem Lohn, dem Nichts, dann eine Erhöhung im Himmel. Und wenn sie das nicht wollen, dann knechtet sie, wie es eure treuen Vorfahren gemacht haben. Wie das geht, steht ganz sicher haarklein und mit dem Blut der Opfer in euren Handbüchern geschrieben, für das Erwirtschaften von Vermögen, erarbeitet auf den geschundenen Rücken der Ärmsten, die in der Hoffnung lebten, endlich in Lohn und Brot zu stehen. Bei einer Kirche der Liebe und der Güte – zu eurem einzigartigem weißen Herrscher.

„Wir machen keine Experimente“, sagte ein Pfarrer. Hier würde ich ich sofortigen Glauben an diese Aussage hegen, aber nur, wenn ich doof wäre. Bei euch, die ihr nie den Schlund voll bekommt, wird nur das Bewährte, das zum Kirchenreichtum führt, angewendet: Die Überredungskunst, die Drohungen, das Einschleimen, das Angstmachen, das Prügeln, mit den Steuern Jonglieren, die Erbschleicherei, der Verkauf von Ramsch, der überteuert ist, dass dadurch schon eine Inflation entstehen könnte, u.v.m.

Die Kirche hat viele langfristige Erbpachtverträge für Weinberge und Liegenschaften abgeschlossen, auf denen die Niederen für die Kirche schuften, um alles rentabel zu halten. Und der kirchliche Hausmeier wacht darüber, dass auch viel gebuckelt wird, um dem Boden möglichst viel abzuringen, mit Schweiß und Blut, damit sie dann nach dem Verkauf und dem Erlös daraus dem Verpächter (Kirche) den Zehnten zahlen kann. Schließlich sollen diese „Deppen“, die sich auf ein Geschäft mit dem „Teufel“ eingelassen haben, wissen, dass sie genau genommen das Eigentum der Kirche sind. Das menschliche Eigentum der Kirche hat nach Vertragsabschluss mit ihr viele Jahre eifrigst zu malochen, bis es alt und gebrechlich in die Grube fällt. Zum Dank dafür bekommt er/sie dann eine Wischiwaschi Beerdigung, die man schon selbst, vor seinem Ableben, zu zahlen hat – von dem wenigen, das einem noch zum Leben vor der Erlösung bleibt.

Und schon wieder ein Hurra auf die Kirche. Wenn es euch nicht gäbe, dann müsste man euch erfinden.

Des Pfarrers Nahrung – auf Kosten der Armen

Ich nehme mal an, dass nur wenige wissen, wie der Pfarrer zu seiner Nahrung kommt. Es sind die Steuerzahler, die für den gefüllten Magen eines Pfarrers sorgen. Es muss nicht immer Geld sein, es gibt für sie auch Naturalien in großen Mengen. Ein besonderer Gabentag hierzu ist das Erntedankfest, auf das sich jeder Gottesdiener am Gabentisch tierisch freut.

So war es früher, dass man bestimmte Mengen an Lebensmitteln, wie Getreide, Obst, Gemüse, Brot usw., aber auch Fische und Geflügel an die Kirche abgeben musste. Von dem Wein und dem Bier mal ganz zu schweigen. Die Gemeinden waren meist sehr arm, doch versuchte man sich mit einer Ablösesumme von den Abgaben zu befreien, die man selbst dringend nötig hatte, um zu überleben, was die Gemeinden sich aber meist nicht leisten konnten. Die zu erbringenden Summen waren zu hoch, als dass man das Geld dafür aufbringen konnte. Hat Jesus das so gewollt, dass man in seinem Namen solch Elend über die Menschen brachte, nur um den Pfarrern den Bauch zu füllen? Nein, das hat er ganz sicher so nicht gewollt, so wie er es auch ganz sicher nicht wollte, dass man in seinem Namen eine Kirche gründet, die, je größer ihre Macht wurde, auch immer brutaler und gnadenloser mit den Menschen umging. Die Männer der Kirche behaupten, alles im Namen Jesu zu machen. Auch das, was sie in der Kirche bei dem Zaubertrick mit der Hostie und dem Wein machen. Und dann kommt ein klerikaler weißer Esel daher und glaubt, dass er der „Goldene Reiter" sei, der auf einem hohen Ross sitzt und voll der Gnade auf sein Fußvolk herabblickt und erzählt, was man Gutes bekommt, wenn man davor viel Gutes gibt. Da frage ich mich wirklich, was ein weißer vatikanischer Gottesesel auf einem Ross soll. Wäre da ein Kamel nicht besser oder ein Muli? Ich würde den beiden Karotten zuschmeißen und den göttlichen Dung aufsammeln, um damit den Reichen, von Gottes Gnaden, mit ihrem Mist zu bewerfen. Obwohl, diesen Geld bringenden Mist sammeln die vatikanischen Diener schon selbst ein, um den riesigen Acker damit zu düngen, um viele neue Heilsempfänger in Klöster und Priesterseminare, aber auch (Zwangs)getaufte heranwachsen zu lassen, und nach deren Reife, die Ernte (Gold, Geld usw.), von ihnen haufenweise einfahren zu lassen. Und später senden sie diese Früchte, geweihte Anhänger der Kirche, in die noch brachliegenden Felder, wo sie ihrerseits den vernichtenden Keim ihres Gottes einpflanzen.

Elektronischer Klingelbeutel

Ein himmlisches Patent – die Gier nach mehr kennt in der Kirche keine Grenzen. Zitat von Johann Tetze: „Sobald das Geld im Kasten klingt, die Seele in den Himmel springt!" (Eigentlich: So balde der pfenninge ins becken geworffen und klunge, so balde were die sele, dofur er geleget gen hymel.) Zitat von Johann Tetzel

Info für alle, die gerne auf dem Laufenden bleiben wollen, wenn es um kirchliche Erneuerungen geht, die sie noch reicher macht. Elektronischer Klingelbeutel hä, wie bitte? Ja, den gibt es tatsächlich. Im Internet kann man sich darüber informieren Und warum gibt es den elektronischen Klingelbeutel? Nun, den hat man seitens der Kirche eingeführt, weil das Kleingeld, früher Pfennige, jetzt Centstücke, die doch so herrlich im Klingelbeutel klangen, bei vielen Banken nicht mehr unbegrenzt kostenlos eingezahlt werden konnten. Jeder Pfennig, Cent, ist den heiligen Mannen wichtig. Sie haben nichts zu verschenken – die ach so Armen. Nun kann man seinen Kirchenobulus bequem per Knopfdruck beim Klingelbeutel „einbezahlen". Na hoffentlich vertippt sich keiner der Gläubigen, denn schnell hat man statt einem Euro dann ungewollt einen zehn- oder hundert-Euro-Betrag eingetippt. Ob man den ungewollten, zu viel bezahlten Betrag, wieder erstattet bekommt, ist bei der Kirche sehr ungewiss. Vermutlich lässt sie es auf einen Prozess ankommen, denn was sie mal in ihren gierigen Klauen hat, rückt sie nicht wieder heraus.

Um den zahlungskräftigen Kunden zur Spendenbereitschaft zu überzeugen, betont man extra, dass das hektische Suchen nach Bargeld in der Kirche entfällt. Was ja auch den Liturgieablauf stört. Einen Zwang zur digitalen (Groß-)spende soll es auch weiterhin nicht geben. Mei, is des aber nett. Wenn man aber in der Kirche keinen herkömmlichen Klingelbeutel einsetzt, stattdessen nur noch der elektronische die Runde macht, was bleibt dann dem Besucher anderes übrig, wenn er spenden möchte, spenden muss, als den digitalen Beutel zu verwenden? Klingelt es auch akustisch so wie bei dem herkömmlichen Abgreifkirchenbeutel?

Ich will jetzt mal etwas böse sein. Vermutlich ist die digitale Anzeige auf dem Display des Beutels sehr klein und kaum lesbar, was den Älteren unter den Gläubigen so manchen Betrag eintippen lässt, den er/sie, eigentlich zum Leben braucht. Doch was schert es die Kirche, wenn man einen falschen Betrag eingetippt hat? Für sie ist jeder eingetippte Betrag ein Betrag, den der Spender gewollt eingetippt hat. Für die Kirche ist es somit immer ein richtiger Betrag – besonders, wenn dieser groß ist. Und irgendwie müssen die Kosten für das Patent, das teure, ja wieder reingeholt werden. Da schert es sie einen Dreck, ob die Rentner, mit wenig Geld, einen ungewollten Betrag eingetippt haben. Wenn sie nichts mehr haben, um leben zu können, dann können sie ja zu den verschieden Sozialstationen gehen, um sich mit Lebensmitteln zu versorgen, ist da vermutlich ihr Rat. Und wer ist das Vorbild der kirchlichen Geldgier? Pontifex Maximus, Bonifaz VIII? Seine Geldgier kannte keine Grenzen, was bis heute wie ein Wurzelwerk weiter wuchert – bei den Päpsten und den Kirchenfürsten. Sogar bis in das unterste Kirchenglied.

Wenn die Münze im Kasten klingelt ...

Wann entstand der Spruch: „Wenn die Münze in dem Kasten klingelt, die Seele in den Himmel springt?“ Es war im Jahre des Herrn 1517.
1517 kam der Mönch Johann Tetzel nach Jüterbog, bei Wittenberg, um Ablassbriefe zu verkaufen. Die Ablassbriefe konnten nicht nur für Tote, sondern auch für Lebende gekauft werden. Ein Sprichwort lautete: „Sobald das Geld im Kasten klingt, die Seele aus dem Fegefeuer springt“. Bis zum Ende des 15. Jahrhunderts war der Ablasshandel streng geregelt, nur bestimmte Sündenstrafen konnten durch Geld und keinesfalls ohne tätige Reue erlassen werden.

Mit der Parole „Sobald der Gülden im Becken klingt, im huy die Seel im Himmel springt“ oder „Wenn ihr mir euer Geld gebt, dann werden eure toten Verwandten auch nicht mehr in der Hölle schmoren, sondern in den Himmel kommen“ soll Johann Tetzel in der Art eines Marktschreiers den Ablasshandel eröffnet haben.

Und die Gläubigen zahlten viel, auch wenn sie und ihre Familie dafür hungern mussten, um ja nach ihrem Tode in den Himmel zu kommen. Sie zahlten auch für ihre bereits verstorbenen Verwandten, damit auch sie in den Himmel kommen, um sich mit ihnen dann dort wiederzutreffen ... müssen, dürfen, wollen. Zumindest aber, damit ihnen die angebliche Höllenqual erspart bleibt. Sie fürchteten sich vor dem ewigen Feuer der Hölle, in dem sie dann für immer brennen würden. Sie mussten den Worten des Himmels und der Hölle Glauben schenken, denn sonst waren sie sehr schnell das verfluchte Opfer der heiligen Kirche. Jedes Opfer der heiligen Kirche, so war es ihnen klar, kommt in das niemals erlöschende Höllenfeuer, und dort wollte niemand nach dem Tode, durch die Folter, enden. Noch heute gibt es Priester die an solchen Höllen- und Himmelshumbug glauben. Viele der leicht beeinflussbaren Gläubigen, was ich nicht verstehen kann, wollen und brauchen die gelebte Dummheit ihrer kirchlichen Leithammel wie eine tägliche Droge, so mein Eindruck. Durch soviel Dummheit haben sie sich dann auch wahrlich mit ihren vielen Spenden einen höllischen Himmelsplatz verdient.

Mehr Geld generieren

Um neue Einnahmequellen zu erschließen, gibt es die Option des stärkeren Einwerbens von Spenden oder Zustiftungen. Häh? Einwerben? Was darf ich darunter verstehen? Im Bistum Trier führte man das Stiftungswesen und die Fundraisingentwicklung als strategisches Entwicklungsfeld

zusammen. „Hier sehen wir Synergien und Entwicklungspotenziale“, sagt ein Kirchenverantwortlicher.
Der Synergismus ist in der christlichen Dogmatik die „Mitwirkung“ des menschlichen Willens. Und nach dem Willen der Menschen wird nicht gefragt! Es bezeichnet auch das Zusammenwirken von Menschen, um sich gegenseitig zu fördern“ bzw. einen daraus resultierenden gemeinsamen Nutzen. Und den größten Nutzen haben wie immer die Kirchenfürsten. Man ist der Ansicht, dass sich dieser Aufwand für kleine Stiftungen nur lohnt, wenn auf einmal große Spenden wie etwa durch Erbschaften herbeigeschafft werden können. Kleine Beträge bekomme man zwar einfacher, heißt es, doch langfristig sei man aber auf große Beträge angewiesen. Der Wunsch sei es, für die Zukunft müsste es gelingen, dass gerade vermögende Menschen mehr für kirchliche Stiftungen spenden.

Dann müssten als Erstes die Mitglieder der Kirche, die ab den Rängen eines Weihbischofs aufwärts ihren Sold vom Staat bekommen, Spenden, und wenn es noch so sehr schmerzt, für den Erhalt ihrer heiligen Kirche und deren Liegenschaften abdrücken. Doch so etwas kommt denen überhaupt nicht in die Tüte. Lieber schicken sie Kinder zum Betteln auf die Straße, um so an das Geld zu kommen. Und was bekommen die Kinder, außer Blasen an den Füßen? Einen Segen, und wenn sie nicht reichlich erbettelt haben, dann eine gewischt (Ohrfeige, Backpfeife). So erging es auch mir, als ich noch ein Bub war und ich für die Kirche nicht genug Vermögen erbettelt hatte. Glaubt mir, wer eine mit der Gotteshand geschallert bekam, wusste, was er beim nächsten Spendenmarathonlauf für eine soziale Hilfsorganisation der Römisch-Katholischen Kirche, die für christliche Nächstenliebe und Wohltätigkeit, zu erbetteln hatte.

Meine mehrmaligen Spendenerbettelungsfußmärsche für die Caritas konnten nicht verhindern, dass die Kirche der Armut verfällt. Ach, wie schade, das tut mir aber jetzt leid. Gehet hin und spendet, wenn ihr Debile für die Kirche sein wollt.

Es gibt genügend andere Einrichtungen, denen man Geld zukommen lassen kann, wenn man Gutes tun möchte. Und das Geld fließt nicht erst über die vatikanischen Konten, ehe die gespendete Summe, dann erschreckend reduziert, irgendwann bei den Bedürftigen ankommt – wenn überhaupt.

Wenn jemand in der Kirche ein Teelicht (Opferlicht) kauft, um es für irgendeine Heilige Person anzünden möchte, der zahlt dafür 50 Cent. Nicht viel, möchte man da meinen, doch weit gefehlt. Das ist Abzocke vom Feinsten, dass es jedem einzelnen Gläubigen dabei schwindlig werden müsste oder jeder einzelne von ihnen den Heiligen vor die Füße ... müsste. Vor allem wenn man die Rechnung aufstellt, wie viel die Kirche an einem Tag einnimmt, wenn die Gläubigen für die Heiligen ein Lichtlein anzünden, wofür sie, wie bereits erwähnt, pro Teekerze 50 Cent bezahlen.

Man bekommt schon hundert Stück für 5,70 Euro. Wahrscheinlich gibt es die noch günstiger für die Kirche zu haben. An so manchem kirchlichen Teelichterkerzenhalter kann man locker 100 Teelichter gleichzeitig anbringen und von den Erleuchtungs- und Wundersuchenden anzünden lassen. Ich denke, dass diese **Wunder**kerzen nur ca. 20 Minuten brennen, damit ja ganz schnell der nächste der Heiligenanbeter ein Teelichtlein anzünden kann. Und je schneller solch „Heiliges Licht!“ erlischt, desto schneller werden neue angezündet, aber nur, wenn man dafür zuerst „brennt“, also zahlt. Für was soll eigentlich solch Licht gut sein? Das Symbol, eine Ermahnung, eine Erinnerung der entkommenden, ewigen Feuerhölle?

In den meisten Religionen spielen Kerzen und Kerzenlicht eine wichtige Rolle und haben auch verschiedene Bedeutungen. Die Gläubigen zünden das Opferlicht an, um ihren Glauben und die Anerkennung für Gott zu zeigen. Andere gedenken eines geliebten, verstorbenen Menschen und wieder andere erhoffen sich, dass ihnen Gott mal endlich einen Sechser im Lotto zukommen lässt. Warum nicht, wenn man jahrelang sein schwer erarbeitetes Geld in vielen Kirchen verbrannt hat. Und nur wer glaubt, der wird bekommen. Steht es so nicht in der Bibel geschrieben?

Kerzen/Teelichterhalter gibt es meist mehrere in den Kirchen. Fast an jeder Heiligenecke und Säule, wo gerade mal Platz dafür ist. So brennt das Geld lichterloh. Da die Kirche den ganzen Tag geöffnet ist, kommen süchtige Teelichteranzünder zuhauf und lassen ihre Lichterspende, die klimpernden Münzen, in der Kirche. So wird die Spende, ihr Geld, regelrecht verbrannt, doch nur für sie allein, denn die wertvollen Scheinchen der Scheinheiligen wandern in den Geldsäckel der Pfaffen. Dabei noch nicht mit eingerechnet, was man für Kirchenbildchen und für Broschüren bekommt. Und die Spenden in den Spendenboxen, die in dem Kirchenschiff verteilt angebracht sind, darf man auch nicht vergessen. Die Kollekte in der Heiligen Messe noch nicht einbezogen. Die gibt es Sonntag für Sonntag oben drauf. Wenn es auch immer weniger Kirchenbesucher sind, die zur Messe gehen. Da freut sich das Herz des Priesterlein, wenn ein Festtag (Ostern, Weihnachten Pfingsten usw.) ansteht, denn dann kommen die Besucher in Scharen herbei und reinigen ihre Seele durch eine großzügige Spende. Gelobt sei Jesus Christus. Sollte ich mich zugunsten der Kirche verrechnet haben, dann schuf ich ungewollt Freude – für die Geldeintreiber des Glaubens. Ze fix Hallelluja sog i do dazua. Na ja, ein bisschen Spaß muss sein, sonst komm ich nicht in den Himmel rein.

Kaum sind die Kirchenbesucher in den weihrauchgeschwängerten Räumen der Kirche, schon wird in der Tasche gewühlt und nach Kleingeld gesucht. Doch da ist nichts, auch nicht im Geldbeutel. Nun denn, dann gibt es keine Spende für diese Kirche. Scheine, nein, das ist des Guten zu viel. Hui, wie gut, dass es eine passende Abhilfe gibt, denn wer keine klingende Münze dabei hat, kann sich in manchen Kirchen nicht rausreden. In immer mehr Kirchen befindet sich bereits ein digitaler Opferstock. Hier lässt sich ganz einfach mit einer EC- oder Kreditkarte spenden. Klar, wegen 50 Cent, werden die Besucher - nicht die Gottesdienstbesucher - eine Überweisung an die Kirche tätigen. Da kostet die Überweisung mehr als die gutgemeinte Spende. Und damit man auch zu diesem „Gelderbringungsgerät" leicht den Weg findet, gibt es gleich am Eingang eine Wegbeschreibung zu dieser Geldvermehrungsmaschine.

Welche Spendenbereitschaft ich schon mehrmals bei meinen Rundgängen in den Kirchenhäusern erlebt habe, trieb mir immer Tränen der Freude ins Gesicht. Und die flossen unter anderem dann, wenn ein Pärchen in die Kirche kam und einer der beiden an einem Heiligenverehrungsteelichterkerzenhalterständer eine Kerze (Teelicht) anzünden wollte. Da hörte ich mehrmals schon, wie einer der beiden den leicht angefressenen und spitzen Spitzensatz grummelte: „Ja, muss das denn sein, dass du jedem dahergelaufenen Heiligen eine Kerze spenden willst? Was glaubst du denn, was es alles kostet, wenn du des bei jedem Heiligen machst? 50 Cent, da leg i no a boa Euro drauf und griag dann 100 Stück dafür. Beim nächsten Mal nimmst a boa von dahoam mit. Do ham ma gnua in da Schublodn."

Und so hört man heraus, dass nicht jeder Heilige, auch uns selbst persönlich bekannt, 50 Cent wert ist. Auch Kirchgängern ist das schon bewusst geworden, wenn auch bei vielen von ihnen das Licht im Kopf bereits herunter ged(u)immt ist.

Wie macht man aus einer Kirche viele neue Kirchen? Indem sich eine der Großen selbst abfackelt (Blitzeinschlag, Kurzschluss) und hofft, dass die Spendenbereitschaft sich so wie in Paris zeigt, als Notre Dame 2019 fast abgebrannt ist. Da wurde blitzschnell bis zu einer Milliarde gespendet.

Mit dieser Menge Kohle kann man viel Neues aufbauen, und damit meine ich jetzt nicht neue Kirchen.

Geld können die Kirche und ihre Diener immer gebrauchen. Und bei einer Milliarde, da verstecken sich auch mal ein paar Milliönchen in den Taschen des Priestertalars. Für Zwecke des eigenen Wohles.

Man kann insgesamt folgende Einnahmequellen unterscheiden: Kirchensteuern, öffentliche Subventionen für die unterschiedlichsten sozialen, oft auch spezifisch kirchlichen, Zwecke; historische Staatsleistungen im Sinne des Art. 138 Abs. 1 WRV; Spenden sowie Gebühren und andere sonstige Einnahmen; privatwirtschaftliche Einkünfte und Vermögenserträge. Aber auch Brandopfergaben der katholisch Gläubigen und der Steuerzahler wider Willen.

Eine ganz perverse Art um an Geld zu kommen ist, sich bei vermögenden Kirchenmitgliedern einzuschmeicheln, um am Sterbebett noch rechtzeitig vor deren Tod eine Überlassungserklärung des Vermögens, in Bayern dem Diridare (Geld, Moneten, Kohle, Kies, Schotter, Zaster), zu bekommen. Motto: „Host no an Diredari, ha? Dann ruck´n raus, bevors´d varreckst, du Kruzifixhund du Verreckta."

Die Prediger haben auch mal Zeit und warten, bis jemand von den Geldigen von der Demenz heimgesucht wird. Dann bietet man seine kirchliche Hilfe an und bequatscht dem Hilfebedürftigen eine Vollmachtserklärung über dessen Konto ab, um die täglichen Geschäfte für sie/ihn zu erledigen. Wenn dann der alte Knacker nichts mehr mitbekommt, räumt man das Vermögen von dessen Konto und sorgt für eine vollkommende Bereicherung seines eigenen Kontos, um sich dann davon ein Haus oder eine teuere Wohnung zu finanzieren. Auch so kann man Geld generieren. Diese Art der Geldbeschaffung ist bereits geschehen - welch ein Glück - auch aufgekommen. Und der liebe Kirchenmann wurde für seine Hilfsbereitschaft, sich selbst gegenüber, offenkundig gemacht. Die Welt kennt nun eine weitere Perversion, wie Kirchenmänner zu Geld kommen, um ihr Luxusleben zu finanzieren.

Und nun das Neueste, das Kirchencoolste für Gläubige und geistig sowie ewig Zurückgebliebene. Ein elektronisches Highlight, um sich Gott und seiner Mama wieder oder weiter und noch schneller nähern zu können. Tata, ein Gadget der himmlischen Freude, bereits auf Erden, bzw. am Handgelenk. Warum eigentlich nicht für den Hals, zum fest umbinden, damit es auch für immer geschmeidig anliegt? Egal, hier nun die Errungenschaft zum glücklich werden, weil man damit auch seine Sünden, versprochen, los wird.

„Click To Pray eRosary" nennt sich das Gadget und die App dazu. Man möchte jungen Menschen das Rosenkranzbeten, die Ave Marias, nahebringen. Und wer viele davon runtersäuselt, die App zählt mit, der betet so auch noch für den Weltfrieden.

Warum kann man nicht die Gier nach Geld und die sofortige Impotenz bei Kinderbegrabscher über die App-Gebete erreichen und das dann schon nach drei Ave Marias? Da haben die Kirchenoberen einen Riegel vorgeschoben, denn schließlich will man das lieb Gewonnene ja nicht wieder verlieren. Um das zu erreichen, würde sogar ich „Befreiungsgebete“ hundertfach herunterbeten. Nur dafür sollen die von der App gezählten „Ave Marias“ Wirkung zeigen. Und wie sieht dieses himmlische Spielzeug aus? Es ist ein Armband in Form einer Perlenkette mit Kreuz. Diese Form soll das Gebet zur Mutter Gottes, der Maria, erleichtern. Wie wird es aktiviert? Durch ein Kreuzzeichen, das der Träger macht, wird die App online geschaltet. Und das Ganze funktioniert über Bluetooth und ist mit einer kostenlosen App synchronisiert. Die App ist kostenlos, das Armband jedoch nicht. Die kostet mal schlappe 99 Euro. Immerhin – kein Hunni.

Sein Gebetsverhalten, seine Heuchelei, kann der Gläubige auch direkt an die Inquisition, äh, die Sacra Congregatio Romanae et universalis Inquisitionis (Glaubenskonkregation) senden. In den vatikanischen Räumen werden dann die Gebete, wer wo wann was gebetet hat, ausgewertet. Wer zu wenig gebetet hat und damit Versäumnisse aufzeigt, der wird entsprechend seines Fehlverhaltens, der nicht ausreichenden Sündenbekennungen und der unterlassenen Bußgebete bestraft. Die Strafen bekommt man per Mail mitgeteilt, die man sich freudig gestimmt dann gefälligst antun muss. Wer das nicht hinbekommt, muss sich einen „Sündenbefreiungsaustreiber“ suchen, um seine gottesgerechte Strafe zu erhalten. Bei gutem Verhalten und ausreichenden Bußgebeten, so wie „Gaben“ an den Vatikan, werden dann im himmlischen Strafregister einige der angesammelten Sünden gestrichen. Wer zu viele Sündenpunkte auf seinem Konto hat, der kann sich davon auch freikaufen. Zumindest einige wegzahlen. Die Kirche freut sich über jeden Sünder und das Geld, welches er/sie gibt, um sich von den Sünden, die auf dem Sündenkonto bereits zu überlaufen drohen, freizukaufen. Und von denen gibt es millionenfach – in der Kirche der Christen. In der Katholischen Kirche wird man dazu vermutlich sagen: „Diese Millionen Sünder unter einer Milliarde Gläubigen fallen nicht auf. Also, was soll‘s. Und mit Sündern kann Gott gut leben.“

Um einen Vampir loszuwerden, bzw. von sich fernzuhalten, macht man Kreuzzeichen. Geht das auch bei den kirchlichen Geld und Blut saufenden Saugern? Knoblauch wird da vermutlich nicht reichen. Und ein geweihtes Kreuz (Stammeszeichen) auch nicht, das hängen sie sich ja bereits selbst um den gierigen Hals.

Und so wird die Kirche immer reicher und die Armen immer ärmer, denn sie geben an die Kirche und hoffen, dass ihnen die Kirche ihr Geld wieder mit Zinsen zurückzahlt. Die Kirche zahlt nie Geld zurück. Schon gar nicht mit Zinsen.

Der Glaube an eine Kirche, die in der Not hilft, ist für viele Menschen einfach zu verlockend oder, besser gesagt, zu manipulativ, um sich ihr entziehen zu können. Irgendwann erkennen Gläubige, welch Lügengebilde in Worten, Bildern und Taten sich hinter den schönen Versprechungen verbirgt. Ein sich herausziehen aus der christlichen Religionsgemeinschaft ist mit einer Entziehungskur vergleichbar. Vieles von dem kirchlich Versprochenen, was man gehört hat, sitzt tief im Bewusstsein, doch will man es nicht mehr bei sich haben. Der geistige Schmerz der Loslösung kostet viel Energie. Man hat viel zu diesem Glauben beigesteuert, gespendet, und nun kostet es viel, sich diesem Glauben wieder zu entledigen. Man gab sein Geld und bekam und bekommt nichts zurück, wenn man Hilfe braucht. Und warum? Weil die Kirche den verlorenen, den schwarzen Schafen nicht hinterherläuft, wenn diese aus ihrer Sicht bereits verloren gegangen sind. Und so braucht keiner von ihnen um eine milde Gabe zu bitten. Diese wird gnadenlos verweigert. Das Geld, das sie von ihnen erhalten haben, auch mal vom Munde abgespart, bleibt in ihrer kirchlichen Geldschatulle.

Man wird, wie nun gelesen, von der Kirche dermaßen über den Tisch gezogen, dass die dabei entstehende Reibungshitze sich fast schon wie Nestwärme anfühlt.

Aprilscherz

In einer großen Zeitung stand folgendes geschrieben, das ich dem Leser nicht vorenthalten will. Die beiden christlichen Amts- und Großkirchen wollen auf die Staatsleistungen verzichten. Doch damit nicht genug, sie wollen sogar etwas zurückbezahlen, denn Jahr für Jahr hätten die Katholische und die Evangelische Kirche Zahlungen erhalten, die ihnen gar nicht zugestanden hätten, und das können sie mit ihrer christlichen Überzeugung nicht vereinbaren. Abgesehen davon erfreuen sich ihre Kirchen eines enormen Reichtums.

Und jetzt die Wahrheit. Es war ein Aprilscherz, aber ich weiß, was die Kirche nicht will. Sie will kein Geld rausrücken, das sie von den Steuerzahlern jahrelang herausgesaugt haben. Aber gut war der Artikel schon.

Und wie schafft man es, an das Geld der Kirchenmitglieder zu kommen?

Umgebauter Geldautomat predigt und segnet

https://hpd.de/artikel/umgebauter-geldautomat-predigt-und-segnet-16157

Digitalisierung ist die große neue Herausforderung! Für Konzerne, Parteien und Glaubensgemeinschaften gilt gleichermaßen: Nur, wer sich auf den neumodischen Schnickschnack einlässt, wird morgen noch einen Platz auf der Bildfläche finden. Ein Damoklesschwert, insbesondere im Nacken jener, die sich ohnehin schon "konservativ" schimpfen. Und wer den Aufsprung bislang nicht gewagt hat, bekommt dieser Tage die allerletzte Chance, sich ins elektronische Neuland vorzutasten.

Dass man den Anschluss zum 21. Jahrhundert zu verlieren droht, dämmerte letztlich auch den christlichen Akteuren, was unter anderem zu WLAN-Hotspots ("Godspots") in Kirchen und Klingelbeutel mit EC-Kartenzahlung veranlasste und den Papst höchstpersönlich zur versöhnlichen Geste bewog, der entfremdeten Jugend von heute einen gottgefälligen Pokémon-Go-Klon zu bescheren. Wer jetzt noch nicht verstanden hat, dass das Christentum hip, cool und fresh geworden ist, möge sich anschnallen. Denn der Prediger von morgen ist ein Androide.

"Bless U-2" spricht sieben Sprachen, wahlweise in einer männlichen oder weiblichen Stimmlage, und kennt mehr Segensworte und Bibelsprüche auswendig als die meisten seiner kohlenstoffbasierten Kollegen. Dank einer rudimentären künstlichen Intelligenz kann er ganze Prozessionen abhalten und ganze Menschenmassen mit perfekt auf sie zugeschnittenen Versen geradezu wegpredigen. Und während der Segen ausgesprochen wird, leuchten sogar seine Hände auf. Der Wunderkasten – ein getunter Bankautomat – könnte womöglich eine unmögliche Brücke zwischen Traditionalismus und Innovation schlagen.

Wer sich den Vielsprachengebetsroboter mal anschaut, der müsste doch bei ihm eine große Ähnlichkeit mit Josef Ratzinger erkennen, als dieser noch der Oberhirte der Katholischen Kirche war. Die Blechmaschine ist weitestgehend in der Papstfarbe gehalten. Wenn man dem eine Geldspende zukommen lässt, dann spricht er nicht nur mit einer Blechstimme, nein, er bewegt auch seine Finger, wie es Papa Ratzinger immer gemacht hat. Und dazu schaut dich der Elektroman auch noch etwas debil an. Was dem Strom und Geld gespeisten Segensplapperer noch fehlt, ist eine labile Bischofsmütze. Tja, fast möchte ich sagen, dass dieser „Taschenrechner“ die Antwort auf Josef Ratzingers Abgang ist. Ok, hier muss ich gestehen, dass es schon was mit der eigenen Perzeption (Wahrnehmung, Erfassen, Ergreifen,

Begreifen) zu tun hat. Fast möchte ich sagen, dass es eine primär unbewusste Wahrnehmung von J.R. ist, als ich den Segensroboter in weiß sah. Ich habe den kirchlichen Roboter für mich so strukturiert und als die Nachfolge von J. Ratzinger eingeordnet. Geht es nur mir so? Oder jedem, der den Multi-Kulti-Segensbringer beim ersten Anblick gesehen hat? Oder ist es nur eine rein subjektive Sinneswahrnehmung, weil ich in diesem Geldeintreiber-Apparat J. Ratzinger sehen will, der im Auftrag und dem Gebot seiner geliebten Kirche den Gläubigen das Geld für leere Versprechungen und sinnlosen Segenssprüchen aus der Tasche ziehen will? Doch was soll der gebetsmurmelnde und segensspendende Blechhaufen für den Menschen bewirken? Laut der Kirche soll der lichterblinkende Metalloman dazu beitragen, dass die Menschen ihr theologisches Verständnis (welches?) von Segen schärfen, die vielschichtige biblische Tradition des Segens wahrnehmen und dem geistlichen Geheimnis des Segens auf die Spur kommen. Aha, er, der Roboter der Kirche ist auch noch ein biblischer Fährtenleser. Er soll die Menschen auf den Pfad führen, wie denn, der ist doch an einer Steckdose angeschlossen, und wenn man den vom Strom trennt, dann ist er, der zu dem Geheimnis des und der vielschichtigen Tradition des biblischen Segens bringen soll, nicht mehr zu gebrauchen. Er befindet sich dann im Schweigemodus, in kirchlichen Exerzitien. Exerzitien sind geistliche Übungen außerhalb des normalen Lebens, die zu einer intensiven Besinnung und Begegnung mit Gott führen sollen. Was ist ein normales Leben eines kirchlich elektronischen Gebetssäuslers und Segensspenders, für das man auch noch Geld zahlen muss? Und was für einen Gott hat der geheiligte Metalloman der Kirche? Klar, den katholischen Gott. Und jetzt wieder zurück zum geheiligten katholischen Segen. Ich dachte immer, dass in der Bibel steht, wie so ein Segen vielschichtig wirkt. Man muss nur verstehen, was in der Bibel über den Segen Gottes steht. Ich weiß aber, dass die wenigsten verstehen, was die Sätze in der Bibel wirklich aussagen. Für viele Gläubige sind die Texte nur dann zu verstehen, wenn sie sich selbst eine passende Auslegung der biblischen Texte zusammenzimmern. Mal ehrlich, wie es aussieht, wissen die Vertreter der Kirche selbst nicht, welche angeblichen Geheimnisse es betreffend des oder der Göttlichen Segen es gibt.

Wer jetzt noch nicht verstanden hat, dass das Christentum hip, cool und fresh geworden ist, möge sich anschnallen. Denn der Prediger von morgen ist ein Androide. Ähnlich dem Data-Androiden aus der Enterprise, „The Next Generation". Übrigens, der war immer menschlich. Er kannte keinen Gott, schon gar nicht einen katholischen.

Der segensspendende Blechhaufen, seine Bezeichnung lautet: „Bless U-2", spricht viele Sprachen, wahlweise in einer sonoren, männlichen oder weiblichen Stimme. Er kennt, wie bereits schon gelesen, mehr Segensworte und Bibelsprüche auswendig als die meisten seiner ir(r)dischen Kollegen, was vermutlich Neid und Missgunst unter den Predigern hervorruft. Er kann ganze Prozessionen abhalten. Wie bitte, kaum ist der Stecker gezogen, bewegt er sich keinen Meter mehr. Ach ja, er ist und wird, wie seine Schöpfer, ferngesteuert. Und wenn man ihn mit klingender Münze füttert, dann hört er nie wieder auf zu Beten, Segen zu spenden, die Augenbrauen nach oben ziehen und mit den Augen zu blinzeln und dabei dämlich zu grinsen. Ups, genau das ist es doch, was die Angehörigen dieses wirren Glaubenssystems sehen wollen. Sich an viel Bling, Bling erfreuen, dummes Gequatsche anhören und in ein debiles Gesicht schauen. Und während der Segen ausgesprochen wird, leuchten sogar die Hände auf und die Finger bewegen sich so, wie es der Ratzipapst immer bei seinen Segnungen gemacht hat. Der Wunderkasten – ein getunter Geld(Schein)fresser kriegt nie genug für seine geliebte katholische, aber auch evangelische Kirche.

„Wir sind die Roboter, wir sind die Roboter“, und wir bekommen nie genug von euerem Geld. Ja, sie sind die neuen Segensspender des Himmels, oder doch nur des Vatikans? Eines ist aber sicher bei diesen segenspendenden und Gebete plappernden Blechkübeln, sie vergewaltigen keine Kinder.

Und irgendwann, wenn Außerirdische unsere Erde erobern, stehen nur sie am Altar und predigen, im Auftrag der ollen Prälaten, den kirchlichen Stuss eines lieben himmlischen Papa. Das ist er jedoch nur, solange man ihn nicht verärgert, denn dann lässt er, Jahrtausende bereits bekannt und in einschlägigen Büchern (Bibel), die Sau raus. Und sein göttlicher Abklatsch, der langhaarige Stühle- und Tischeschmeisser ist nicht besser. Kennen wir das nicht auch von unserem letzten deutschen Papst-Sepp? Der hat doch auch seinen, den Heiligen Stuhl „geschmissen“. Zumindest kennt man das von seinem Bruder. Der hat, wenn die kleinen Sängerbuben den Ton nicht richtig trafen, diese dann mit Stühlen beschmissen – und die trafen ... schmerzlich. Wenn es die beiden großen Kirchen der Bundesrepublik geschickt einfädeln, können sie es mit den predigenden, segensspendenden Hohlköpfen schaffen, dass Kinder es cool finden (wieder) in die Kirche zu gehen, um mit dem am Altar stehenden Roboter spielen und tanzen zu dürfen. Wenn man bei dieser göttlichen Blechtrommel Geld in einen Schlitz wirft, werden die Augen strahlend rot und erfreut die (noch) kleinen unschuldigen Christkinder, die von diesem neuen Vertreter Gottes wie magisch angezogen werden. Vorsicht Falle. Von den natürlichen Gottespredigern wurden Kinder von ihnen ... oft ausgezogen, um ihrer Herrlichkeit habhaft zu werden. Wurden die predigenden Roboter als Lockmittel geschaffen, um an ... spritzig, frisch freudiges Lustfleisch zu kommen? Wer kann es verneinen?

Gottes Namen in der Bibel

Hebräisch / Aramäisch

Adhonáj - Souveräner Herr, Ha El - der (wahre) Gott, Ha Adhón - der (wahre) Herr, Eljonin – Allerhöchster, Schaddáj – Allmächtiger, El Schaddáj - Gott der Allmächtige, Elóah - Gott (in der Höhe), Mélech haggojim - König der Völker, Elohim chaij - lebendiger Gott, Addir - Mächtiger (Gott), Moschia - Retter (Heiland), Moréh – Lehrer, El olám der Ewige, Quanná – Eiferer, Oßéh – Schöpfer, El – Höchster, El eméth - Gott der Treue, Eláh rav - großer Gott.

Griechische Varianten

makakários Theós - seliger Gott, Theós – Gott, Kýrios – Herr, Pantokrátor - Allherrscher

Und wer dem lieben Gott mal einen Brief schreiben will, weil er/sie was von ihm will, da das Beten (Betteln) nichts hilft, oder er sich tunlichst weigert hinzuhören, was ich verstehen kann, soll ja nicht vergessen, ihn dann mit all seinen Namen, Titeln und Ehrentiteln anzuschreiben. Sollte der Schreiber das getan haben, hat er/sie vermutlich schon wieder vergessen, was er/sie eigentlich von ihm wollte. Noch schlimmer ist es, wenn man an den Papst schreibt. Hier muss man alle Titel und Ehrungen und was es sonst noch an Bezeichnungen für diesen Mann gibt benennen, denn sonst hat man gleich ganz ausgeschissen beim Obermufti der Katholischen Kirche. Seine Vasallen dichten diesem „Schneemann“ noch mehr Namen und Titel zu als dem lieben Gott. Er wird, wahrscheinlich hat er auch nichts dagegen, schon hier auf Erden über den Herrscher von allem gehoben. Und Gott ist nur sein schönes und passendes Beiwerk, mit dem sich gut Knete machen lässt. Und wenn man auf jemanden aus der Katholischen Kirche sauer ist, dann schiebt der Gottesdiener alles auf den Himmelsherrn und seinen Sohn. Der hält das aus, der ist ja das schon gewohnt, für die anderen den Schädel hinzuhalten.

Jesus in der Hölle

In zwei Situationen des Lebens Jesu wird deutlich, was Gott den Menschen durch den Tod seines Sohnes am Kreuz und dem Abstieg in die Hölle mitteilen will. Es bedeutet, zumindest will man es den Gläubigen so verkaufen, dass Gott die Menschen so sehr liebt, dass er seinen eigenen Sohn, Jesus Christus, für sie hingibt und ihn dann noch in die Hölle schickt, um auch dort den verlorenen Seelen zu zeigen, dass er auch für sie da ist. Oder doch nur, dass er auch mal seinen älteren Bruder besucht und kennenlernt? Das Wort Gottes soll auch denen, durch Jesus, die in der Hölle schmoren, verkünden, ich liebe euch und ich bin mit euch und für euch da. Nun, Jesus war im Höllenschlund, dem Fürstenreich seines „Bruders“ Luzifer. Und als es Jesus in der Hölle zu heiß wurde, hat er sich schleunigst vom brennenden Acker gemacht – ohne die „Armen Sünder“ von der Hitze der Hölle zu befreien. Klar, Jesus ist ja nicht zum Löschen gekommen. Er hat einen Zwangsbesuch gemacht, weil es sein Paps so wollte. Nicht zu vergessen, den ewig brutzelnden Sündern die frohen Heils- und Befreiungsbotschaften seines Vaters zu verkünden. Hier zeigt sich wahrlich die Liebe Gottes. Erst Hoffnung schüren, dann die Zunge ausstrecken (Ätsch Bätsch) und mit den Fingern den „schwarz verbrannten Gegrillten" eine lange Nase zeigen. Oh du Söhnchen Gottes, du bist mir schon die richtige Frucht vom Baum des Herrn. Außen schön und innen unbarmherzig mit der Schöpfung Gottes, deines Vaters, des lieben Gottes, der doch nur alle an der Nase herumführt.

Mit der Kirche zu tun zu haben, bedeutet immer, ein Drama zu erleben. Nun wissen wir, dass auch die Höllengeschöpfe ihr Drama mit Gott und seinem Sohn Jesus haben. Es ist wie bei jedem Theaterstück. Es fängt alles harmlos an und endet meist dramatisch. Bei der Kirche, ob zugehörig oder nicht, endet alles in einem tödlichen Drama. Wenn es doch nur in den eigenen Reihen bleiben würde, aber nein, sie tragen ihr Dramenende hinaus und zerstören die, die nicht an ihrem grausamen Schauspiel beteiligt sind und es für teuflisch halten. Auch heute noch endet es für Menschen mit freiem Willen, dem Willen des Denkens und dem Handeln, mit dem Tod.

Glaube ist kein Verbrechen

Die blinde Anbetung eines Gottesglaubens sollte es schon sein. Wenn man zu viele Jahre in strikter Befolgung von frei erfundenen Gesetzen, Geboten, Vorschriften usw. verbringt, kann das, so meine Hoffnung, der Religion den Todesstoß versetzen. Nur die, die das Befolgen von erfundenen Gesetzen, Geboten usf. hinter sich lassen, können sich auf das wahre übersinnliche Erlebnis freuen und auch mit allen wieder freien Sinnen erleben. Damit einhergehend für jeden Einzelnen und der Allgemeinheit derer, die dem falschen und erfundenen Brimborium, die sie an die Religion - oft auch unter Zwang - gebunden haben, geht deren Fokussierung nun in die Hoffnung über, ohne die Kirche zu leben und mit irdischer Weisheit gesegnet zu werden.

Viele Kulturen waren ohne Ausübung solcher erfundenen Gottesgesetze und deren Praktiken erblüht. Das macht sie nicht wahrer, doch freier im Leben ohne die Gesetze der Religionen. In meinem Fall mit den Gesetzen der Katholischen Kirche. Sie erfinden oder ändern ihre Gesetze wie am Fließband – wie man es gerade braucht. Was war und/oder nicht mehr passt, wird durch ein neues erfundenes Kirchengesetz ratzfatz ausgetauscht. Immer angepasst an den neuen Zeitgeist. Ähnlich wie mit Schallplatten, die durch Disketten und dann CDs ersetzt wurden und was sonst danach an Veränderung folgte.

Für ihre Kirchengesetze braucht es keine weltlichen, höchstrichterlichen Beschlüsse. Die Kirche erlaubt sich, sich über die Gesetzgebung eines Staates, wenn es ihr in den Kram passt, hinwegzusetzen. Immer dann, wenn ihnen etwas nicht passend und angenehm ist. Und die Gläubigen haben alle Kirchengesetze schweigend zu befolgen. Schwadronen von Glaubenswächtern wachen über die Einhaltung der Kirchengesetze. Freiheit der Gedanken gibt es für die Kirchgänger nicht, lautet eines ihrer wichtigsten Gesetze. Wer göttliche Kirchengesetze befolgt, erhält dafür die erblühende Weisheit ihres Gottes. Ach Gott, das ist ja fast schon lustig. Und mehr braucht es für die dumm blökenden Schafe nicht. Und da sag noch einer, Glaube sei kein Verbrechen!

Ganz sicher ist es ein Verbrechen an jedem einzelnen Menschen, den sie von sich abhängig machen und gemacht haben. Und wenige sind das nicht.

Nahrung

Biblische Blutwurst

Ich schreibe nie wieder etwas über eine Blutwurst, da diese mich nun mittlerweile verfolgt. Bald auch im Schlaf? Die göttlich biblische Blutwurst, das Fleisch des Herrn in einem Natur-, oder künstlichen Darm. Gewickelt zu einer leckeren, göttlich schmeckenden Blutwurst?

Hier nun das, was in der Bibel steht.
Bibelstelle(n): 1. Mose 9,1-4; 3. Mose 17,10-14; 5. Mose 12,23; Apostelgeschichte 15,19-20.28-29

Es gibt mehrere Bibelstellen, die zu diesem Thema etwas aussagen. Die Stellen behandeln allgemein das Thema Blut essen, was die Blutwurst natürlich miteinschließt, da sie ja schließlich direkt aus Schweineblut hergestellt wird.

1. Mose 9,4: „Nur das Fleisch mit seiner Seele, seinem Blut, sollt ihr nicht essen.“

3. Mose 17,14: „Das Blut allen Fleisches sollt ihr nicht essen, denn die Seele allen Fleisches ist sein Blut; jeder, der es isst, soll ausgerottet werden.“

Ausgerottet werden! Typisch Gott! Kaum schmeckt dir auch mal Gott, schon sollst du dafür ausgerottet werden. Wenn das mit dem Ausrotten vom Himmel aus geschehen wird, dann gibt es bald sehr viel weniger Menschen, auch bald keine Schweine mehr, hier auf der Erde. Logische

Überlegung: Dann gibt es für die Christen auf Erden noch Rind, Ochs, Esel, Pferd, Ente, Hühnchen, Fisch, Frosch usw., das sie dann noch verzehren können.

5. Mose 12,23: "Nur halte daran fest, kein Blut zu essen, ..."

Ist denn nicht in jedem Stück Fleisch auch Blut enthalten?

Im Alten Testament (1. Mose 9,1-4; 3. Mose 17,10-14; 5. Mose 12,23; und in der Apostelgeschichte 15,19-20.28-29) steht geschrieben, dass das Essen von Blutwurst verboten ist – doch seit der neuen Religion, die mit dem gleichen Gott zu tun hat, ist es plötzlich erlaubt, dass man Blut des Herrn, wenn auch in der Figur seines Sohnes Jesu dargestellt, trinken und sein Fleisch essen soll. Ist Gott ein blutsaufender Kannibale oder ein Metzger, der Blutwurst besonders gern isst?

In der Apostelgeschichte wird klar gezeigt, dass das Verbot, Blut zu essen, auch heute noch für alle Christen absolute Gültigkeit hat, was den meisten, die Blutwurst lieben, schnurzegal ist, weil ihnen die Blutwurst zu sehr schmeckt. Sogar der ehemalige Papst, der „Bayrische Papst", liebt(e) diese Spezialität auf seinem Brotzeitteller. Gab's dazu auch ein deftiges Bier? Ganz sicher, denn er liebt(e) besonders das bayrische Bier. Trinkt er noch Bier? Und so ist es dann, dass ein guter Christ das nachmacht, was sein Oberhaupt vormacht. Auch das Verspeisen von Blutwürsten. Da ist es egal, wenn es dem Gottesgebot widerspricht. Und wer bin ich, dass ich über sie richte, die dem Gebot Gottes zuwider handeln? Aus meiner Sicht können sie essen, was sie wollen – und damit basta.

Markus 14,22-26: Nehmt, das ist mein Leib. Dann nahm er den Kelch, sprach das Dankgebet, reichte ihn den Jüngern und sie tranken alle daraus. Und er sagte zu ihnen: Das ist mein Blut, das Blut des Bundes, das für viele vergossen wird. Und so änderte man die Essgewohnheit. Erst wird etwas verboten, und dann setzt man sich so mir nichts, dir nichts, einfach mal über das Gebot Gottes hinweg. Und wer war der Einfädler dieser Sünde? Es war der Sohn Gottes. Und Papa sah, dass es gut war, denn sonst hätte er das seinem Spross nicht durchgehen lassen, seine heiligen Gebote nicht zu befolgen. Ob er, Jesus, auch deshalb zu all den anderen Verboten Gottes hingerichtet wurde – im Auftrag seines Dads? Nun, wenn viele Sünden zusammenkommen, dann wird auch der Filius Gottes seine Strafe bekommen – dachte sich vermutlich sein Papi.

Die Christen übernahmen liebend gern die neue Freiheit, Blutmahlzeiten fressen zu dürfen, dankend an. Oder ist das Fleisch Jesu nicht auch durchströmt von Blut? Der rote Wein ist es nach der Wandlung ganz sicher, so die Worte des Priesters, nach der Wandlungszauberei das pure Blut Christi.

Und die Blutwurst ist doch nicht aus Fleisch, denn sonst würde sie eine (dicke, fette) blutige Fleischwurst sein, oder etwa nicht? Somit kann diese Blutwurst doch nicht zum leiblichen Körper Jesu verwandelt werden. Sich Jesus mit dem Aussehen einer Blutwurst vorzustellen, fällt sogar mir

schwer, wenn auch ich herrlich lachen musste, als mir das in den Sinn kam und ich darüber geschrieben habe. Man stelle sich mal vor, man nagelt eine Blutwurst an ein Kreuz und würde sagen, es sei ... Niemand will einen Jesus am Kreuz haben, der wie eine dicke, halbnackte (vorhautbefreite, äh, von der Vorhaut befreite) Blutwurst aussieht und mit einer Lanze angestochen wird – aus der dann Gottes Blut fließt. Mal ehrlich, wer will schon einen dicken Jesus an ein Kreuz befestigt sehen? Einen kleinen dicken vielleicht? Ganz so abwegig ist das nicht, denn was die Größe Jesu betrifft, waren die Menschen zu seiner Zeit im Durchschnitt nicht größer als 160 cm. Wer das soeben Gelesene nicht glauben mag, der/die mache sich dann bitte im Internet unter den folgenden Link schlau.
https://www.focus.de/wissen/mensch/jesus-forensische-forscher-fertigen-phantombild-von-jesus-an_id_5153523.html

Nun ja, vielleicht war Jesus doch ein Riese. So groß wie sein Vater im Himmel? Und wie groß ist der? Unendlich groß!

Wissenschaftler zeigen Jesus ganz anders, als man ihn aus den Kirchen kennt. Sie haben durch forensische Untersuchung festgestellt, dass Jesus dunkelhäutig und nicht viel größer als 1,50 Meter gewesen sei. Ok, dann lass ihn halt 1,55 Meter gewesen sein. Ganz sicher war er auch kein langhaariger blonder Mann. Er hatte vermutlich dunkle Locken, wie es zu seiner Zeit in Galiläa übliche Haarmode für Juden war. Es ist auch zu vermuten, dass er einen Bart hatte. Na da schau hin, ein kleiner, unrasierter Mann am großen Kreuz festgenagelt, und das nicht gerade mit der Figur eines blonden Adonis, und dann auch noch halb nackt. Wieso halb nackt? Weil Jesus auch nicht nackt am Kreuze befestigt wurde. Soviel Pietät hatten die Römer dann doch noch. Die Christen schauen auf „Mageres“ und fressen Fettes. Wie sah Jesus aus? War er so mager, wie man ihn kennt, oder doch vielleicht dick? So, wie der sich hatte durchfüttern lassen von lieblichen Anhängerinnen oder gleich auch noch gefüttert wurde, kommt bei mir unweigerlich diese Frage auf, wie Jesus ausgesehen hat. Wie auch immer Jesus aussah, von Gott, seinem Vater, soll man sich kein Bildnis machen, aber von Jesus, ja, das dürfen sie schon. Und jetzt komm auch ich in diesem Buch noch als Zerstörer des Weltbildes Jesu daher, und blase in das gleiche Horn der Forscher, die einem sagen, wie Jesus mit aller Wahrscheinlichkeit ausgesehen hat, zumindest wie er ausgesehen haben könnte. Und was machen die Christen, in ihrem heiligen Frust, wenn sie erfahren, dass ihr Jesus doch ein kleiner unscheinbarer Mann war, vielleicht auch noch ein dicker? Sie saufen ihn sich schön, bis er das Bild wiedergibt, wie die westlichen Kirchen ihn in ihren Kirchen und Kathedralen zeigen und sie selbst ihn gerne sehen und anbeten wollen. Sie wollen einen anbetungswürdigen, ausgemergelten, aber blonden und langhaarigen Adonis in ihren Kirchen und Köpfen haben.

Und Jesus verkörpert somit nicht nur in sich den Gott der Christen, sondern auch dessen sichtbaren Merkmale, wie soeben gelesen. Das ist abgesehen davon auch logisch, denn der Same (Gene) von Gott ist (sind) in ihm. Und so kann man sich ein klein wenig ausmalen, wie Gott aussieht, zumindest, als er noch so jung wie sein Sohn war. Heute zeigt man ihn nur noch als einen Rauschebart tragenden alten Mann.

Es gibt dennoch einen Unterschied, ob man ein „normales“ Stück Fleisch zu sich nimmt, das geringe Mengen Blut enthält oder die Blutwurst, die im Wesentlichen aus Blut hergestellt wird. Die Bibel macht da einen Unterschied. Wenn Gott zu Noah sagt, dass er kein Blut essen soll (1. Mose 9), hat er ihm gesagt, dass er von allen Tieren essen darf? Heißt es denn nicht: „Alles, was sich auf dem Erdboden regt, und alle Fische des Meeres sind in eure Hand gegeben. Alles, was sich regt, was da lebt, soll euch zur Speise sein, so wie das grüne Kraut das ich euch auch gebe? Nur das Fleisch mit seiner Seele, seinem Blut, sollt ihr nicht essen.“

Und jetzt verlasse ich mal ganz schnell das Thema der göttlichen Blutwurst, um ja nicht als Gotteslästerer in den Vatikan eingeladen zu werden. Vielleicht noch zu (m)einem letzten Abendmahl. Bei meinem Glück bekomme ich vom vatikanischen Koch eine ... na was? Eine Blutwurst.

Aber Nieren dürfen es schon sein

2. Mose 29,13: „Und nimm alles Fett, das das Eingeweide bedeckt, und das Netz über der Leber und die beiden Nieren und das Fett, das an ihnen ist, und räuchere es auf dem Altar“. Augenscheinlich gehörten die Nieren und auch „das

Netz über der Leber" zum wertvollsten des Tieres; es musste „zum lieblichen Geruch" dem HERRN geopfert werden. Von den Nieren lesen wir in verschiedenen Stellen des göttlichen Wortes: „Des Nachts unterweisen mich meine Nieren" (Ps 16,7). „Es prüft ja Herzen und Nieren der gerechte Gott"W (Ps 7,10). „Als ... es mich in meine Nieren stach" (Ps 73,21). An den Nieren sehen wir, bildlich gesprochen, dass dort die Energie des Lebens sitzt. So war bei Christus sein Innerstes Gott geweiht; ein lieblicher Duft dem HERRN; Gott geweiht bis in den Tod. Da sage ich jetzt (fast) nichts dazu, außer: „Möge das Blut fließen".

Kirche und Wein, das muss sein, oder ... saufen, bis man unterm Altar liegt.

Ein besoffener Prediger auf dem Altar macht sich nicht gut. Da ist es besser, er liegt unter dem Altar. Vielleicht mit seinen „Jüngern". Ich gestehe jedem Pfaffen zu, dass er bei seinen oft seltsamen, heuchlerischen und intriganten Gläubigen auch hin und wieder mal ... immer öfter ... durchgehend zur Flasche greift, um sein Kirchenamtselend zu überstehen. Und sei es nur im täglichen Suff.

Nicht nur der Wein erfreut das Herz

Die Bibel zeigt auch die vermeintlich guten Seiten des Alkohols auf. Im Buch der Psalmen ist es Gott selbst, der den Wein wachsen lässt, damit dieser „das Herz des Menschen erfreut" (Ps 104,15). Im 1. Timotheusbrief wird dem Wein sogar ein medizinischer Nutzen bescheinigt (1 Tim 5,23).

Nicht zu vergessen ist Jesus Christus, dessen erstes – und damit bekanntestes – Wunder die Wandlung von Wasser in Wein bei der Hochzeit zu Kana (Joh 2,1-10) ist. Nun, vermutlich hat er das Wasser aus dem See schöpfen lassen und es dann mit ein paar Fässern Wein gestreckt und den Dürstenden als Wundergetränk gereicht, bzw. von seinen Aposteln verteilen lassen. Welches Mischverhältnis hat er gehabt? Hat er Geld für diese dünne Plörre verlangt? Man weiß es nicht. Ein armer Wanderprediger war er ja, und Geld kann man immer brauchen. Vermutlich auch Jesus. Jetzt stellt sich nur noch dir Frage, wo Jesus den Wein her hatte. Geld hatte er keines. Na ja, den Wein hatten die Fischerbuam gespendet, den sie am Seeufer zum Kühlen gelagert hatten, damit sie nach der langen Schufterei Abends etwas zur Entspannung hatten. Und da hilft ein süffiger Wein ganz gut, um zur Entspannung zu kommen. Vermutlich hat Jesus den Wein, als er am Ufer flanierte, im Wasser entdeckt, und den Fischern, seinen geliebten Aposteln, abgeschwatzt. Doch ehe er sich versah, erblickten immer mehr Menschen, die am See herumlungerten oder spazierten, den Wein, von dem sie auch was haben wollten. Da diese kleine Menge nicht für alle Durstigen reichte, entschied sich Jesus, der Spendable, auf Kosten der Apostel, oder den Fischern allgemein, dessen Abendgetränk an andere auszuschenken. Und damit jeder etwas von dem Entspannungsgetränk hatte, verdünnte er den Wein mit Seewasser. Könnte es so nicht gewesen sein? Nun, den Fisch, den die „Angler“ aus dem See zogen, den hat er auch (auf unerklärliche Weise) vermehrt und weitergegeben. Hat er die Fischer gefragt, ob er das darf? Waren die fleißigen Fischer mit seinen (Wunder)Handlungen einverstanden?

Hatten sie Angst vor ihm? Vor seinen dunklen Prophezeiungen (Androhungen)? Es ist auch nirgends zu lesen, dass Jesus für den Wein und die Fische Geld bezahlt hat. Und Jesus feierte gerne, wenn möglich kostenfrei bzw. auf Kosten anderer.

In der Bibel ist zu lesen, dass der Sohn Gottes gerne auf Feste ging und dort trank und aß, was zu den vielen (bösen) Vorwürfen seiner Gegner führte, die ihn einen „Fresser und Säufer“ nannten (Luk 7,34). In Gleichnissen nutzte Jesus immer wieder Bilder aus der Weinkultur. So bezeichnet er sich selbst als Weinstock und die Gläubigen als die Reben (Joh 15,5). Jesus vergleicht Gott mit einem Weinbergbesitzer (Mt 20,1-16). Bei seinem letzten „Mahl“ einen Tag vor seiner Hinrichtung gab es auch Wein, wovon die Evangelisten Matthäus, Markus und Lukas berichten.

Und noch heute trinkt der Priester aus einem „goldenen“ Kelch das Blut Christi – zum Zeichen für den Bund mit Gott. Und wenn er gefrustet ist, dann säuft er in der Sakristei weiter. Es ist ein ausgesprochen ambivalentes Bild, das die Bibel betreffend den Alkohol aufzeigt. Alkoholgenuss war unter den frühen Christen durchaus üblich, doch gab es auch Stimmen, die vor dem Alkohol warnten. Doch wen interessierten schon die vielen Warnungen; waren es hauptsächlich die christlichen Klöster, die sich der Herstellung alkoholischer Getränke – mit viel Leidenschaft und Trinkfreude – widmeten. So auch heute noch. Und zu diesen Trinkstätten pilgern, so wie früher, so auch heute noch, abertausende von Erleuchtungssuchenden, die für sich einen Beschleunigungsschwung der Erleuchtung und der

Erkenntnis durch Biergenuss erzwingen wollen. Die wahre Erkenntnis und die erhellende Erleuchtung sind ihnen ganz gewiss sicher, wenn der Schädel brummt und das Geld futsch ist. Und der Abt der Abtei freut sich über die riesige Schwemme an Kohle, die die närrischen Pilger, die Hungernden und Dürstenden, nicht nur nach Schweinsbraten und Bier, sich in den heiligen Gemäuern erhoffen. Für manche der Pilger ist aber der Biergarten schon das Endziel ihrer Pilgerreise. Dort, nach mühevoller Reise endlich angekommen, nehmen sie ihren Platz im Garten Eden ein, in der Hoffnung, hauptsächlich der Männer, dass nicht ihre „Eva" die Schlange des Verderbens ist und sie aus dem Paradies herauszerren will, ehe sie, die Männer, nicht ihren ureigensten Frieden erreicht haben.

Bier und Hochprozentiges aus dem Kloster

Neben dem Wein lag die Herstellung von Bier schon sehr früh in den Händen von Mönchen. Die Herstellung von Hochprozentigem als wichtige Einnahmequelle des Ordens allein war es nicht, die sie zu Meistern ihrer Brau- und Brennkunst werden ließ. Sie brauten und brannten eigentlich für den Eigenbedarf – doch so viel, wie sie an Alkoholischem herstellten, konnten sie selbst nicht saufen. In der Fastenzeit war (Stark-)Bier ein Hauptnahrungsmittel, denn es galt der Satz „Liquida non frangunt ieunum" – „Flüssiges bricht das Fasten nicht".

Angesichts des häufig verunreinigten Trinkwassers griffen die Menschen früherer Jahrhunderte ohnehin öfter zu alkoholischen Getränken, um ihre Gesundheit nicht zu gefährden. Von der heiligen Hildegard von Bingen (1098 bis 1179) ist der Spruch überliefert: „Wein ist Medizin. Bier ist ein Getränk. Wasser ist zum Waschen." Und das Weihwasser lässt Pickel austrocknen.

Gibt es im Himmel Bier? Nun, damit es im Himmel Bier gibt, muss es auch einen Himmel geben, wo der Schankkellner des Himmels auf Anfrage nach Bier auch ein lecker frisch Gezapftes einschenken kann. Da ich selbst nicht an einen Himmel glaube, in dem auch noch der Katholikengott lebt und herrscht, sicher geht es noch sehr vielen anderen ähnlich, trinke ich mein Feierabendbierchen lieber auf Gottes Erden. In einem beliebten Trinklied aus dem Jahr 1956 heißt es: „Im Himmel gibt's kein Bier, drum trinken wir es hier." Das hilft mir, guten Gewissens zu sein, wenn ich hier auf dem Blauen Planeten mein Bierchen trinke. Übrigens, jetzt nichts falsch verstehen. Ich bin kein Säufer, ich bin ein Genussmensch – wie viele andere auch, Priester mit eingeschlossen. Und die wissen zu feiern, auf Kosten der anderen. Da rufe ich jetzt gerne dazu auf: „Behaltet euren Kuchen und den Wein, die können auch von trocken Brot und Weihwasser leben."

Frage: Wer hat den Grundstein zur Verbreitung der Weinkultur in Europa gelegt? Die Römer! Und wem haben wir den „Dom Pérignon" zu verdanken? Einem französischen Benediktinermönch namens Pierre Pérignon (1638 bis 1715).

Vesper (Brotzeit)

In Bayern sowie in Franken und Thüringen werden kleine Zwischenmahlzeiten als Brotzeit bezeichnet. Doch auch das Mittagessen bzw. das Abendessen nennt man Brotzeit, wenn es keine warm zubereiteten Speisen sind. Eine Brotzeit besteht meist aus einigen Scheiben Brot, verschiedenen Käse- und schmackhaften Wurstsorten. Besonders beliebt auf dem Brotzeitteller sind Presssack, Schinken, Obatzter, Essiggurken, Käse, Radieschen und Radi. In Biergärten (bayrischen) ist es (noch) Tradition, seine eigene Brotzeit mitzubringen. Nur Getränke darf man nicht mitbringen. Schon gar nicht der Pfarrer seinen Messwein.

Tja, dann geh ich statt in die Kirche lieber in einen Biergarten und bestelle mir dort eine deftige Brotzeit, als in der Kirche beten zu müssen, um dafür, bei etwas Glück, ein paar Oblaten zu bekommen – ohne Bier und/oder Wein, oder auch einen Apfelsaft – einer „Nachkommensfrucht“ aus dem Garten Eden.

Die Fastenzeit beginnt

Aschermittwoch

In der Katholischen Kirche der 7. Mittwoch vor Ostern. Es ist der Tag des Beginns der Fasten- oder Bußzeit. Die Zeit der Buße sollte nur für die Sündenfreisprechforderer, die Priester, Gültigkeit haben, denn sie sind es, die Sünde verbreiten. Am Aschermittwoch beginnt die 40-tägige Fastenzeit vor Ostern. Seit Ende des elften Jahrhunderts werden die Katholiken an diesem Tag im Gottesdienst mit einem Aschenkreuz gezeichnet. Na, da kommen sie aber noch gut davon. Ihr Herr Jesus Christus, der wurde ans Kreuz genagelt und nicht nur mit einem Aschekreuz auf der Stirn bemalt. Ah, das Aschekreuz ist wohl ein Stammeszeichen der Christen. Und der Papst ist ihr irdischer Häuptling. Die Asche aus geweihten Palmzweigen gilt als Zeichen der Trauer und Buße. Das Aschenkreuz auf der Stirn symbolisiert den Beginn der Bußzeit und zugleich die Hoffnung der Christen auf die Auferstehung. Die Karnevalisten singen am Ende der Fastnachtzeit das Lied „Am Aschermittwoch ist alles vorbei". Damit das närrische Treiben nicht gar so abrupt endet, haben die Narren noch einen Übergangstag am Aschermittwoch vorgesehen: Das traditionelle Heringsessen wird nach dem Motto „Fisch muss schwimmen" mit Bier heruntergespült. Klar, der Messwein, der Billige aus dem Discounter, schmeckt ja nicht. Da loben sie den Herrn und saufen dann das Bier. Im Süden und Westen des Bundesgebietes wäscht man am Aschermittwoch die Geldbeutel aus und hängt sie auf die Leine, um anzudeuten, dass man in der Faschingszeit auch den letzten

Heller ausgegeben hat. Tipp für die Kirchendiener, um ein weiteres Fest der Liebe ... zum Geld feiern zu können. Wie wäre es, wenn man die Geldbeute der geschröpften Gläubigen und Ungläubigen feiert und nicht nur das Auswaschen der Geldbeutel? Das würde ein Heidenspaß werden.

Fastenzeit – für alle?

Die 40-tägige Fastenzeit beginnt am Aschermittwoch. Die Sonntage sind keine Fastentage. Am Ostersonntag beginnt die 50-tägige Osterzeit, die am Pfingstsonntag endet. In den Kirchen werden mit dem Leidensweg Jesu bemalte Hungertücher aufgehängt. Die Wurzeln dieses liturgischen Brauches gehen bis ins 11. Jahrhundert zurück.

Und keiner der Kirchenfürsten und ihrer Vasallen sehen aus, als würden sie am Hungertuch nagen. Das sind nur die echten Armen des Christentums, denen sie den letzten Penny aus ihrem eh schon leeren Geldbeutel pressen, um selbst in dicke Fettschwarten beißen zu können. Ihre Altäre, ihre Kühl- und Gefrierschränke bzw. Speisekeller sind voll von abgekupferten Leckereien, mit denen sie viele hungernde Menschen speisen könnten – was sie aber nicht machen. Zumindest die meisten der Kirchenherrlichen. Sie sind sogar so geschickt, dass sie sich bei den Zwangsgläubigen, durch die Taufe erfolgt, sogar selbst zum Essen einladen; mit einem schmierigen Grinsen und einem goldenen Kreuz auf der Brust. Und was bekommen die Gastgeber des Schmarotzers? Ein mild seliges Lächeln, ein paar nette, doch meist nicht ernst gemeinte Worte, und einen Segen, der nicht annähernd den Wert hat, eigentlich überhaupt keinen, der den Kosten der Speisung des Eingeladenen entspricht. Bei mir bekäme er nur Trockenbrot und Leitungswasser, vielleicht mit einer Brausetablette mit dem Geschmack nach „und jetzt verschwinde wieder“ hingestellt. Meine Leckereien würde ich schnell noch verstecken. Doch haben solche Mundräuber eine gute Nase, denn sie wissen immer, wo es was Gutes zu holen bzw. zu essen gibt. Und wenn dann dieser Typ mit Grinsen im Gesicht wieder geht, dann muss man, so würde ich es handhaben, alles desinfizieren, um den Geschmack der Vernichtung wieder loszuwerden. Ja, klingt hart, doch sag ich einfach dazu, ich meine mit der Vernichtung, meine Speisen, die dieser ungebetene Gast vernichtet hat. Also in seinen Schlund, der in Richtung Hölle geht, verschwinden lassen hat. Gut, dass er nicht auch noch bei mir seinen „Ablass“ da lässt. Und welchen meine ich? Das bleibt dem Leser überlassen, was ich damit nun meine. Ich hätte nach seinem Besuch ganz sicher dann reichlich zu verdauen und zu verarbeiten. Zum Beispiel, wie kann ich es verhindern, dass er oder seine Mitbrüder zu mir kommen, um sich den Bauch wieder bei mir vollstopfen zu können. Ich öffne gerne meine Türe, um jemandem zu essen und zu trinken zu geben, welche es nötig haben, um am Leben weiter teilnehmen zu können.

Ich werde auch mal ein Tuch aus meinem Fenster hängen, in der Hoffnung einer der Gemeindepfarrer oder seiner Mitarbeiter kann erkennen, was ich damit zum Ausdruck bringen will. Und wenn es nicht reicht, um zu verstehen zu geben, was ich brauche, dann schreibe ich groß auf das Tuch, dass ich Hunger habe, viel Hunger habe, aber nicht nach den Worten Gottes, sondern nach einem Ochsenfleisch, Lammfleisch, Fisch, usw. usf. Glaubt denn wirklich jemand, auch aus der eigenen Pfarrei, dass man dann etwas von der Speisekammer des Pfarrers bekommt, und wenn die Haushälterin noch so sehr dein Hungerleiden beenden möchte, da sie versteht, was christliche Nächstenliebe bedeutet? Sie wird sich nicht trauen zu geben, denn wenn der Kirchen- und Gemeindepfarrer das herausbekommt, schmeißt er sie schnurstracks aus der Pfarrküche. Vielleicht nicht gleich beim ersten Kirchenvergehen, wohl aber nach mehrmaliger Speisung des Hungernden. Er bekommt nur dann etwas zu essen, wenn er dafür zahlt. Doch wenn er für Speis und Trank noch ein paar Euro hätte, dann würde der Hungernde nicht beim Pfarrer anfragen, ob man sein Leiden beenden könne. Noch sicherer ist es bei den Hohepriestern, den Fürsten der Kirche. Bei denen bekommst du die heilige Pforte vor der Nase zugeknallt. Man darf nicht einmal riechen, was es da an Köstlichkeiten beim Kirchenfürsten gibt, denn so gibt er unfreiwillig zu, dass er auf Kosten des Armen, ja sogar auf Kosten der Hungernden, der Bettelnden, der Bittenden sich das alles leistet. Und wenn der Bittende beim Bitten mal (aus Versehen) Glück hat, dann wird er nicht gleich mit Stockschlägen davongejagt. Das wären ganz sicher keine Hiebe aus Liebe. Und wie man ja weiß, lautet eine der Wahrheiten bei den Prälaten und ihrer Dienerschaft: „Mein ist mein, so soll es sein – und auch bleiben, bis in alle Ewigkeit. Zumindest bis zu meinem Tode“.

Fastenzeit – Zauberzeit

Als die Biber zu Fischen wurden – bei Gott ist nichts unmöglich.

Als ich als Kind in einer kirchlichen Erziehungsanstalt lebte, wurde ich in der Fastenzeit in die Geheimnisse der besonderen Wandlungsfähigkeit (Zauberei) eingeweiht, wie man aus einem Landlebewesen ein im Wasser lebendes Tier machte, damit es, wenn das Fasten zu stark den Magen belastete, dann gekocht, gebraten, geschmort oder gegrillt dem hungernden Christen auf dem Tisch zum Verzehr kredenzt wurde.

In der Fastenzeit war und ist es verboten, und nicht nur in den Klöstern, dass man Fleisch isst. Um doch an das heiß begehrte Fleisch zu kommen, zeigten sich die frommen Männer und Frauen sehr geschickt, das Verbot Fleisch zu essen, zu umgehen. Auch wir Kinder profitierten von deren Geschick, um nicht nur Gemüse, Salat, Mehlspeise, obwohl lecker, Nudel- und Reisgerichte und Kartoffel/Gemüseeintöpfe, bei denen man sich vorstellte, dass es erst mal matschig getreten wurde, essen zu müssen. Die obligatorische Fastenzeit-Brotsuppe, bzw. Suppen jeder Art, gab es Tag für Tag auf den Tisch gestellt. Und der stinkende Käse, den es gab, den habe ich gezwungenermaßen heruntergewürgt. Es gab auch Maultaschen, doch kann ich mich nicht mehr erinnern, dass im Teig Fleisch eingearbeitet war. Vermutlich war es Spinat. Und Spinat macht Kinder stark und froh, doch nicht bei allen war es so. Was es viel in der Fastenzeit zu essen gab, war Fisch in großer Vielfalt, auch was die Zubereitung betraf. Doch bin ich mir sicher, dass wir an den Sonn- und Feiertagen Fleischbrocken auf den Teller bekamen. Und damit meine ich kein Biberfleisch, aber auch kein Bisonfleisch. An Rindfleisch kann ich mich bestens erinnern, denn dieses war oft zäh wie Schuhleder, doch runter in den Schlund musste es, und wenn es mit körperlicher Überredungskunst ermöglicht wurde. Da half mir das Argument, ich muss „fasten", nichts. Ich hätte gerne gefastet, doch denkste, das war nicht drin. Das, was auf den Tisch, bzw. den Teller kam, musste gegessen werden, und wenn es noch so beschissen schmeckte. Gut, dass man den Teller nicht auch noch essen musste. Ich erinnere ich mich auch an fettiges Gulasch, oder eine Pampe, die sich „Pichelsteiner" nannte. Da sah das Essen danach aus, als wenn man nur noch fasten wollte. Lecker waren aber die panierten Schweineschnitzel mit Bratkartoffeln, aber auch schmackhafter Schweinebraten mit Knödeln. Davor gab es oft Pfannenkuchen oder Grießnockerlsuppe. Es gab in meiner Erziehungszeit im Kinderheim auch in der Fastenzeit Fleisch zu essen, obwohl das kirchlich verboten war. Oder galt das nur für Mönche und Nonnen in den Klöstern?

Bei den Mannskerlen in den Klöstern und den robusten Frauen gab es zum kargen Mahle auch Bier. Was für ein starkes Stück. Mit dem literweise gesoffenen Starkbier umgingen sie das Gebot des Fastens. Sie versuchten sich zwar eisern an das Fastengebot zu halten, doch das eigene Fleisch war bei vielen Hungernden irgendwann doch zu schwach, um der Fleischeslust dauerhaft zu entsagen. Sie überlegten so lange herum, bis sie eine Ente zu einer „Art Fisch" erklärt hatten, der sie dann den Hals umdrehten und auf den Grill spießten. Die Erklärung, aus einer Ente eine „Art Fisch" zu machen, ist so simpel wie genial. Eine Ente verbringt viel Zeit im Wasser und ist somit ein Wassertier, das man in der Fastenzeit essen darf.

Es ist überliefert, dass im Kloster Andechs in der Fastenzeit statt wie üblich 18 Maß Bier, nur 10 Maß getrunken werden durften. Das war für viele Genießer des Gerstensaftes zu wenig. So entstand der lateinische Kirchenspruch „Liquida non frangunt ieunum". Übersetzt in die deutsche Sprache: „Flüssiges bricht Fasten nicht", der das „Saufen" legitimierte.

Fasten bedeutet nicht gleich für jeden, Kleriker einbezogen, dass man auf deftiges (Fleisch)Essen und Trinken verzichten muss. Und was Gott oder der Herr Pfarrer nicht sieht, ist dann auch keine Sünde. Wenn doch, weil man ein Schlechtes (Magen)Gefühl hat, kann man es dann dem Geistlichen beichten, gesündigt zu haben.

Viele weitere Tricks, wie man das Fleischverzehrgebot umging, kann man im Internet finden. Hierzu schon mal ein Link. *https://www.n-tv.de/archiv/Als-die-Biber-Fische-wurden-article71969.html*

Bisher dachte ich, dass man nur eine Oblate zum Leib Christi verwandelt hat, doch weit gefehlt, es wurde sogar der Biber, vom kirchlichen Butzemann, im erdfarbenen Rock, in einen Fisch ein oder fischähnliches Tier „verwan-

delt“, um dieses ... nun auch geschuppte Flossentier in der Fastenzeit abzuschlachten und dessen Fleisch, nach der fein zelebrierten Zubereitung, beim Mittagsmahl im Kreise der Mitbrüder von den Knochen abzunagen.
Vermutlich hat man auch dreimal am Tag die göttliche Oblate in das abgetötete Fleisch Jesu verwandelt, in der Hoffnung, sich an ihm den Wanst vollzustopfen. Und zu einem guten Mahl, besonders in Klöstern, bei den kernigen Landmönchen, gab es zum dick aufgetragenen Essen dann literweise randvoll gefüllte Humpen mit Bier dazu. Nach einem fetten Essen schläft es sich besonders gut, wenn der Bauch voll ist. Auch mal mit Biberfleisch, und vollgeschüttet mit reichlich Bier im Blut.

Und als wenn das nicht reicht, hat man sogar noch fantastischere Möglichkeiten, die an Kirchenwunder grenzen, um an Fleisch zu kommen, erfunden. Hier nun etwas sehr Erfindungsreiches der klerikalen Magier.

In der Fastenzeit durften keine vierbeinigen Tiere verzehrt werden. Enten und Gänse oder Fische und Krebse, sogenannte Wassertiere, waren davon ausgenommen. Einer Anekdote zufolge wurden in manchen Klöstern Spanferkel in den Brunnen geworfen, wieder herausgezogen und landeten dann als „Fisch“ auf dem Speisetisch – mit Möhrchen und kleinen Kartöffelchen. Und zum Hinunterspülen des „Fisches“ trank man massenweise Bier. Ein ganz gewiefter Abt soll sogar versucht haben, ein Spanferkel zum Karpfen zu taufen. Wer hat ihn daran gehindert?

Und wenn sich ums Verrecken eine Oblate mal nicht in das Fleisch Christi verwandeln ließ, benutzte man es, um etwas darauf zu streichen. Zum Beispiel Honig, auf das man dann zerkleinerte Nüsse, Gewürze usw. streute. Der Erfindungsreichtum kennt in der Kirche keine Grenzen, wie wir jetzt alle wissen.

Die Idee für ein anderes Gebäck, das heute vor allem in der Weihnachtszeit verzehrt wird, geht angeblich auf die Fastenzeit zurück: Nürnberger Lebkuchen. Ursprünglich soll es sich dabei um fade Fladen gehandelt haben, die zum Starkbier gereicht wurden. Bis fränkische Mönche damit begannen, die Fladen mit Honig und Gewürzen zu verfeinern und den Teig auf eine Oblate zu setzen.

Eines ist ganz sicher, auch in der Fastenzeit: In den ärmsten Klöstern wurde mehr gefressen, als je ein armer Schlucker, der sein Tagwerk auf dem Felde der Kirche nachging, um für sich und seiner Familie etwas zum Essen auf den Tisch herbeischaffen konnte, es gekonnt hätte. Egal, wie sehr er sich dafür auch abschuftete, es war immer weniger als das, was ein Bettelmönch, auch in der Fastenzeit, täglich zum Essen hatte.

Kein Mönch, kein herrschaftlicher Priester nagte je am Hungertuch oder ist an Hunger verreckt. Das kann man von deren Knechten nicht (immer) behaupten. Sie führten ein Leben, das nur aus einer einzigen Fastenzeit, einer Hungerzeit bestand. Noch heute bekommt ein Bediensteter der Kirche eher einen Hungerlohn, im Vergleich zu anderen, die selbige Arbeit an anderer Stelle verrichten. Die

Kirche unterzieht ihren „Knechte“ einer Dauerfastenzeit, doch sich selbst - damit meine ich die geweihten Männer im farbenprächtigen Röcken – gönnt sie ein fettes Leben in Saus und Braus. Gesponsert von den Kirchensteuerzahlern und den vielen Sach- und Geldspenden der Gläubigen, den eigentlich ausgebeuteten.

Palmsonntag

An diesem Sonntag, so es der Wahrheit entspricht, ist Jesus auf einem Esel, weiblich, in die Stadt Jerusalem eingedrungen, um ein paar Tage später sein Königreich einzufordern, was, wie wir wissen, nicht gelungen ist. Stattdessen hat man ihn einige Tage später gefoltert und dann hingerichtet. Man hat ihn wie einen dreckigen Verbrecher ans Kreuz genagelt, und das war damals die bevorzugte Art, jemanden zu bestrafen und ins Jenseits zu befördern. Jeder sollte sehen, wie man mit ehrlosen Verbrechern (Diebe, Mörder, Vergewaltiger usw.) umging. Darunter befand sich dann auch Jesus – zum Leidwesen seiner Anhänger. Doch bekam er als Symbol eines Herrschers eine Dornenkrone, die man ihm auf das Haupt setzte. Seine Thronbesteigung war die Erhöhung auf dem Kreuze. Diese Art der königlichen Erhöhung hat er ganz sicher nicht vorausgesehen.

Gründonnerstag

Eigentlich ein ganz gewöhnlicher Donnerstag, doch nicht in der Karwoche (Kummer, Trauer aber auch Stille Woche). Am Abend vor dem Todestag Jesu (dem Karfreitag) erinnert sich die Christenheit des sogenannten Abendmahles. Das Abendmahl, das Letzte, das Jesus noch schmiss, als er noch putzfidel war und noch nicht wusste, dass man ihn Jahre später als eine Oblate anpreist, die er angeblich sein soll, hätte er ganz sicher, so meine Vermutung, vor seiner Hinrichtung nicht mehr abgehalten. Und zu seinem Überdruss, er hat sicher alles nach seiner Wiederbelebung mitbekommen, hat man Wasser, sehr wahrscheinlich Weihwasser aus dem Taufbecken, zu Blut verwandelt, und behauptet, es sei sein Blut. Wie sie an das Blut gekommen sind, ist ihm sicherlich schleierhaft. Das hat man ihm, als er am Kreuze hing, nach seinem Tode, abgezapft – um es dann viele Jahre später mit Weihwasser zu verdünnen und damit zu verseuchen. Und so wurde das Blut Jesu gepanscht und zu wässrigem Blutwein gemacht.

Das „Grün“ hat mit der Farbe Grün nichts zu tun, sondern leitet sich von greinen (althochdeutsch „weinen“) ab. Das sprachliche Missverständnis führte dazu, dass in vielen christlichen Familien an Gründonnerstag Spinat gegessen wird. Nicht weil es stark wie Popeye, der Seemann, macht, sondern, weil es grün ist.

Der Gründonnerstag zählt bereits zum Karfreitag. Dahinter steht die jüdisch-christliche Tradition, dass ein Tag nicht um null Uhr, sondern mit dem Sonnenuntergang am Vorabend beginnt und bis zum Sonnenuntergang des nächsten Tages dauert.

Ostern, das höchste Kirchenfest der Katholiken

Der Karfreitag und das Tanzverbot

von Daniela Wakonigg

https://hpd.de/artikel/karfreitag-und-tanzverbot-14319

Noch vor vielen Jahren war die Karfreitagsstille in Deutschland weitgehend ungestört. Kinos und Diskos waren geschlossen und irgendwie hatte sich ein ganzes Volk daran gewöhnt, dass an diesem Tag nun mal tote Hose ist. Doch dann regte sich auf einmal Widerstand. Denn warum, so fragte sich der immer stärker wachsende nichtreligiöse Teil der Bevölkerung, warum sollen wir eigentlich hinnehmen, dass eine Religionsgemeinschaft mit stark schwindender Mitgliederzahl uns vorschreibt, was wir an diesem Tag zu tun oder zu lassen haben?

In jedem Jahr gibt es inzwischen mehr Proteste. Und längst gehen sie nicht mehr allein von atheistischen Vereinigungen aus. Die jahrelangen Proteste gegen das karfreitägliche Tanzverbot zeigen langsam Erfolg. Der Bund für Geistesfreiheit (bfg) schaffte es, die bayerische Feiertagsgesetzgebung durch das Bundesverfassungs-gericht prüfen zu lassen – und bekam Recht, dass das Gesetz unter bestimmten Umständen Nicht-Religiöse in nicht zumutbarer Weise einschränkt. Im Jahr 2017 feierte der bfg daher zum ersten Mal legal seine „Heidenspaß-Partys" in München und Regensburg, und das an Karfreitag. Auch die säkulare Initiative Religionsfrei im Revier hat es bereits zum Bundesverfassungsgericht geschafft. Durch die öffentliche Vorführung des – am Karfreitag verbotenen – Films Das Leben des Brian hatte sie in den vergangenen Jahren gezielt gegen das Feiertagsgesetz in Nordrhein-Westfalen verstoßen, um eine Überprüfung der NRW-Feiertagsgesetzgebung auf höchstrichterlicher Ebene zu erreichen.

Natürlich gibt es auch Proteste gegen die Proteste. Doch die Argumente, mit denen kirchliche Vertreter gegen die Karfreitagsproteste wettern, sind schwach. Man müsse ja wohl nicht 365 Tage im Jahr tanzen, ist zu hören, und die vermaledeiten Ungläubigen sollten – Himmel Herrgott Sakra! – gefälligst Toleranz zeigen gegenüber den Überzeugungen und Gefühlen ihrer christlichen Mitmenschen. Eine geradezu putzige Umkehr des tatsächlichen Sachverhalts. Sind es doch gerade jene Christen, die an der Feiertagsgesetzgebung in ihrer jetzigen Form festhalten, die keinerlei Toleranz gegenüber nichtreligiösen Menschen zeigen. Denn Nicht-Religiöse werden gezwungen, an diesem Tag bestimmte Dinge nicht zu tun – und das nicht mal in geschlossenen Räumen - obwohl für sie dieser Tag keine besondere Bedeutung hat. Umgekehrt zeigen die Nicht-Religiösen mit ihren Forderungen zur Reformierung der Feiertagsgesetzgebung sehr wohl Toleranz gegenüber den Christen. Sie wollen den Christen ihr Recht auf Trauer nicht nehmen, ja sie wollen sie nicht einmal in ihrer Stille stören, sondern fordern lediglich das Recht, in geschlossenen Räumen das tun zu dürfen, was sie selbst tun wollen, und nicht das, was die Christen ihnen aufzwingen wollen. Aber warum entzünden sich an dem bisschen Tanzen eigentlich so sehr die Gemüter? Nicht jeder Atheist möchte am Karfreitag tanzen. Also lohnt der ganze Aufwand überhaupt? Oh ja. Denn das Tanzverbot am Karfreitag ist nur die Spitze des Eisbergs religiöser Einflussnahme auf Politik und Gesetzgebung. Dass dieser Einfluss sichtbar gemacht und zurückgedrängt wird, dafür ist es höchste Zeit.

Ich selbst war 2017 in München dabei. Es war eine ruhige Veranstaltung. In den Stunden, in denen ich mit dabei war, hörte ich keine Hasstiraden, oder Polemik allgemein, die gegen die Christen gerichtet gewesen wären. Die Anwesenden freuten sich ihres Sieges, so wie es die Christen machen, weil sie, so verkünden sie es immer wieder, Jahr für Jahr, durch das, dass Jesus gestorben und nach drei Tagen wieder aufgestanden ist, den Tod besiegt hatten. Bei ihnen ist der Sieg über den Tod ihres Heilsbringers, den eigene „Anhänger“ fast schon geduldet haben, eine Feier wert, und denen die bei der Heidenspaßfeier 14. April 2017 dabei waren, reicht ein Sieg über die Kirche und deren durchgesetztes Tanzverbot an Karfreitag, womit es sich aber schon wieder erledigt hat. Und das zur Freude derer, die keine Christen sind und denen, die keine Christen (mehr) sein wollen. So war der Tag und die Zeit in der dann auch getanzt wurde, fast schon besinnlich ruhig, ähnlich wie, als wenn man den Tod Jesu gedachte und sich deshalb nicht frohlockend darüber zeigte.

Für mich hatte der Tag etwas Ehrfurchtgebietendes an sich. Niemand, so mein Eindruck feierte übertrieben den Sieg über das Tanzverbot und die Kirche, deren Wille sich mal nicht durchgesetzt hat. Ab ca. 21.30 Uhr wurde Musik zum

Tanzen gespielt, jedoch war diese Musik nicht laut. Es war Musik, die das Tanzbein zum (ruhigen) Tanzen anregte, aber ganz sicher nicht eine Siegesritual- und Tanzmusik.

Ich glaube, wenn die Christen wieder gewonnen hätten, dann hätten diese ganz sicher die Sau rausgelassen. Mit Jubelgesängen, Tänzen und Osterfeuer, als Zeichen zur Verbrennung der ... Antichristen.

Ostern, das höchste Fest der Christen

Osterkerze, Osterhase, Ostereier, Osterlamm, Osterwasser, Osterlammfahne usw.

Die Kerze wird aus flüssigem Wachs gezogen. Spätestens Mitte des zweiten Jahrhunderts waren Wachskerzen so weit entwickelt, dass sie in geschlossenen Räumen verwendet werden konnten, ohne durch Rußen und unangenehmen Geruch lästig zu werden.

Die Kerze besteht aus Bienenwachs, das fleißige Bienen für dieses Fest bereitet haben. Das Bienenwachs der Osterkerze ist noch immer sehr kostbar, weil es der mühevollen Arbeit der fleißigen und jungfräulichen „Mutterbiene“ zu verdanken ist, eine Bienenwachskerze zu Ostern anzünden zu können. So steht es im Gotteslob. Jungfräuliche Mutterbiene? Von wegen, mit in Ekstase geratenem Summen lässt sie sich bestäuben, um viele fleißige Drohnen zu zeugen, damit diese dann Honig produzieren. Ganz sicher nicht für die Kirchenkerzen, nur um das gute Bienchenerzeugnis dann in der Kirche zu verbrennen.

Die roten oder goldenen Wachsnägel an den Osterkerzen sind die Zeichen für die Wundmale Christi.

Meist wird vor der Kirche das Osterfeuer entfacht. Danach zieht der Diakon oder Priester mit der Osterkerze unter dem dreifach wiederholten Ruf Lumen Christi („Christus, das Licht") vor der Gemeinde in die noch dunkle Kirche ein, und die Gläubigen antworten mit Deo gratias („Dank sei Gott"). Wenn die Osterkerze auf dem Leuchter im Altarraum steht, singt der Diakon oder der Priester das Osterlob (Osterankündigung). Aus der Stadt Rom ist der Brauch überliefert, die Osternachtsfeier mit zwei mannshohen Osterkerzen zu erleuchten. Die Mitfeiernden des Osterfestes haben eigene Kerzen mitgebracht, die sie an der großen Osterkerze am Altar dann anzünden und während der Messe, der stundenlangen, in Händen halten. Und wenn man die Osterkerze, die am Altar steht, unten anzündet, dann rauscht sie mit dem Wiedergeborenen, dem Auferstandenen, dem Erweckten, dem Erlösten ... dem Sohn Gottes in den Himmel und entflieht so dem kirchlichen Wahnsinn. Einem Wahnsinn, der nicht auszurotten ist.

War die Auferstehung Jesu immer schon ein Fest der Freude? Ostern hat, zumal dann, wenn man in den Evangelien von Markus nachliest, etwas völlig Unösterliches. Nicht Freude war die erste Reaktion, sondern Entsetzen und Furcht, als die Frauen zu dem Grab Jesu gingen und es leer vorfanden. Von wegen Jubel und ausgelassene Freude.

Ganz sicher war es nicht so. Im Gegenteil, die Frauen flohen, als sie das offene Grab vorfanden und vor dem Grab ein Mann saß. Schrecken und Entsetzen hatte sie gepackt, und vor Furcht und Angst sagten sie niemandem irgend etwas davon. Die Ostererzählung beim Evangelisten Markus endet nicht mit Jubel und großer Heiterkeit, sondern mit Irritation, Fassungslosigkeit und Schweigen. So, wie man das Osterfest jetzt feiert, ist es zu einer Glorifizierung der Auferstehung Jesu geworden. Nur ein Fest der Freude lockt die Menschen in die Kirchenpaläste, und so wird eine Lüge schon seit Jahrhunderten gefeiert, um Menschen anzulocken, die die Macht der Kirchenfürsten stärkt und ihren Reichtum mehret.

Für Matthäus ist es in seiner Geschichte der Auferstehung Jesu wichtig, dass die ganze Erde erfasst und erschüttert wurde und aus ihrem Lot brachte. Aha, dann hat es bei der Auferstehung auch noch ein Erbeben gegeben. Kein Wunder, dass man der Auferstehung in der frühen Christenzeit mit Furcht begegnete. Kein Wunder, wenn die Frauen, die zum Grab Jesu gingen, Angst hatten, als sich gleichzeitig ein eigentlich Toter halbnackt vor sie hinstellt und sagt: „Fürchtet euch nicht ...“, und dann auch noch im selben Moment ein Erdbeben stattfindet. So zumindest lese ich es aus der Matthäus-Geschichte heraus. Mal ehrlich, mir würde, wenn ich im Morgengrauen zum Friedhof ginge und mir ein halb nackter Mann entgegenkommt, vermutlich auch noch leichenblass, große Angst aufkommen, wenn er dann auch noch zu mir sagt: „Fürchte dich nicht, mein Sohn, ich bin Jesus, der Sohn Gottes“, und im selben Augenblick ein Erdbeben ausbricht. Ich denke, das würde mich schlagartig auch aus den Latschen kippen lassen. Da kann ich froh sein, wenn ich diese früh morgendliche „Gespensterbegegnung“ und das Erdbeben unbeschadet überstehe. Wer würde sich bei solch einer seltsamen „Geisterbegegnung“ nicht fürchten oder sagen, „ja was ist das denn für ein Depp, der da in aller Herrgottsfrüh rumgeistert und behauptet, er sei der Sohn Gottes“?

Warum gingen die Frauen schon im Morgengrauen zum Grab Jesu? Hätten sie das nicht auch später machen können? Wären sie später gekommen, ausgeschlafen, dann wäre ihnen vermutlich das Grauen mit dem angeblichen Jesus erspart geblieben. Sind sie deshalb so früh zur Bestattungsstelle gepilgert, weil sie wussten, dass er, ihr geliebter Jesus, aus dem Grab steigen wird? Das aber nur ging, wenn sie mit Leibeskräften den Stein zum Einstieg wegschieben? Sie wussten aber, dass sie das nicht können. Warum hatten sie da nicht ein paar derbe Mannsdrümmer mitgenommen, als Begleitschutz und als Hilfskräfte, um den schweren Stein, der den Eingang versperrt, beiseite zu schieben? Wenn man das alles genauer betrachtet, dann kommt man zu diesen Fragen. Drei Geliebte, die zusammen zu Jesu Grabstätte gingen, und das schon im Morgengrauen, um ihren „Herrn“ neu zu wickeln, obwohl sie doch wussten, so wird es behauptet, dass sie allein nie den Grabstein wegrollen können. Wussten sie, dass ein junger Mann vor dem Grab auf sie wartet, um mit ihnen gemeinsam dann den Stein wegzurollen, damit sie in das Grab hinabsteigen können? Hat dieser nette Mann, im weißen Gewande den Stein allein weggeschoben? Ist Jesus so dann etwas zu früh für die Frauen aus dem Inneren des Grabes entstiegen, hat sich auf den Weg in die „Stadt“ begeben und ist dabei den drei Frauen begegnet, die zu ihm auf dem Weg waren und ganz sicher nicht damit gerechnet haben, dass ihnen ihr „Geliebter“ entgegenkommt, der bei deren Anblick nur mal ganz lapidar sagte: „Fürchtet euch nicht ...“? Seltsam ist das schon, was man von der Auferstehung Jesu zu lesen bekommt. Sie erinnert mehr an eine Gruselgeschichte als an eine Geschichte der puren Freude. Ich denke, Jesus hatte noch Glück, als er den drei Frauen halb nackt gegenüber- stand und nicht gleich, als er sagte, wer er sei, die ein oder andere Bockfotzen bekommen hat. Motto: „Ja sog a moi, bist du närrisch uns so zu erschrecken, und das noch halb nackt? Hättest du nicht wenigstens das Leichentuch überziehen können?“ Was hätte Jesus, so total ausgemergelt, gesagt? „Nein bitte nicht schlagen, mir tut ja noch alles weh von den Schlägen, die ich vor der Kreuzigung bekommen habe.“

Da lese ich lieber Geschichten von niedlichen Osterhasen, die viele bunte (Schoko)Eier bringen. Und weil auch sie ihren Spaß haben möchten, verstecken sie auch mal die farbenfrohen Eier in grasgrünen Osternestern in den Gebüschen, damit die Kinder diese suchen müssen. So entsteht ein Fest der Freude, aber nicht, wenn einem ein halb nackter und leichenblasser Mann entgegenkommt, egal, zu welcher Uhrzeit, und dann auch noch seltsame Worte spricht.

Osterwasser

Der Ursprung des Osterwassers liegt in heidnischer Zeit. Das Wasser gilt als Ursymbol des Lebens und der Fruchtbarkeit. Es wurde bei den Germanen zum Gedenken an die Frühlings- und Fruchtbarkeitsgöttin Ostara verehrt. Wenige Jahrhunderte nach Christus wurde es als Symbol für das Osterfest in Zusammenhang gebracht.

Nach dem Volksbrauch muss das Osterwasser in der Nacht von Samstag auf Ostersonntag zwischen Mitternacht und Sonnenaufgang aus einem Bach geschöpft und schweigend nach Hause getragen werden. Es soll ein ganzes Jahr lang Augenleiden, Ausschlag und andere Krankheiten heilen und für ewige Jugend und Schönheit sorgen. Das Osterwasser ist auch ein Symbol der Fruchtbarkeit. Nach dem Volksglauben werden Kinder, die mit Osterwasser getauft wurden, besonders intelligent. Das heilige Wasser soll ein ganzes Jahr vor Krankheiten, Unglück oder ähnlichen Ereignissen bewahren. In verschiedcnen Regionen Deutschlands wird der Brunnen, aus dem das lebensspendende Wasser geschöpft wird, mit Osterschmuck verziert.

Was soll das Osterwasser heilen? Was soll es bewirken? Es soll ein ganzes Jahr lang Augenleiden, Ausschlag und andere Krankheiten heilen und für ewige Jugend und Schönheit sorgen!? Wer das glaubt und sich diese Plörre in das Gesicht schmiert, der wird alles andere als schön. Es beschert einem eitrige Pickel und schrumpelige Haut, wenn man diese nicht eh schon hat, aufgrund des Alters und der Sorgen, die einem die Kirche in das Gesicht ritzt. Für die ewige Jugend soll es sorgen und viele andere Krankheiten heilen. Was das gesegnete, ein Jahr lang dahin dümpelnde Wasser ganz sicher schafft, ist, wenn man schon nicht die Augen verliert, die sich aus dem Schädel der Dummgläubigen lösen, zumindest, passend zu der geistigen Blindheit, für die Blindheit der Augen zu sorgen. Könnte es sein, dass es Warzen ausbrennt?

Um zu hören, was der Schwätzer im Talar mit wedelndem Wischmopp und dem Kübel mit dem „Feuerwasser, das jeden Eiter aus der Beule entfernt", erzählt, braucht es wahrlich keine Augen. Und das klein wenig an Verstand, das jemand noch besitzt, wird mit dem Osterwasser aus der kirchlichen Hohlbirne gespült. Bei dem Ritual des geschöpften Wassers, das nach einem Priestergemurmel zu Osterwasser wird, das aus einem mit Chemikalien verseuchten Bach entnommen wurde, muss der Schöpfer, die Schöpferin, schweigen. Klar, wenn die/der das Maul aufmacht, um allen zu sagen, dass das, was er/sie da herausholt, den Menschen, wenn er es um die Ohren gespritzt bekommt, tötet, dann legt er/sie sich mit der gesamten Kirche an. Und wer die Kirche kennt, der weiß, wie gnadenlos sie mit denen umgeht, die sich schlecht - wenn auch die Wahrheit, über sie äußern. Wenn es auch nur um das verdammt verseuchte verpisste Rinnsal geht, das in der Kirche dann als geweihtes Heilwasser gepriesen und verspritzt wird. Ganz Mutige spritzen und schmieren es sich gleich selbst ins Gesicht, weil sie nicht genug von der Heiligkeit bekommen können. Und die Todesmutigen trinken davon. Mmhhh, lecker, und in der Nacht leuchtet dann der Gläubige voller Freude, die Gott ihm/ihr/ihnen zuteilwerden lassen hat. Sie glauben, sie wären Erleuchtete. Im Gegensatz zu ihnen leuchten die Leuchtkäfer strahlend hell. Und in Gottes Namen, dann sollen sie es glauben, wenn sie dadurch selig werden.

Auch die Viecher, die in die Bäche mit dem Osterwasser getrieben werden, sollen vor Krankheiten geschützt werden? Falsch, den Viechern zieht es, wie von einer unsichtbaren Hand, das Fell vom Leib, so wie das Osterwasser verseuchte Bächlein an deren Körper kommt.

Ein Symbol der Fruchtbarkeit soll das Osterwasser auch sein, nun, das Wasser allgemein sicher, aber doch bitte nicht das Kirchenwasser, das Österliche. Das macht alles andere als fruchtbar. Es verhindert eher, dass man fruchtbar bleibt. Die Spermien sterben ab und die Frau wird unfruchtbar. Ah, klar, das ist es doch, was die Kirchenmänner wollen. Sie wollen die Männer, die jungen Früchtchen, für sich haben, und da stört eine fruchtbare junge Maid. Die ollen Mägde und Weiber in der Gemeinde stören da nicht, und können ruhig weiter viel vom Osterwasser trinken, denn sie verrecken daran ja eh nicht. Sie sind bereits immunisiert gegen das heilige Oster-Weihwasser. So bleiben sie gute dienliche Kräfte im Hause des Herrn ... Pfarrers. Und jetzt kommt der absolute, der Kracher Gottes schlechthin. Das Osterwasser soll die Kinder, die damit getauft werden, besonders schlau machen. Welche Schläue soll das dann sein? Ganz sicher nicht die, die ihnen sehr schnell klarmacht, dass es das Beste ist, ganz schnell von der Kirchengemeinde und ihrem Dunstkreis davonzurennen. Doch gibt es Menschen, die sich von dem Übel nicht befreien lassen wollen. Niemand, der kirchlich geweiht wurde, darf diese Kirche verlassen. Nicht einmal wenn der Tod sie davon zu befreien versucht. Man kriegt sogar als Atheist, wenn man Pech hat, ein Kreuz auf das Grab gesteckt. Wie das Kreuz auf den Sarg eines Vampirs, so bekommt der Ungläubige das Kreuz auf sein Grab, damit er dem Katholikenglauben nicht davonhuschen kann, ehe er nicht für das Gottesreich geläutert wurde. Nun, wenn das Osterwasser klug macht, dann wird jeder, der damit geweiht wurde, wissen, dass es keinen Gott gibt und ein Kreuz an der Kette um den Hals, oder nach dem Tode auf dem Grab, nichts hilft, um der Kirche der Christen erhalten zu bleiben. Ja, wenn das so ist, dann, liebe Priester, weiht die Menschen mit Osterwasser, was das Zeug hält, denn dann erfüllt ihr den Glauben an die Klugheit, die man durch das Osterwasser bekommt, und rettet damit Millionen Menschen vor dem Christentum und all ihren Schlechtigkeiten. Vielleicht wurde man durch Wasser klug, was mal dahingestellt ist, zumindest von mir. Wenn es so ist, dass man mit geweihtem Osterwasser klug wird, dann sicher nur von reinem, unverseuchtem Weihwasser. Es ist auch klug, sich nicht mit Weihwasser segnen zu lassen, Sich auch nicht damit zu waschen, wenn man gesund bleiben möchte.

Wenn mich nicht alles täuscht, wurde das „Osterfest“, der Sieg über den Tod, früher jede Woche gefeiert, doch dabei wurde wohl zu viel von dem klug machenden Osterwasser verspritzt und die Gläubigen dann zuhauf zu klug für die Kirche. Und manches weiße Lamm und Schaf wurde dann zu einem schwarzen sündigen Lamm, einem Ausreißer der

Kirchengemeinde und ein Erkenner dessen, was sich wirklich hinter den Mauern der Kirche und deren frohlockenden Worte verbirgt. Und um sich diese vermehrte Klugheit nicht millionenfach ins eigene Nest zu holen, feiert man das Osterfest nur noch einmal im Jahr?

Was macht die Klugheit aus? Hier nun meine Erklärung. Es ist die Neugierde, um zu Wissen zu kommen, und das aus Leidenschaft und der in sich vorhandenen Kreativität, der man freien Lauf gewähren soll, wie man es will, wenn es dem Guten entspricht. Diese Klugheit ist die Klugheit, mit der alle Menschen selbst entscheiden, was sie glauben wollen, wenn sie an etwas glauben möchten, und nicht die seltsame erhaltene Klugheit durch Brackwasser, das man geheiligtes Osterwasser nennt. Der Mensch wird im Allgemeinen mit Intelligenz geboren und tut gut daran, anfangs mit guter Hilfe, sich mit Klugheit und Weisheit zu schulen. Das führt dazu, auch zu erkennen, was wirklich das Gute ist, und nicht nur das Gute ist, was Religionen einem vorgeben, was gut und richtig zu sein hat. Viele, sehr viele Negativbeispiele gibt es dafür. Und nicht nur in der Vergangenheit. Der Mensch muss und will sich weiterentwickeln, doch die Kirche, die Religionen allgemein, hindern sie oft an diesem Wollen, um sie für ihre eigenen Ansichten zu gewinnen oder zu halten – wenn man sich bereits in deren Fängen befindet. Natürlich gibt es noch andere und weitere Erklärungen was Klugheit ausmacht, und da ich kein Wissenschaftler bin, belasse ich es hier bei meinen Worten und nicht noch mit vielen wissenschaftlichen Arbeiten von klugen Leuten. Hier schließe ich die Schlaumeier der Kirche aus. Schlau von mir, oder?

Jetzt jedoch bitte nicht vergessen, dass das gesegnete und verwandelte Wasser aus der Seuchengrube nur für ein Jahr ein Haltbarkeitsdatum hat. Schwuppdiwupp geht dem Osterwasser nach 365 Tagen der gesegnete Spuk, die Heilsbringung, verloren. Tja, wenn das so ist, dann muss man hin und wieder in einen vergifteten Adamsapfel beißen, um einen gehörigen Spritzer des Osterwassers zu erhalten, um damit die Klugheit zu behalten.

Am Friedhof werden die Gräber mit Osterschmuck verziert, deren Inhalt durch das verdreckte Oster-Weihwasser, das todbringende Brackwasser, verreckt sind. Wer zu viel von dem todbringenden, abgestandenen Osterwasser abbekommt, muss ja immer damit rechnen, dass es mit ihm/ihr schnell zu Ende gehen kann. Und die Reise in den Himmel oder die Hölle, oder das Fegefeuer, besiegelt man mit dem Seuchenwasser aus dem Tauf- und Weihwasserbecken.

Osterlachen

Osterlachen (lateinisch risus paschalis), auch Ostergelächter, bezeichnet den Brauch, in der Predigt an Ostern die Teilnehmer an einem Gottesdienst zum Lachen zu bringen. In einigen Regionen – vor allem in Bayern – war es vom 14. bis 19. Jahrhundert ein fester Bestandteil des christlichen Brauchtums. Grundanliegen des Osterlachens war es, die Osterfreude zum Ausdruck zu bringen. Es sollte die Überlegenheit und der Sieg über den Tod symbolisiert werden, der sich an Christus „verschluckt“ hat und der

Lächerlichkeit preisgegeben ist. Das Osterlachen war auch eine Art, in lustiger Form Kritik an der weltlichen oder kirchlichen Obrigkeit zu üben.

Und wer sich auch heute erlaubt an der Kirche Kritik zu üben, der hat wahrlich nichts zu lachen, wenn er erst mal in den Fängen der Kirche zappelt. Und wen die mal in ihren Krallen hat, der/die, kommt ganz sicher nicht ohne Schrammen heraus. Schrammen, deren Narben dann immer zeigen, wie brutal die Kirche mit Kirchenkritikern umgeht, wenn sie mal in Rage gerät. Wenige waren es nicht, die schon die kirchliche, die ach so christliche Gnadenlosigkeit am eigenen Leibe verspüren mussten. Wie Wölfe im Blutrausch fallen die Vertreter Gottes über den, die Kritiker her. Erst wenn ihr Gelüste (nach Rache) zufriedengestellt ist, lassen sie vom Opfer ab. Ihr Gerechtigkeitscredo lautet nicht nur profan Auge um Auge, Zahn um Zahn, sondern: „Niemand legt sich ungestraft mit der allerheiligsten katholischen Kirche an. Wer Kritik übt, wird vernichtet“. Und der Staat sieht tatenlos zu, wie Kritiker der Kirche von den Kirchenvertretern auf das Brutalste zerstört werden. Gepriesen und gesegnet, so die Gedanken der mächtigen Herren der Kirche, sind ihre Kirchengesetze, die mit den Gesetzen des Staates nicht viel gemein haben. Spätestens hier vergeht mir das Lachen.

Im Spätmittelalter wurde an Ostern mit obszönen Handlungen und Worten versucht, die Gemeinde zum Lachen zu bringen. Manche Prediger sollen damals – in Anspielung auf die Ostereier – absichtlich wie Hühner gegackert haben, um die Kirchgänger an Ostern zum Lachen zu bringen. Manche der Priester sind – in Vorfreude auf den ersten Braten nach der langen Fastenzeit – gar auf allen Vieren durch die Reihen gekrochen und haben dabei auch wie ein Schwein gequiekt. Ein freudig eingestellter Mensch, der das Lachen liebt, stimmt der Aussage zu, dass das Lachen von allerhand Pein befreit. Besonders der Pein, die die Kirche den Menschen antut.

Der russische Dichter Maxim Gorki hat es poetisch ausgedrückt. Er wünscht: ... dass wir Zauberer sein können, die in den vergifteten Brunnen der Traurigkeit einen Tropfen, nur einen einzigen Tropfen vom lebendigen Wasser des Lachens hineingießen und diesen Brunnen dadurch zum Kraft und Leben spendenden Heilquell machen können.

Wie wäre es, wenn man dem christlichen Glauben eine Injektion der ausgelassenen Freude und des Lachens verabreichen würde? Das würde die Kirche endlich zu einer Heimstätte machen, in der die Menschen dann auch mal und wieder was zum Lachen hätten. Und jetzt aber doch mal ein Witzelein ... welches sogar mir gefällt. Maria und Josef suchen in Bethlehem ein Quartier. Als sie in einem Gasthaus den Wirt nach einem Zimmer fragen, sagt dieser: „Ich habe kein Zimmer frei.“ Das brachte Josef dazu, auf Marias Bauch zu zeigen und zu sagen: „Sehen Sie denn nicht, in welchem Zustand sie ist?“ Der Gastwirt antwortet unwirsch: „Dafür kann ich doch nichts.“ Josef entrüstet: „Ich vielleicht?“

Hat Jesus auch mal gelacht? Diese Frage steht noch offen.

Klerikalfarbene Ostereier

Der Brauch, zu Ostern Eier zu verschenken, hat verschiedene Ursprünge. Bereits in der Urchristenzeit war es Sinnbild des Lebens und der Auferstehung, und so hat man in das Grab von Toten ein Ei mitgegeben. Das Ei hält etwas verborgen, ist wie ein verschlossenes Grab. Aus einem scheinbar toten Körper kommt schließlich etwas Lebendiges heraus. Damit soll bzw. wird die Beziehung zur Auferstehung Christi deutlich gemacht.

Die Frage nach der Ewigkeit kann durch die Form des Eies – ohne Anfang und Ende – beantwortet werden. Im Mittelalter war das Ei eine Berechnungseinheit für Pacht und Zins. An Ostern wurden als Gegenleistung für gepachtetes Land den Grundherren Eier überreicht. Und auch heute noch zahlen die Kirchenstürmer die Zeche des Pfarrers an diesem Tag. Besonders teuer wird es in den Kathedralen, denn ein Bischof, ein Kirchenfürst, lässt sich doch nicht nur mit farbigen, speckeingeriebenen Ostereiern abspeisen. Teurer Speck aus den Abruzzen muss da schon im Präsentkorb sein. Und einen lecker süffigen Wein wird er auch nicht ablehnen. Nicht zu vergessen auch der Osterkuchen und viele teure Schokoostereier, gefüllt mit geheiligtem Sanctus Spiritus. Schnaps, Likör, Weinbrand usw. ist damit gemeint. Ein Korb allein reicht ihm da nicht, denn seine Vasallen wollen auch für österliche Worte und deren gespendete Segnung selbst auch gesegnet werden. Also, her mit dem Zeug! Zudem war während der Fastenzeit auch der Genuss von Eiern untersagt. Bis zum Osterfest, das die Fastenzeit beendet, sammelten sich somit viele Eier an.

In das Osterbrot aufgeprägt sieht man einen Osterhasen, und darin ist ein Ei mit eingepackt worden. So entstand dann die Vorstellung vom Hasen, der Eier legt. Ja, was nun, wer oder was ist das Symbol der Fruchtbarkeit? Der rammelnde Hase? Das Wasser? Der Baum? Der Esel? Der Hahn? Und welches Tier steht symbolisch für Jesus? Der Hase? Der Fisch? Das Lamm? Der Wurm? Kann man sich endlich entscheiden, welch Tier für Gottes Sohn steht? Ist es doch gar die geile Taube, die Maria, von ihr unbemerkt, befruchtete? Die christliche Deutung ist aus dem Psalm 104,18 möglich. In alten Übersetzungen sind die Wörter Hase oder Kaninchen zu finden. In Byzanz war der Hase ein Symbol für Christus.

Das Ei – Symbol des Lebens – hat viele verschiedene Bedeutungen, die sich zum Teil auf das christliche Osterfest übertragen haben. Der Brauch, Eier zu verschenken, geht auf verschiedene Ursprünge zurück. Während der Fastenzeit durften keine Eier gegessen werden – die Hühner konnten aber schlecht davon abgehalten werden, weiter Eier zu legen. Deshalb musste das Überangebot haltbar gemacht werden. Die Eier wurden gekocht und dem Kochwasser wurden Pflanzenteile zum Färben beigegeben, damit man die gekochten von den rohen Eiern unterscheiden konnte. Seit dem 13. Jahrhundert ist die traditionelle Farbe für Ostereier rot – als Farbe des Lebens, der Freude und auch als Symbol für das Blut Christi.

Und wieder fließt das Blut Christi – und nun auch noch aus einem Ei. Die rote Farbe des Eies signalisiert es allen Christen. Hurra, ein gelegtes Ei Gottes, mit dem blutigen Embryo seines Sohnes darin. Und wenn er geschlüpft und drei Tage nach der Kreuzigung auferstanden ist, nach dem ihm zugefügten Mord, dann nennt man das die Auferstehung Jesu. Na, wenn das kein Neustart ist, den Jesus hingelegt hat, dann weiß ich auch nicht mehr, was man als Wunder der Auferstehung bezeichnen kann. Und dafür, den Neustart Jesu, wird das Osterfest gefeiert. Typisch Kirche, erst jemanden umbringen, etwas Scham dabei empfinden, für ca. drei Tage, und dann ein Fest feiern, weil der angebliche Tote doch nicht tot ist. Er war nur ein bisschen tot. Für drei Tage. Und was machte Jesus, er ging, nachdem er sich aus dem Leichentuch und der Höhle befreien konnte, mit Hilfe von wem auch immer, beleidigt, was ich verstehen kann, nicht zu seinen Jüngern, um mit ihnen seine Wiederbelebung zu feiern. Das hätte ich auch nicht gemacht. Und diese Woche des Leidens - beschert durch seine Anhänger - wird Jahr für Jahr gefeiert. Ich glaube eher, dass sich die Anhänger des Christentums noch heute ärgern, dass Jesus nicht einfach tot in der Höhle liegen geblieben ist, und so immer wieder aufs Neue das Foltern ihres Religionsgründers zelebrieren, in der Hoffnung, dass er endlich, für die Unendlichkeit verschwindet – in den Himmel. Hauptsache weg vom Christentum, denn seine Philosophie passt nicht mehr zu der heutigen christlichen Einstellung und dem christlichen Leben. Und das begann schon vor vielen Jahrhunderten. Paradezeit hierfür war das dunkle Mittelalter. Dort handelte man mehr nach dem Verhalten des zornigen Gottes, wie es im Alten Testament steht. Oder hat schon jemand gesehen, dass man versucht hat, ein Foltern und Morden Gottes zu zeigen? Nein? Warum auch? Er, Gott, ist doch der Hauptdarsteller, wenn es um das Foltern und das Vernichten geht. Und bei seinem Sohn hat er sich als Schlächter selbst an Grausamkeit übertroffen. Das Osterfest (Karfreitag) zeigt es Jahr für Jahr im Fernsehen und den Passionsfestspielen immer wieder, für freudige Zuschauer der Folter und des Tötens eines Menschen, wie grausam der liebe Gott, der Papi von Jesus, in Wirklichkeit ist. Und diesen Gott wollen Milliarden Gläubige als ihren Vater haben? Da muss man aber schon ganz blöd oder abartig veranlagt sein, um den als Papa haben zu wollen. A do legsd di doch nieda. So bläd kenna de Leid doch ned sei. Doch, so Bläde gib's tatsächlich. Und des ned wenig.

Osterlamm

Zum christlichen Osterfest gehört auch das Osterlamm. Entstanden ist das Osterlamm aus dem Ritual der Juden zum Passahfest, ein Lamm zu schlachten und zu verspeisen. Dabei wird das Lamm zum Gedenken an Gott geschlachtet. Im Christentum wurde das Tier symbolisch zum Lamm Gottes (dem Sohn Gottes) und wird, versehen mit der Fahne als Zeichen des Sieges (über Jesus?) und als Symbol des Lebens verstanden. Ich stelle mir vor, wie ein Christ, als Zeichen des Sieges über den Tod Jesu, eine Fahne mit einer Spitze am Ende in das kleine, froh herum hüpfende und vor Freude blökende Lamm rammt. Und das soll gottgewollt sein? Nein, es ist grausam! So, wie es grausam war, als man Jesus, so die Geschichte stimmt, mit einem Speer „anstach“, um zu testen, ob er tot ist. Aus meiner Sicht wollte man sehen, ob man ihn nun endlich besiegt hat. Zu sehen, dass man den Tod Jesu besiegt hat, sieht man in dem gebackenen Lamme (Sohn Gottes) eine christliche geheiligte Fahne stecken. Die Kirchensymbolik zeigt sich lieblich, doch ist sie oft grausam und menschenverachtend.

Mit seinem weißen Fell ist das Lamm daneben auch ein Symbol für Reinheit und friedliche Lebensweise und soll damit als Zeichen des Friedens dienen und eine friedliche Lebensweise anmahnen ..., bis dass man es seines Felles beraubt – und es ihm über die Ohren gezogen hat.

Das Osterlamm als Synonym für den wehrlosen, verletzlichen Jesus Christus

In der Gegenwart findet es sich aber meistens als Osterlamm auf der Speisekarte. Und Jesus schmeckt doch, und nicht nur als schnöde, geschmacklose, verwandelte Oblate. Als Backwerk aus Rührteig bildet es außerdem reich verziert oft den Mittelpunkt des Ostertisches. Und wer Lust hat, der darf ganz im Sinne des Christentums dem Lamm, dem Sohn Gottes, die beigefügte Lanze mit Fahne daran in den Leib rammen. Das gibt einem ein befreiendes Gefühl und eine noch engere Bindung zum Christentum. Damit bleibt man der Religion des niemals werdenden Guten fest verbunden. Zu schmackhaftem Kaffee und/oder Tee wird das Lamm Gottes dann geköpft und der Rest in seine einzelnen Bestandteile zerlegt und mit einem Klecks Sahne darauf noch versüßt. Immer zur Freude der Schlächter des Lammes Gottes, seines Sohnes. Rest in Peace!

Die „Fahne“ im Osterlamm

Ein gebackenes Osterlamm kennt und schmeckt jedem Katholiken – mir auch. Ganz sicher wissen die wenigsten der Kirchgänger, warum eine „Fahne“ im Rücken des gebackenen Osterlammes steckt. Hier nun die Erklärung dazu. Die Fahne galt früher als Zeichen kriegerischer Auseinandersetzungen, die den Christen (angeblich) ein Gräuel waren. Die Osterlamm-Fahne gilt seit dem 10. Jahrhundert als Zeichen für den Sieg über den Tod und als Symbol für die Auferstehung Jesu Christi. Wie bitte? Den Christen war eine kriegerische Auseinandersetzung ein Gräuel? Sie waren es doch, die viele Kriege führten und oder mitfinanzierten und an den Kriegen teilnahmen. Sogar ein Papst zog sich eine Kriegsrüstung an und ritt mit in den Krieg, auch wenn der alte Depp kaum noch laufen konnte und vermutlich auch nicht mehr wusste, was er tat. Aber das Spatzenhirn wusste noch, wie man einen Krieg anheizte. Für mich ist die „Fahne“ im gebackenen Lamm eine Lanze, an der die Fahne des Siegers weht, um zu zeigen, wer der Beherrscher über Gott und den Menschen ist. Noch heute würde man vielen Ungläubigen eine solche Lanze - mit dem Kirchenwappen daran - am liebsten einen Todesstoß in den Rücken verabreichen. Motto: Wer nicht für und mit uns ist, wird ausgerottet – in Gottes Namen. Einer der christlichen Kriegstreiber war Papst Julius II. Seine Zeitgenossen nannten ihn „Il Papa Terribile", den „schrecklichen Papst", auch als „Kriegerpapst" bekannt. Martin Luther bezeichnete ihn gar als einen „Blutsäufer".

Osterhase

An einer Stelle der Bibel, dem Ps.104,18 EU, wird in älteren Übersetzungen von „Hasen" gesprochen. Grund dafür war die lateinische Übersetzung von Spr. 30,26 EU. Hieronymus hat das hebräische „schafan", was Klippschliefer bedeutet, mit „lepusculus" (Häschen) übersetzt.

Der Hase ist nicht ohne Grund zum Symbol für Ostern geworden. Der Hase ist einer Überlieferung nach das Tier der Liebesgöttin Aphrodite und der germanischen Göttin Holda. Der Hase gilt gleichzeitig als ein Bote Gottes und steht wie das Ei als ein Zeichen für Fruchtbarkeit und Leben. Einer älteren Deutung nach ist der Hase das Symbol für die Auferstehung Jesu. Es gibt verschiedene Theorien, warum genau der Osterhase als Repräsentant für Ostern auserkoren wurde. Es heißt, dass die Gläubigen zu Anfang des Brauchs statt eines Osterlammes einen Hasen als Opfer dargebracht haben. Sicher finden sich noch weitere Erklärungen, warum ausgerechnet ein Hase als Symbol für die Auferstehung steht. Aber egal, es hätte auch ein Geier sein können. Der hat wenigstens Flügel. Oder eine fette Taube, doch die steht bereits für den Heiligen Geist. Das Beste an dem Osterfest ist, dass es einen Schokohasen gibt. Dem kann man sein goldiges Fell(papier) vom Schokoleib reißen und dann mit der Faust draufhauen, bis er sich in viele Einzelteile zerlegt hat. Und wenn man nicht allein ist, teilt man die Einzelteile mit seinen Freunden. Gedankt sei dafür der Süßwarenindustrie.

Außer dem Hasen waren noch andere Tiere mit Eiern zugange. In Hessen versteckte lange der Fuchs die Ostereier, in Holstein und Sachsen der Hahn, im Elsass der Storch und in der Schweiz der Kuckuck. Jaja, so bindet man den Gläubigen einen Bären auf. Ich dachte immer, es sei der Hase, weil er so gut rammeln kann.

Osterhase wird in der Kirche ausgepeitscht

In einem Bundesstaat der USA peitschen Vertreter der Kirche einen Osterhasen aus, um den Kindern zu zeigen, welch unsagbares Leid Jesus bis zu seinem Tod ertragen musste. Sie wollten den Kindern die Leiden von Jesus zu verdeutlichen. Da diese Kinder auch an einen Osterhasen glaubten, an den ich als Kind auch glaubte, machten sie ihnen auch noch klar, dass es keinen Osterhasen gibt. Das, was man den Kindern gezeigt hatte, stieß bei den Eltern auf wenig Verständnis. Für die Kinder war das was sie sahen und hörten sehr grausam, und viele von ihnen fingen dann zu weinen an. Hier frage ich mich, was hat das mit der angeblichen Liebe und dem Willen Gottes, dem Vater des Gekreuzigten zu tun. Hier wurde auf die kindliche Seele eingeprügelt. So verjagt man seine Gläubigen. Kein Wunder, dass es immer weniger Gläubige gibt, und die Gotteshäuser leer bleiben. Zumindest in den deutschen Kirchenhäusern. Und um mir dieses soeben Gelesene zu glauben, verweise ich auf folgenden Link, dem man im Internet eingibt.

https://rp-online.de/panorama/leute/kinder-weinen- osterhase-in-kirche-ausgepeitscht_aid-16939043

Exsultet

Das Exsultet (lat. „es jauchze“) ist das in der römisch- katholischen und evangelisch-lutherischen Liturgie gesungene Osterlob der Lichtfeier am Beginn der Osternacht. Die liturgische Bezeichnung lautet seit der Reform der Karwochenliturgie 1955 Praeconium paschale (lat. „Osterankündigung“, „Osterlob“). Seltener wird es auch als Laus cerei (lat. „Lob der Kerze“), Benedictio cerei (lat. „Segnung der Kerze“) oder Exsultet iam angelica turba bezeichnet.

Weitere kirchliche Feiertage

Christi Himmelfahrt (One-Way-Ticket in den Himmel)

In der Welt vieler Religionen gibt es die weit verbreitete Vorstellung von einer Himmelfahrt der Seele. Voraussetzung dieser Himmelfahrtsvorstellungen, denen die Höllenfahrt als Gegenstück entspricht, ist ein Weltbild, in dem es Himmel, Erde und Unterwelt gibt. Klar, wenn es diese Anlaufstellen nicht gibt, wo soll dann die Seele, bzw. der (tote) Mensch denn hinfahren?

Das Neue Testament berichtet vor allem von der Himmelfahrt Christi (39 Tage nach Ostern; Apostelgeschichte Lukas 1,9-11). Ich vermute mal, dass man bei der Aussage von der Himmelfahrt Christi seine Auferstehung mit Sprachmitteln veranschaulichen will. Und schon bald spricht man dann vom „Christi beamen in den Himmel“ – da die Kirche dem Sprachschatz der Zeit gerecht werden will. War vor der Himmelfahrt das in den Himmel latschen gestellt? Jesus, der Wanderer, auf dem Weg in den Himmel?

Im Mittelalter gab es allerhand dramatisierende Darstellungen des Himmelfahrtsgeschehens: So wurde gelegentlich in der Kirche eine Christusfigur emporgezogen und zwei freischschwingende Kleriker spielten die (Rausch)Engel der Himmelfahrtsüberlieferung. Und ist dabei auch mal ein Seil gerissen? Wenn ja, hat das sicher einen Dumpfen gemacht. Für mich klingt das alles, wie wenn man Jesus mit einem Seil, das man ihm um den Hals legte, nach oben gezogen hätte. Meine Herren der Kirche, lasst doch den armen Deife in Ruhe. Reicht es nicht, dass er am Kreuze festgepinnt war? Muss man ihn auch noch wie an einem Galgenstrick nach oben ziehen? Glaubte man noch immer nicht, dass er bereits tot ist? Glaubt man das auch heute noch nicht? Nein, das glauben sie tatsächlich nicht, vermute ich mal. In der Kirche wird Jesus jedes Jahr geboren, um dann ein paar Monate wieder an das Kreuz gezimmert zu werden. Und das so lange, bis er endlich über den Jordan gegangen und dann zu seinem Himmelsdad aufgefahren, mittlerweile - neusprachlich gebeamt ist. Und solange er nicht gestorben ist, erlebt er das auch heute noch.

Pfingstfest

Pfingsten ist im Christentum ein Fest, das am siebten Sonntag (fünfzigsten Tag) nach Ostern begangen wird. Es wird zum Gedächtnis an die Herabkunft des Heiligen Geistes auf die Apostel, als diese zur Feier des altjüdischen Schawuot-Festes (Neues Testament, Apostelgeschichte 2, 1-4) versammelt waren, gefeiert. Außerdem wird an diesem Tag die Gründung der Kirche gefeiert.

An diesem Tag schwirrt der Heilige Geist in der Gestalt einer Taube herab und spendet dir seinen Segen – auf den geschissen ist. Und warum? Weil niemand die Taubenkacke auf seinem Haupte haben will. Die Kirche aber sagt, durch seine scheinbar heiligen Prediger, dass es Flammen waren, oder waren es flammende Zünglein, oder vielleicht züngelnde Flammen, die der Heilige Taubengeist auf den Menschen herab... pullert? Wer weiß das schon!

Warum wird Pfingsten gefeiert?

Für viele Menschen sind die Pfingsttage einfach nur Tage, an denen sie nicht arbeiten müssen.

Wie herrlich schön, die Christen sorgen dafür, dass man als Nichtchrist, Nichtgläubiger, freie Tage bekommt. So kann man dem Christenherrn und seinem Sohn mit christlichen Jammergesängen danken, wenn auch sich die Lieder mit ihren Texten eher wie Todesgesänge anhören. Nur verstehen und hören dies die wenigsten aus den Kirchenliedern heraus. Vermutlich ist das so auch gewollt. Nur, welcher Nichtchrist singt schon ein Dankeslied für den Gott und dessen Sohn, den die Christen anbeten, bis es ihnen selbst mal zu blöd wird, Unsichtbare anzuhimmeln? Und das Feiern gibt es für die Nichtchristen auch absolut kostenfrei und auch ohne eine heiße Flamme auf dem Kopf, wie sie die himmlische, flatternden Taube mit seiner heiligen, stinkenden Hinterlassenschaft auf dem Haupte absegnet. Das ist echt abgekackt, was da einem Christen auf das Hirn gesch... wird. Und ja, das mit der Flamme und der Taube wird den Christen so auch noch eingeglaubt. Und die Christen haben das gefälligst zu glauben – von Kindesbeinen an.

Als ich das geschrieben habe, stellte ich mir vor, wie in der Kirche über den Köpfen der Menschen hunderte flammende Zungen, so nennt man es, über den Köpfen brannten und darüber noch hunderte von angebrutzelten weißen Tauben umherschwirrten, die Federn bereits vom Feuer des Allmächtigen angesengt. Wie das duftet, wie gebratene Hähnchen, nur, dass es dieses Mal dumme Tauben sind, die sich dem Feuertod opfern, um dann von den Gläubigen verspeist zu werden. Gottes Hähnchen gibt es ja nicht, außer einem krähenden Hahn, der auch noch dazu drei Mal krächzte. Also müssen Tauben als göttliches Geflügel aus dem Himmel herhalten. Das ist wieder einmal ein Paradebeispiel, wie Gott mit den Tieren umgeht. Erst macht er sie zu heiligem Geflattere und dann lässt er sie verrecken. Was man bereits von ihm, Gott, kennt.

Die Bedeutung von Pfingsten ist hingegen wenig bekannt. Dabei ist Pfingsten nach Weihnachten und Ostern der höchste Feiertag der Christen und gilt als „Fest des Heiligen Geistes". Und der Heilige Geist erscheint den Christen stets als weiße Taube, die viele lieber knusprig in ihrem Topf, es kann auch ein Drehspieß sein, als wie über ihrem Kopf sehen wollen. Als kleines Häppchen ist solch Gottestaube, und sei sie noch so heilig immer ein anbetungswürdiger Magenfüller. Und wenn jemand seine Taube, die nur für ihn über seinem Kopf herumflattert, der kann sie seinen Nachbarn vermachen, für einen kleinen Obolus in den Opferstock der Kirche des Heiligen Geistes.

Ursprünglich war Pfingsten ein jüdisches Erntedankfest. Die Bedeutung von Pfingsten verschob sich dann, weil die christliche Gemeinde begann, Pfingsten als Geburtstag der Kirche zu feiern, der wiederum eng mit dem Heiligen Geist und der damit verbundenen christlichen Missionierung verknüpft ist. Gratulation, und wieder hat man einem anderen Glauben etwas gestohlen, und für sich als heiliges Fest dann tief in seine Rituale verankert. Sie nehmen sich, was ihnen gefällt, und verleugnen ihre Sündhaftigkeit. Wahrscheinlich behaupten sie auch noch, dass dieses jüdische Erntedankfest nicht zu deren Glauben gehört, da es von Anbeginn Gottes vorgesehen war, dass es die Juden bis zu der Christengründung aufbewahren und dann an die Christen gegeben müssen, wenn das geschehen ist. Denn es ist das Zeichen der Christengeburt, und nicht irgendein Erntedankfest. Ihre Ernte ist bestenfalls, dass sie eine neue Religion ernten werden und wenn möglich beitreten sollten. Somit ist es ein aufbewahrtes Geburtstaggeschenk, die dieses Geschenk von Gott zur Bewahrung bis zur Gründung der neuen Religion erhielten, welches die Juden an die Christen dann nach der Geburt des Christentums an sie zu übergeben hatten. Und damit man es nie wieder falsch versteht, nennt man es Pfingsten. Klingt das nicht fantastisch – teuflisch?

Nach der Wiederauferstehung Christi an Ostern empfingen seine Jünger laut der Bibel 50 Tage später den Heiligen Geist, und so wird der Feiertag das „Fest des Heiligen Geists“ genannt. Die Jünger Jesu werden häufig mit Feuerzungen über den Köpfen abgebildet, was die Erleuchtung durch den Heiligen Geist darstellen soll. Jetzt weiß ich auch, wo die Tonsur herkommt. Dem Feuer über den Köpfen der „Erleuchteten“ kommt eine weitere symbolische Bedeutung hinzu: Die Jünger sollten das Evangelium mit großer Begeisterung verbreiten, und dafür „Feuer und

Flamme“ für ihre Aufgabe sein. Und wer sich nicht überzeugen ließ, den verbrannten die sogenannten Gutmenschen, und das viele Jahrhunderte lang. Diesen guten Christen wurde bereits zu den Zeiten der Apostel diese Zerstörungsreligion eingebrannt. Durch eine Taube, die dazu noch der Heilige Geist ist. Das Evangelium wurde fortan, nach dem Besuch des Heiligen Geistes, in fremde Sprachen übersetzt, um Menschen weltweit an die Taten Jesu Christi zu erinnern. Und ich dachte immer, es hätte mit dem Turmbau zu Babel zu tun gehabt. So kann man sich täuschen, auch wenn man kein Christ ist.

Vielerorts wird der Feiertag mit Pfingstbräuchen wie Prozessionen, Pfingstfeuern oder dem Aufstellen von Pfingstbäumen begangen. Heute noch werden zu Pfingsten verschiedene kirchliche Symbole eingesetzt. Die Taube ist eine davon, und diese zählt zu den bekanntesten Pfingstsymbolen und schmückt Kirchenschiff, Kanzel oder Taufbecken. Im Johannesevangelium findet sich der Ursprung der Pfingsttaube: Schon bei der Taufe Jesu soll der Heilige Geist wie eine Taube über ihm geschwebt und dann auf ihn herabgestiegen sein. Daneben symbolisiert die Taube Reinheit und Frieden. Das mit der Reinheit kann aber nicht stimmen. Diese Viecher verschmutzen alles, was sich unter ihnen befindet. Da kennen sie weder Gott noch Teufel. Sie kacken sogar auf die Tempel der Gläubigen, und diese fluchen, was das Zeug und der Wortschatz hergibt. Klar, niemand darf auf ein Haus Gottes kacken, auch wenn es die Nachfahren der himmlischen heiligen Gottestaube sind.

Die Pfingstrose, ein weiteres Symbol für Pfingsten, sieht nicht nur schön aus, sie stellt in der Kirche Reichtum, Heilung und Schönheit dar. Ich habe es ja schon immer gewusst und gesagt, Reichtum ist das, was die Christenreligion anstrebt. Als Pfingstsymbol wird die Rose einer Legende nach verwendet. Eine Frau weinte über die Kreuzigung Jesu, und plötzlich sah sie, dass die Rosen keine Dornen mehr besaßen. Sie hörte zu weinen auf und rief: „Gott hat die Dornen fortgenommen, das Leid hat sich in Freude verwandelt."

Aufgrund der biblischen Feuerzungen (Zunge der Lügen) werden teilweise noch Pfingstfeuer im Rahmen von Gottesdiensten entzündet. Und wenn die Messe zu Ende gesäuselt ist, dann wird der Pfingstochse auf das Feuer gelegt. Den armen Pfingstochsen muss man bedauern, dass er für einen Religionsritus geschlachtet wird. Dieser wird von den menschlichen Pfingstochsen, die wie Rindviecher in die Kirche rennen, um sich geistig, doch für die meisten Clubbesucher selbst nicht zu erkennen, abgeschlachtet, und sie zahlen dabei auch noch die Speisegebühr, welches ihnen wie mit einem riesigen Staubsauger aus den Taschen gezogen wird, für den bereits duftenden Ochsen vor der Kirche. Der Ochse wird dann nach der Messe in der Gemeinschaft der Gläubigen mit kirchlicher Liebe verspeist. Dann wird der wahre Ochse, mit Schwanz und Hörnern, aber ohne Klöten, der sich bereits tot am Spieß dreht und den himmlischen Duft verströmt und mit der letzten gesegneten Ölung noch reichlich bet(r)äufelt wurde, ihnen dann zum Fraß vorgeworfen. So wird dieses Schlachtvieh stellvertretend für die zweibeinigen Ochsen und Esel geopfert.

Auch wird aus ihm dann der Leib Christi. Zumindest ein gesegneter, knuspriger und saftiger Gottesbraten. Aber gegen einen Atheisten hat man auch nichts einzuwenden, wenn auch dieser nicht so gut riecht. Hauptsache aber ist, dass einer weniger von diesem Gesindel auf die Christen und ihre vernarrte Religion schimpfen und lästern kann.

Fronleichnam

„Leib des Herrn", lat. Corpus Christi, der (in der geweihten Hostie anwesende) Leib Christi. Das Fronleichnamsfest, „Hochfest des Leibes und Blutes Christi", ist meist mit einer Prozession verbunden. Das Fest findet immer am 2. Donnerstag nach Pfingsten statt. Nach der Fronleichnamsprozession findet dann ein Fress- und Saufgelage statt, auf Kosten der glaubensverwirrten Pilger, die ihre Penunsen an die Mönche abdrückten. Gott sei Dank gibt es Milliarden Gläubige, die einem elitären Club das Geld hinter herschmeißen, für ein paar nie in Erfüllung gehende, heilsbringende Worte und einen Wischiwaschisegen mit drei Segensfingern. Weiß jemand, dass die kirchlichen Segner zum Segnen eigentlich nur zwei Finger, Zeige - und Ringfinger der rechten Hand, benutzten sollten? Wurde es geändert, als man zu Gottvater und seinem Sohn noch den Heiligen Geist dazu erfand, und so die Trinität schuf, und man deshalb nun drei Segensfinger nutzt? Und nun streiten sich drei in einem um den Himmelsthron O.K., vergesst es, ist ja auch nicht so wichtig – mit der Segnerei von zwei oder drei gichtkranken Fingern.

Mariä Himmelfahrt

Dieses älteste Marienfest der Christenheit gilt der – unbiblischen – Himmelfahrt („Assumptio“) der Mutter Jesu. Das Fest wurde Ende des 6. Jahrhunderts von dem byzantinischen Kaiser Maurikios (582-602) auf diesen Tag gelegt. Die Himmelfahrt Mariä wurde erst 1950 durch Papst Pius XII. dogmatisch bestätigt. Und so rauschte nach dem Sohnemann die Mutter hinter ihrem Jüngling her, um statt seiner für ihn die Herrschaft im Himmel zu übernehmen. Sie ist nun (angeblich) die Herrin des Himmels. Sie ist die Mutter Gottes und des Sohnes und der heiligen Taube. Der Taube, die sich erlaubte, in sie einzudringen, ohne vorher anzufragen, ob sie das auch darf und sie es auch will. Ein kleines Vorspiel, ein wenig Schnäbeln hätte sie sicher sehr erfreut, ehe sie vom Flattermann besamt wurde. Und die Taube muss ja ein Männlein gewesen sein, denn eine Befruchtung gleichen Geschlechts geht ja nicht immer, und ist auch nicht gottgewollt, sagen die Vertreter der Kirche.

Und nun frage ich mich, warum es einen *Herr*scher im Himmel gibt. Antwort: Weil es Männer sind die im Himmel herrschen und keine Weibsbilder (Ausdruck der Kirchenmänner).

Kirchweihfest

Kirchweihe war ursprünglich ein rein kirchliches Fest, an welchem z.T. bis heute in katholischen Kirchen-gemeinden die Kirchweihe in der Kirche mit Gottesdiensten und ggf.

Prozessionen begangen wird. Ab dem 9. Jahrhundert bis heute wurde es auch zu einem weltlichen Fest mit Jahrmärkten und Schaustellern. Getanzt durfte auch werden. Der Jahrmarkt oder die sogenannte „Kirwe“ oder „Kirmes“ konnte den ganzen Sommer über stattfinden, angefangen von den Maifesten bis in den Herbst. Saufen, Fressen und Schwofen für die Herrlichkeit Gottes. Und das fast das ganze Jahr hindurch. Als Bub war mir das Kirchweihfest immer recht, denn da gab es immer die leckeren Kiachal (Ausgezogenen), nein, nicht das, was man jetzt vielleicht denken könnte. Kiachal ist keine Umschreibung für einen nackten Buben oder ein nacktes Mädchen. Nicht dass man jetzt innerhalb der Kirche „Kiachal“ als Kennwort für einen Buben oder Mädchen nutzt, um untereinander kundzutun, dass man einen Buben oder ein Mädchen zum ganz doll liebhaben haben möchte. Eine Bäcker- und Konditoreisüßspeise war es, und die schmeckte allen, und man musste nicht beweisen, dass man ein Christ war – was ich damals zwangsweise aber doch war.

Trinitatis (Dreieinigkeitsfest)

Der Ursprung der Dreifaltigkeitsfrömmigkeit und des Festes kam vermutlich von den benediktinischen Klöstern. 1334 wurde es von Johannes XXII. für die ganze Kirche als ein „Muss“ erklärt. Das lateinische Wort „Trinität“ bedeutet Dreieinigkeit bzw. Dreifaltigkeit. Die Gewänder und Textilien dieses Tages haben die Farbe Grün – wie alle nachfolgenden Sonntage „nach Trinitatis“. Und wer dann bei solch einem Unsinn zur Flasche greift, sieht alles blau ...und furchtbar nüchtern. Entspannt halt!

Prozessionen

Eine Prozession ist ein religiöses Ritual, bei dem eine Menschengruppe einen nach bestimmten Regeln geordneten feierlichen Umzug oder Umgang, meist zu Fuß, vollzieht.

Es gibt Allerheiligenprozession, Fronleichnamsprozession, Palmprozession oder Reliquienprozessionen, Karfreitagsprozession. Es gibt die Flurumgänge oder Flurumritte, wonach jeder Grundeigentümer einmal im Jahr seinen Besitz umschreiten musste, um den Besitzanspruch aufrechtzuerhalten oder Gefahren abzuwenden. Geht das auch, wenn man eine Kirche bzw. ein Kirchenhaus umrundet? Wenn ja, dann aber rasch in die Sportschuhe und die Gotteshäuser gleich mal mehrmals umrunden, um ja sicherzugehen, dass dein auch dein bleibt. Weitere Prozessionen sind Flur- oder Bittprozessionen, Hagelprozessionen und Reiterprozessionen zu Ehren von (Reiter-)Heiligen. Der Osterritt soll nicht vergessen werden. Auch das feierliche Geleit eines neugeweihten Bischofs zum Bischofshaus und die Prozession mit dem Sarg bei einer kirchlichen Begräbnisfeier gehören dazu.

Kirchenprozessionen, typisch katholisch

Nicht nur an Fronleichnam veranstalten Katholiken Prozessionen. Aber es gibt immer noch einen Einzug und einen Auszug. An Prozessionssonntagen wird das Evangelienbuch vom Diakon oder Priester unter Begleitung von Messdienern mit dem Rau(s)chfass zum Lesepult getragen. Die Gaben, Hostien und Wein sowie die während der Gabenbereitung eingesammelten Spenden werden zum Altar gebracht, danach in den Safe verfrachtet oder doch den Armen übergeben? Es gibt auch Prozessionen mit Pferden. Der Leonhardiritt gilt der Segnung der Pferde. Die Christen haben die Prozession nicht erfunden. Man hat römische Traditionen übernommen. Am 25. April gab es im antiken Rom eine Flurprozession, die die Christen, mir nichts dir nichts, übernommen haben.

Fundstück
Schluckbildchen – noch dümmer geht's immer

Auf meiner Entdeckungsreise ins und im Land des Unsinns und des totalen Schwachsinns stieß ich, oh welch Freude für mich, auf dieses absurde und absolut krude kirchliche „**Lebens**hilfs**mittel**". Und ich dachte, ich hätte in meinem ersten kirchenkritischen Buch über alles Seltsame der heiligen katholischen Kirche geschrieben. Denkste, und es geht tatsächlich noch verrückter zu, als ich es mir je erträumt hätte. Wer nichts zum Essen hat, die Kirche um etwas zum Beißen bittet, der bekam (heute auch noch?) geweihte Schluckbildchen zu fressen, aber keinen geheiligten

Messwein dazu, um diese Klebebildchen hinunterzuwürgen. Gepriesen sei die Großzügigkeit der heiligen Katholischen Kirche für so viel Liebe zum hungernden und dürstenden Menschen.

Hier geht es um Schluckbildchen aus früheren Zeiten, die besonders beliebt bei den Bauern, Knechten und Mägden, die die ja nichts in ihren Mägen hatten, waren. Da kam so ein Schluckbildchen aus der Kirche gerade recht, um nicht vor dem Herrn zu verhungern. Das „Mein“, das wenig Geld, war nach der Messe dann plötzlich „Sein“. Als Gegenleistung erhielten die Gläubigen ein geheiligtes Schluckbildchen. Und da ein Bildchen nicht satt macht, rannten sie, nehme ich jetzt mal an, jeden Tag in die Heilige Messe, um nicht nur geistig, sondern auch leiblich versorgt zu werden. Sicherlich gibt es heute noch, an den Wallfahrtsorten verborgen, Schluckbildchen zu erwerben. Die teuren, die alten, die besonders wirksamen. Und wenn man das teuer erworbene Schluckbildchen nicht den Schlund herunter bekommt, weil es nicht schmeckt, kann man es mit etwas Mettwurst bestreichen und mit etwas Wasser aus dem Taufbecken, was ganz sicher das Bild in den Magen sausen lässt, herunterwürgen. Hoffentlich entfaltet es dort dann seine heilige Wirkung – der Glückseligkeit. Wenn nicht, dann stellt sich auf eine andere Art die Heiligkeit ganz schnell und auch ganz ein. Das Schluckbildchen, in Verbindung mit dem Taufwasser, in das jeder seine verrotzten Finger eingetaucht hat, sorgt dann dafür, wenn man nicht was „Heiliges“ verspürt, so doch recht bald für etwas „Drückendes“ im Darm. So reinigt es den Darm und hilft der Darmflora, sich von Unrat zu befreien. So ist das Schluckbildchen auf eine andere Weise ein geheiligtes Heilmittel.

Man stelle sich vor, es würden heute noch überall kirchliche Bilder, nun auch 3D-Bilder, heruntergewürgt, um das Gottesheil zu erlangen. Hier kann ich nur sagen: „Glück auf zum Schluckauf."

Die Christen machen fast alles, um geheiligt zu werden. Da würgen sie auch 3D-Bilder runter oder Labskaus, das sich so leicht kotzt. Ist aber immer noch besser als die geheiligten fleischigen Oblaten, die einem im Hals stecken bleiben, wenn man Pech ... oder doch Glück hat. Und die Viecher, Ochs und Kuh, und Schwein, bekamen den Bilderwahn auch zu fressen. Ja, so war es tatsächlich. Christlicher Wahnsinn sogar im Saustall. Was sind das denn nur für dezente Komiker, den Viechern „heilige Schluckbilder" zum Fressen zu geben?

An vielen Wallfahrtsorten konnten früher Schluckbildchen oder Esszettel – wenn sie nur Text aufwiesen – bogenweise erworben werden. Der Käufer war darauf bedacht, dass der Bogen von einem Geistlichen geweiht worden und nach Möglichkeit auch mit dem am Kaufort verehrten Gnadenbild in Berührung gekommen war. In Gefahr und Not wurden die einzelnen, oft nur briefmarkengroßen Bildchen verschluckt (in Wasser aufgelöst und getrunken) oder auch dem kranken Vieh gegeben. Die zu den Sakramentalien zählenden Schluckbildchen wurden als eine Art Medikament angesehen, denen durch den priesterlichen Segen große Kraft innewohnt. Noch im Jahre 1903 billigte die römische Ritenkongregation die Verwendung der Schluckbildchen, allerdings unter dem Vorbehalt, dass sie nicht in „abergläubischer Absicht“ erfolgt. Damit liegt der Gedanke nahe, dass die Kirche zumindest den Verdacht auf Magie nicht auszuschließen vermochte, aber offensichtlich zu einem Kompromiss mit abergläubischen Praktiken bereit war.

Den Heilbrauch, Esszettel zu schlucken, betrieb man schon in der Antike, und in karolingischen Quellen ist die Rede vom Verspeisen einer in Brot eingebackenen Heiligendarstellung. Na, wenn da einem nicht der Heilige, die Heilige, kreuz und quer im Halse stecken bleibt. Doch die heiligen Schluckspechte sehen und glauben alles, auch wenn nichts da ist. Ach Gott, ist das herzig!

Wie man heute weiß, sollte man den Placeboeffekt nicht unterschätzen, denn nur so wird durch das Glauben an die geweihten, gesundmachenden Schluckbildchen (auch ohne besondere Fürsprache seitens der heiligsten Maria) diese ihre Wirkung, nach Einnahme, auch entfalten.

Um sich von solch irren Versprechen und Taten der Christen zu befreien, hilft kein süßes Bonbon. Da bedarf es schon schärferer Geschütze.

Und jetzt erneut die Frage: Warum kann Jesus Blinde und Lahme heilen, aber keine Bekloppten? Und warum halten die Hüter dieser Bekloppten nicht ihre Fresshacke? Sorry, die Bekehrungsluke?

Hier noch ein Sinnspruch für kluge Christen. Ein kluger Christ wird Atheist. Ein Atheist wird niemals Christ.
Mal ganz ehrlich, im Kirchenkonstrukt gibt es, ganz besonders unter den Prälaten, mehr Atheisten als Christen. Sie sind vergleichbar mit Läusen im Pelz. Sie fressen sich auf Kosten der anderen fett und saugen den Gläubigen das Blut (Geld) aus den Adern (Geldbörsen). Niemand von denen glaubt an den Humbug, den sie jahrelang verzapften und an den sie vielleicht auch selbst mal glaubten. Doch der Herr, ihr Gott, gab ihnen die Einsicht, zu erkennen, dass alles, was sie quatschen, Blödsinn in reinster Form ist. Doch halten sich die meisten der Kirchenfürsten an ihrem Status Quo fest, um weiter saugen zu können, wo immer sich Geld bei den Gläubigen versteckt.

Maria, die Knotenlöserin – mal wieder eine katholische Kuriosität

https://www.br.de/br-fernsehen/sendungen/zwischen-spessart-und-karwendel/maria-knotenloeserin-augsburg-106.html

Wer suchet der findet, und ich habe eine weitere Kuriosität unter den Heiligen gefunden. Ja, das Internet ist schon ein Fundus vom Feinsten. Darin entdeckt man Seltenes und kirchlich Kurioses. Wobei, dieses Heilige ist die Heiligste unter den heiligen Frauen. Es ist die heiligste Maria, die ich als die Knotenmadonna entdeckt habe.

Dass die heilige Madonna Knoten löst, nun, davon habe ich noch nie etwas gehört – bis vor kurzem. Doch gibt es ein Bild der heiligen Mutter Gottes, auf dem zu sehen ist, wie sie, angeblich, einen Knoten löst. Und wo kann man dieses Bild noch sehen? Man kann es in Augsburg, in Argentinien und im Vatikan sehen. Angeblich soll Papst Franziskus 1986 in Augsburg in der Kirche gewesen sein, wo dieses Bild der Knotenlöserin hängt. Er soll von diesem Bild total hin und weg gewesen sein, als er es sah. Papst Franziskus erklärte in einem „Zeit"-Interview, dass er nie in der Fuggerstadt Augsburg die Sankt Peter am Perlach Kirche besucht habe. Soviel zu einer gut gestreuten Lüge, um Pilger in die Kirche zu locken. Und wie es bekannt ist, bringen viele Pilger auch viel Geld in die Gotteshäuser. Warum nicht auch für diese (Lügen)Kirche?

In der Aussage des Bildes heißt es: *„Maria löst den Knoten der Erbsünde"* – von der auch ich, wie zig Millionen andere auch – von Gottes Gnaden - befallen sind.

Als ich das Bild zum ersten Mal im Internet gesehen habe, war ich ein klein wenig irritiert. Was soll das Bild mitteilen? Ganz sicher nicht gleich, dass die Mutter Gottes den Knoten der Erbsünde löst. Und warum soll sie das machen? Wenn das der Fall wäre, um uns von der Erbsünde zu befreien, dann hat doch die Katholische Kirche kein Druckmittel mehr in der Hand, um uns Angst vor der ewigen Hölle einzureden. Alle Menschen, so ihre Behauptung, sind, solange sie nicht getauft wurden, mit der Erbsünde belastet, und wenn man diese nicht durch eine Taufe „wegschwemmt", nach dem Ableben in die Hölle kommt. Nur wenige Ausnahmen gibt es, um der Hölle, sogar mit der Erbsünde, entkommen zu können. Also, kann das Thema: Maria erlöst uns von der Erbsünde, durch das Lösen des Knotens, nicht passen.

Nun, was hat es – aus meiner Sicht gesehen - auf sich mit der Jungfrau Maria, die ein weißes Band mit vielen Schlingen in ihren Händen hält und zu deren Füßen sich eine Mondsichel und eine in sich verknotete Schlange befindet? Es gibt sicher Menschen, die in dem Bild sehen, wie Maria der Schlange (Teufel) den Kopf zertritt und ihm dann noch einen Knoten um den Hals dreht, und das in der Nacht, wenn der Mond ein wenig Licht spendet. Klar doch, entweder sie verdreht der Schlange, dem Teufel, den Hals, oder sie dreht ihm einen dicken Knoten um den „Hals". So kennt man sie, die geheiligte Mutti. Wer nicht spurt, dem dreht sie den Hals um oder flechtet ihm, ihr, eine Schlinge um den Hals, dreht fest zu und behauptet, dass sie das macht, weil sie eine gütige (Sünden)erlöserin ist. Sie sorgt dafür, dass die Sünde gleich im Hals stecken bleibt.

Wie auf dem Bild zu erkennen ist, strickt, häkelt oder spinnt Maria hier nicht, so wie man es von manchen Bildern der heiligen Familie kennt. Nein, sie erlöst den Satansbraten, auf sehr *liebevolle* Weise, von den Sünden. Da kann er, der Satansbua froh sein, dass sie ihm nicht mit einem Schwert den Schädel vom Hals trennt. Sie befreit ihn auf sehr spezielle Art von seinen Sünden. Warum macht sie das denn? Damit der Schlingel wieder zu seinem Himmeldad darf? Ja, sie will den Knoten zwischen dem Höllenfürst und dem Himmelsfürst lösen, damit die beiden wieder eins werden. Man merkt, sie ist schon eine nette Heilige, auch wenn sie es auf sehr seltsame Art zeigt. Ja, der Deife kann froh sein, dass er kein Wurm ist, sonst würde er, fast von Anbeginn der Zeit, am Angelhacken Gottes zappeln.

Oder, soll es heißen, dass die hl. Maria den Knoten, gebunden von der katholischen Kirche, den auch oft unfreiwilligen „Mitgliedern“ löst, um ihnen die Freiheit zu geben, einen anderen Glauben ausüben zu können?

Viele der Zwangsverbundenen (Getauften) wollen sich von den Ketten der römisch/katholischen Kirche befreien. Soll dieses Bild diesen Eindruck vermitteln? Nein, ganz sicher nicht. Mich wundert es schon sehr, dass auf dem Bild nicht auch noch Ketten zu sehen sind. Dies wäre der Hinweis, dass man alle, die dem aufgezwungenen katholischen Glauben (wieder) entsagen wollen, gleich mal in Ketten legt, um sie erneut auf Linie zu bringen.

Es ist sicher bekannt, auch der katholischen Kirche, was sie einst den friedliebenden Puebloindianern angetan haben, als man ihnen deren Religion verbot und ihnen den katholischen Glauben aufzwang, bzw. aufzwingen wollte. Sie rebellierten für ihren Glauben und wurden dafür in Ketten gelegt und auf das Übelste bestraft. Nicht viel anders ging es den Bewohnern aus Afrika, die man verschleppte.

Im südlichen Afrika leben die Himba. Sie sind durch Zwangschristianiserung ihrer Traditionen und ursprünglichen Lebensweise beraubt worden. Auch sie wurden in

Ketten gelegt, um sie gefügig zu machen – auch was den Glauben des Katholizismus betraf.

Lesenswertes findet man unter dem folgenden Link: https://cc.bingj.com/cache.aspx?q=Naturvölker+katholischen+glauben+aufzwingen&d=4548022709913503&mkt=de-DE&setlang=de-DE&w=G9mMrRrSutwUM-EXIf3fJeZwz8qr0Q1_

Südamerika: die Zoé. Mitte der 1980er Jahre drangen Missionare der "New Tribes Mission" trotz strikten Verbots zu den Zoé vor. Sie schleppten Grippeviren ein, die für die Indianer tödlich waren. Obwohl der Kontakt mit den Weißen schreckliche Folgen für die Zoé hatte, ließen die Missionare nicht locker. Sie siedelten die Zoé um, und was war die Folge daraus? Weitere Krankheiten breiteten sich aus. Es war die Schutzbehörde des Landes, die die letzten Indianer in ihr angestammtes Gebiet zurück brachten, um ein Massensterben zu verhindern.
https://www.planet-wissen.de/kultur/voelker/naturvoelker/pwieviernaturvoelker100.html

Soviel zu der Zwangsverbundenheit zum katholischen Glauben. Ja, hier sollte die „*gütige*" Muttergottes den Knoten lösen, um die Menschen vor dem Grauen des christlichen Glauben zu schützen.

Nun, wenn ich mal einen Knoten in meinem Schuhbandl habe, bete ich ab jetzt zu der Knotenlöserin. Vielleicht löst er sich dann wieder auf und ich kann ein Schleiferl am Schuh binden.

Eine Verbundenheit zum katholischen Glauben wird es bei mir wohl nie wieder geben.

Gott ist Tod! – Gott ist tot?

Oh mein Gott, Oh Gott oh Gott, Gott ist tot. Ja, um Gods wuin? Stirbt nun auch das Christentum? Mann, was wäre das geil, doch glaube ich das nicht, denn das Christentum kommt auch ohne Gott aus. Fragt doch mal die mächtigen Herren und Knechte im Vatikan, ob das stimmt, was ich geschrieben habe. Die Antwort wird sein, hinter vorgehaltener Hand: „Ja so ist es, und so war es schon immer. Das Christentum kommt auch ohne einen erfundenen Gott aus.“ Und zum Schluss dieser Bestätigung folgt dann noch der heuchlerische Satz: „Gelobt sei Jesus Christus – Amen.“

Wissen das die Kirchenmänner im Vatikan schon, dass ihr Gott tot ist? Wenn nicht, es ist den meisten von ihnen vermutlich egal, ob er tot ist. Kirchen- und Herrschermotto hierzu: „Ja und, was interessiert das uns?“ Oder: „Gott, wer oder was ist das?“

Darf es noch eine Gottesverleugnung des Priestertums mehr sein? Ja? Dann dieser Satz: „Wen von uns interessiert schon ein Gott?“ Oder: „Wer glaubt denn schon wirklich an einen Gott?“ „Wer an einen alles liebenden Gott glaubt, der ist nicht ganz bei Trost und gehört in die Klapse“. Bayrisch Liebliches aus bayrisch klerikalem Munde hierzu: „Gott, a geh weida, wos ist denn des für a Unsinn? Redn´s doch ned goa so bläd dahea. Kirche und Gott, a so a Schmarrn. Ge hearns ma doch domid auf. Und jezd schaugsd dasd weida kimmsd, mid dem Schmoarn, sonsd fangsd aboa – hosd mi ha?“ So oder so ähnlich kann oder könnte man es im Bayernland vernehmen, wenn man Diener Gottes danach fragt, ob sie wirklich an einen Gott glauben.

Für viele des Klerus ist und war „ER“ eh immer nur ein Hirngespinst oder so etwas wie eine alte Dampflok, die man vor den „Karren voller Müll“ spannt. Dafür war Gott schon immer gut zu gebrauchen. Für sie ist und war er eh immer nur Mittel zum Zweck. Und den Zweck, den kennt man ja bereits zu genüge – aber leider noch nicht alle. So halten sie auch weiter an einer Fantasiegestalt und durch „IHN“ weiter an ihrer Macht fest. Dazu braucht es wahrlich keinen Gott. Und so sterben die Heuchler der Erde, im Talar gewandet, wohl nie aus – so wenig wie die Gier nach Macht über die Menschen. Und nun gedenkt „Seiner“ und lasst „IHN“ hochleben, denn zuletzt tut Gott den Menschen auf Erden doch noch wahrlich Gutes.

Existenzbeweis: Archäologen finden Knochen von Gott

https://www.der-postillon.com/2014/11/existenzbeweis-archaologen-finden.html

Im Internet habe ich gelesen, dass ein internationales Team von Archäologen bekannt gab, dass es ihnen offenbar gelungen ist, bei einer Grabung in Jerusalem die Überreste

Gottes gefunden zu haben. Weltweit sorgte diese Mitteilung in den Medien für Staunen und Aufregung. Das Skelett soll riesig (6,50 Meter) und einem Mann zugeordnet worden – und über 6000 Jahre alt sein. Das Faszinierendste an dem Gesichtsknochen ist aber, dass es einem weißhaarigen Bartträger zugeordnet werden kann. Wie kann man das denn erkennen? Waren noch Bartstoppelreste an dem Gesichtsknochen zu finden?

Neben dem uralten Knochenfund fand man auch Überreste von zwanzig geflügelten Skeletten mit Trompeten und die handsignierter Erstauflage der Bibel. Wer die ganze Geschichte dazu lesen möchte, der findet diese unter dem oben angeführten Link.

Ist es Wahrheit oder eine kleine Lügengeschichte?

Tja, was soll man dazu jetzt sagen? Am besten ... Gott ist tot – Hurra! Und sein Sohn Jesus auch? Nun, daran zu glauben, dass es einen, diesen einen Gott, den Schöpfer allen Seins tatsächlich gibt (gab?), schafft doch die Gewissheit, dass Gott, wie oben gelesen, tatsächlich gestorben ist. Denn nur wer gestorben ist, den gab es auch einmal. Na dann: „Gott sei Dank, dass es ihn, Gott, doch gab, denn sonst wäre er jetzt nicht als tot entlarvt worden. Die, die nicht an ihn glauben, so auch ich, haben jetzt einen herrlichen Grund, sich über seinen Tod zu freuen. Nun, wie jeder weiß, wer tot ist, kann – eigentlich - auch keinen Unsinn mehr anstellen. Dafür danke ich Gott, dass er nun von uns gegangen ist. Hä? Wie das nun? Wenn er tot ist und ich eh nicht an IHN glaubte, wieso danke ich ihn dann? Doch bei

Gott ist nichts unmöglich (gewesen). Vielleicht bekommt er das ja doch mit, dass ich „IHM“ danke, dass er von uns gegangen ist. Das Problem ist, Gott schwirrt weiter in den Köpfen der Menschen herum und lässt ihn so weiter leben. So war es auch bei seinem Sohn.

Auffallend ist, dass man nirgendwo lesen kann, dass Gott nach seinem Tod wieder auferstanden, wieder geboren ist. Egal, das holt er später nach, denn er hat ja alle Zeit der Ewigkeit, um wieder in sein Himmelreich aufzusteigen, oder sich von dem Engelein nach „oben“ tragen zu lassen. Und wer (von) Gott ist, der stirbt niemals. Steht es so nicht in der Bibel, irgendwo in den alten Schriften des Judentums?

Und jetzt zu einem makabreren Knochenfund. Im Israel-Museum gibt es einen Fußknochen mit einem Kreuzigungsnagel zu sehen, was mich jetzt schwuppdiwupp zu der Überlegung bringt, wie man Jesus, nach dessen (angeblichem) Tod vom Kreuz entfernte. Ganz sicher hat man zum Herausreißen der Nägel an Händen und Füßen keine Rohrzange verwendet oder was auch immer man dafür verwendet hatte. Hat man Jesus mitsamt der Nägel vom Kreuz gerissen, so dass die Nägel im Fleisch stecken blieben, wie in diesem Fundstück? Eh egal, weil Jesus schon ... verstorben war? Des Weiteren stellt sich mir auch die Frage, wenn es den Fußknochen Jesu mit dem noch darin steckenden Kreuzigungsnagel als Reliquie gibt, Jesus dann nach seiner dreitägigen Genesungszeit, die Zeit der „Wiederbelebung“, plötzlich ohne Kreuzigungsnagel im Fuß herumgelatscht ist, um Maria und den Jüngern zu erscheinen, später aber wieder der Nagel im Fußknochen steckte, um als Heiligtum erster Klasse angebetet zu werden. Hat man den Nagel nach dem endgültigen Tod Jesu, wann auch immer das war, wieder in dessen Fleisch gerammt? Das kann aber nicht sein, denn Jesus ist unversehrt, makellos in den Himmel aufgefahren – ohne Verletzungen an seinem geheiligten Leib – verkündet man lautstark, wie die Marktschreier an ihren Verkaufsbuden. Wem hat man dann den Nagel in den Fußknochen geschlagen? Waren es gar nicht Jesu Füße, durch die man den Nagel schlug, den die Christen heute so verehren? Hat man einen alten Fußknochen ausgegraben und in diesen dann den Nagel mit harten Schlägen in den Knochen getrieben, um so eine Reliquie zu schaffen, mit der man reichlich Geld von tumben Gläubigen aus deren Taschen ziehen kann, um sich, die Kirche, bereichern zu können? Und da passt so ein Knochen ganz gut, um Mitleid zu schüren und um Geldbeutel zu öffnen.

Und jetzt noch eine Geschichte aus dem Bayernland, dem Land der Berge, des Jodelns und der Lederhosen. Apropos Lederhose. Man denkt ja, so auch die Bayern selbst, zumindest die, die in den Städten leben, dass man schon immer auf dem Bayernland und in den bayrischen Bergen stets nur Lederhosen trug. Das ist ein Trugschluss, denn Lederhosen waren etwas Besonderes und auch sehr teuer. Kaum jemand auf dem Land konnte sich eine hirschlederne Hose leisten. Auch keine kurze. Doch gab es Männer, die hatten echte Hirschlederhosen und trugen diese stolz an festlichen Tagen. So wurde die Lederhose im Bayernland immer beliebter und auch zum Symbol für bayrische

Männer. Und so freuen sich die Nichtbayern, wenn sie die Bajuwaren in Lederhose herumlaufen sehen.

Stolz trugen die Männer ihre Lederhosen, und so geschah es dann, in einem Dorf, mir unbekannt, doch sehr katholisch geprägt, dass Männer mit kurzer Lederhose in die Kirche gingen, und ehe sie sich versahen, vom Pfarrer gleich wieder aus der Kirche geschmissen wurden. Und warum? Weil sie mit „nackertem Knie“ in die Kirche gingen, was in einem (bayrischen) Kirchenhaus ja gar nicht geht. In der Kirche hat man(n) und Frau Beinkleider zu tragen, bei der man die Beine ganz verhüllt. Frage, warum hat der Dorfpfaffe nicht auch Jesus vom Kreuz genommen und auch aus der Kirche geschmissen? Schließlich ist der ja fast gänzlich nackt am Kreuz zu sehen. Vermutlich hat er das Abbild Jesu nicht hinausgeschmissen, weil der da schon die ganze Zeit herumhängt und noch nie das Sittenbild der Gläubigen gestört hat, aber Männerknie, die verstoßen sogar gegen Gottessittenlehre, und das geht ja überhaupt nicht. Tja, der eine darf (fast) nackt im Kirchenhaus herumhängen, und Gutgläubige, mit kurzer Hose, dürfen nicht zur Heiligen Messe kommen, weil man ihre nackten Knie sieht und so vor Gott nicht erscheinen darf. Wahrlich, ich sage euch, wer Verrücktes erleben will, der werde ein Katholik oder ein Christ allgemein.

Jesusgeburtsgeschichte

https://jaegers.net/author/unbekannter-autor/

https://www.willyscharnowstiftung.de/fileadmin/user_upload/documents/Weihnachtsgeschichte_lustig.pdf

Eine nette und witzige Jesugeburtsgeschichte der Neuzeit. Verfasser ist unbekannt.

Was, wenn Weihnachten nicht vor über 2000 Jahren, sondern heute stattgefunden hätte?

DPA: Säugling in Stall gefunden – Polizei und Jugendamt ermitteln.

Schreiner aus Nazareth und unmündige Mutter vorläufig festgenommen.

BETHLEHEM, JUDÄA – In den frühen Morgenstunden wurden die Behörden von einem besorgten Bürger alarmiert. Er hatte eine junge Familie entdeckt, die in einem Stall haust. Bei Ankunft fanden die Beamten des Sozialdienstes, die durch Polizeibeamte unterstützt wurden, einen Säugling, der von seiner erst 14-jährigen Mutter, einer gewissen Maria H. aus Nazareth, in Stoffstreifen gewickelt in eine Futterkrippe gelegt worden war.

Bei der Festnahme von Mutter und Kind versuchte ein Mann, der später als Joseph H., ebenfalls aus Nazareth identifiziert wurde, die Sozialarbeiter abzuhalten. Joseph, unterstützt von anwesenden Hirten, sowie drei unidentifizierten Ausländern, wollte die Mitnahme des Kindes unterbinden, wurde aber von der Polizei daran gehindert. Festgenommen wurden auch die drei Ausländer, die sich als „weise Männer“ eines östlichen Landes bezeichneten. Sowohl das Innenministerium als auch der Zoll sind auf der Suche nach Hinweisen über die Herkunft dieser drei Männer, die sich anscheinend illegal im Land aufhalten. Ein Sprecher der Polizei teilte mit, dass sie keinerlei Identifikation bei sich trugen, aber in Besitz von Gold, sowie von einigen möglicherweise verbotenen Substanzen waren. Sie widersetzten sich der Festnahme und behaupteten, Gott habe ihnen angetragen, sofort nach Hause zu gehen und jeden Kontakt mit offiziellen Stellen zu vermeiden. Die mitgeführten Chemikalien wurden zur weiteren Untersuchung in das Kriminallabor geschickt.

Der Aufenthaltsort des Säuglings wird bis auf weiteres nicht bekannt gegeben. Eine schnelle Klärung des ganzen Falls scheint sehr zweifelhaft. Auf Rückfragen teilte eine Mitarbeiterin des Sozialamts mit: „Der Vater ist mittleren Alters und die Mutter ist definitiv noch nicht volljährig. Wir prüfen gerade mit den Behörden in Nazareth, in welcher Beziehung die beiden zueinanderstehen.“

Maria ist im Kreiskrankenhaus in Bethlehem zu medizinischen und psychiatrischen Untersuchungen. Sie kann mit einer Anklage rechnen. Weil sie behauptet, sie wäre noch Jungfrau und der Säugling stamme von Gott, wird ihr geistiger Zustand näher unter die Lupe genommen. In einer offiziellen Mitteilung des Leiters der Psychiatrie steht: „Mir steht nicht zu, den Leuten zu sagen, was sie glauben sollen, aber wenn dieser Glaube dazu führt, dass – wie in diesem Fall – ein Neugeborenes gefährdet wird, muss man diese Leute als gefährlich einstufen. Die Tatsache, dass Drogen, die vermutlich von den anwesenden Ausländern verteilt wurden, vor Ort waren, trägt nicht dazu bei, Vertrauen zu erwecken. Ich bin mir jedoch sicher, dass alle Beteiligten mit der nötigen Behandlung in ein paar Jahren wieder normale Mitglieder unserer Gesellschaft werden können."

Zu guter Letzt erreicht uns noch diese Info: Die anwesenden Hirten behaupteten übereinstimmend, dass ihnen ein großer Mann in einem weißen Nachthemd mit Flügeln (!) auf dem Rücken befohlen hätte, den Stall aufzusuchen und das Neugeborene zu seinem Geburtstag hochleben zu lassen. Dazu meinte ein Sprecher der Drogenfahndung: „Das ist so ziemlich die dümmste Ausrede vollgekiffter Junkies, die ich je gehört habe."

Warum ich nicht katholischer Priester werden kann

Wenn ich in die heiligen Hallen des geistigen Wahns als Christ möchte, um einem Gott zu dienen, als Prediger, dann geht das nicht, denn es steht, im 3. Buch Moses 21, 16-24 geschrieben: *„Es sprach der Herr zu Moses: "...denn wenn jemand ein körperliches Gebrechen hat, darf er sich nicht nahen, es handle sich um einen Blinden oder Lahmen, einen mit gespaltener oder missgebildeter Nase, mit* *einem gebrochenen Bein oder Arm, um einen Buckligen oder zu Mageren, einer, der weiße Flecken im Auge hat ... oder beschädigte, gequetschte Hoden. Der mit einem leiblichen Gebrechen behaftete darf sich nicht nahen, die Speise seines Gottes darzubringen. Er soll sich dem Altar nicht nähern, weil er ein Leibesgebrechen hat. Er soll meine Heiligtümer nicht entweihen; denn ich bin der Herr, der sie heiligt!"*

Ups, das ein oder andere von Gott aufgeführte, um kein Diener am Altar Gottes zu werden, trifft auf mich zu. Um das gleich mal festzuhalten, gequetscht ist bei mir aber nichts. Einige der körperlichen Beeinträchtigungen sind bei Interessenten des Priesterdienstes sofort zu sehen, andere nicht. Geisteswahn z.B. Das, was man nicht sieht, zum Beispiel die Hoden, um auch als Priester seinen Dienst am Altar verrichten zu dürfen, wird, vermutlich vor der Priesterweihe, in Augenschein und/oder durch Ertasten überprüft. Macht man das heute noch? Wenn ja, wer überprüft die Unversehrtheit der Hoden bereits schon bei den Interessenten? Oder, ob zwei Gaggerl im Sackerl sind? Der weihende Hohepriester, der mit (gierigem) Blick die Manneszeichen in Augenschein nimmt, auch mal mit den Fingerlein tastet, ob auch alles drin ist, was im Beutelchen sein muss, wie Gott es vorschreibt? Bekommt dann der angehende Priestermann, nach Bestehen der „Augen- und Tastprüfung“, oder welcher anderen Prüfungsart auch immer, einen geweihten Gottesstempel (TÜV-Siegel des Vatikans) auf sein potentes Gemächt gedrückt? Damit er gotteskonform sein Geschäft verrichtet? Hallo, das soeben Gelesene ist gar nicht so abwegig. Gibt es im Vatikan nicht einen besonderen Stuhl mit einem Loch in der Sitzfläche, sodass ein bereits geweihter Klerusmann ertasten und sehen kann, noch vor der Papstweihung eines anderen Klerikers, dass ein „echter“ Mann mit zwei Hoden und einem potenten (?) Mannesbengel auf dem Stuhl Petri Platz nimmt? Oder gab bzw. gibt es den besonderen Stuhl nur deshalb, weil man verhindern möchte, dass eine Frau den Petristuhl einnimmt? Warum nicht? Und was würde bei ihr nach Perfektion der Reinheit und Unversehrtheit für den Gottesdienst überprüft? Ist Johanna - die einzige Frau, die 855 zum Papst, zum Oberhaupt der Römisch-Katholischen Kirche gewählt worden sein soll, nur eine Legende, so, wie der „Überprüfungsstuhl“, von dem ich hier geschrieben habe, um ja keine Frau auf dem Heiligen Stuhl zu platzieren? Egal, die Vorstellung wie man überprüft, dass auch wirklich ein Mann auf dem Stuhl Petri Platz nimmt, ist schon witzig.

Warum sollten wir in den Himmel kommen wollen?

Immer wieder wird allen Menschen gesagt, ob Christ, Agnostiker, Atheist, Antichrist, Ungläubiger, Andersgläubiger, oder was auch immer man ist, wer nicht an Gott glaubt, welcher Glauben auch immer zu dem Christengott führt, Hauptsache es ist der christliche Glaube zu Gott, kommt dann nach seinem Tode in die Hölle. Um aber in den Himmel zu kommen, muss man an das Gute, also an Gott glauben und ihn ehren und lieben. Ich habe immer den Verdacht, dass man will, dass man in den Himmel kommt. Aber warum nur? Hier auf Erden ist mir schon klar, warum man will, dass man an Gott, Jesus, die Heiligen, die Engel, und was es auch sonst noch im himmlischen Paradies für Paradiesvögel gibt, glaubt. Damit man Gott ewig anbetet und ewig dienlich ist? Warum will man uns im Himmel haben? Himmelhergottssakrament, das muss doch einen Grund haben? Dieser Gedanke kam mir immer wieder, bis ich dann endlich draufkam, warum wir in den Himmel kommen sollen. Wir sollen die Krieger Gottes werden, um gegen seinen verstoßenen Sohn, den Höllenfürsten, zu kämpfen, der das Himmelreich seines Vaters erobern will. Die Engel, die jetzt noch im Himmel sind, mit Schwert, Knüppel und sonstigen gesegneten Vernichtungs- und Zerstörungswaffen, werden immer weniger und älter – und die kann man nicht mehr auf die vielen Schlachtfelder schicken, um den Teufel und seine Schergen zu bekämpfen, oder auf die Erde senden, wo Christen gegen Christen kämpfen oder gegen Menschen einer anderen Religion, um dort Frieden herzustellen und Liebe zu schaffen.

Kein Mensch, welchem Glaubens auch immer er angehört, soll seinen Gott bitten, dass er seine Krieger auf das Schlachtfeld Erde sendet, um irgendjemanden zu vernichten. Eine Religion, die nur Hass und Mord als etwas Gottgewolltes und Gottgeliebtes an sich zieht, ist keine Religion der Liebe, wie sie die Menschen mit Recht fordern, es erbitten und erflehen. Bisher kenne ich keine Religion, die ohne das Töten von Andersgläubigen und Ungläubigen auskommt. Der Gott, mit dem ich zwangsweise aufwuchs, ist für mich auch heute noch kein Gott der Liebe und des Friedens. Seine Vertreter hier auf Erden schaffen es auch nicht (mehr), mir das weiszumachen. Und nun wieder zurück zum eigentlichen Thema.

Ja, es kann sein, dass es tatsächlich diesen Himmel, das Paradies für Dschungelkämpfer des himmlischen Friedens gibt. Und woher kommen die neuen Kämpfer für das Christenheer? Aus den Rekrutiereinrichtungen der Katholischen Kirche. Man nennt sie Kinderheime und Internate. Dort werden, bzw. sollen die Frischlinge herangezogen werden, um für Gott, zuerst einmal hier auf Erden und dann nach dem Tode im Himmel, für Gott zu kämpfen. Die Alten im Himmel ziehen ganz sicher nicht mehr für Gott in den Krieg. Womit auch? Mit Krücken, im Rollstuhl, geschoben von den Schwestern der Heiligen Agnes T. aus Kalkutta? Himmelherrgott noch a moi, ich war und bin hier auf Erden schon keiner, der für Krieg, Kampf, Zerstörung, Töten und Vernichtung einer Religion ist ... und war. Dann werde ich jetzt ganz sicher nicht zu einem Gotteskrieger, der für Gott sein Leben lässt, weil der Herr sich zu fein ist, selbst die Finger und sein Gewand blutig zu machen, nur damit er sauber und rein, vor allem aber unschuldig wie ein Baby, auf seinem Thron kleben bleiben kann, um von dort zu schauen, wen er noch alles auserkoren könnte, um ihn oder sie zu zerstören, der in Gottesungnade gefallen ist.

Für einen Krieg im Himmel habe ich kein Kämpferherz, auch wenn man dafür, nach reichlich Vernichtungsopfer, dann die Engelsflügel verliehen bekommt. Das ist die Auszeichnung, weil man einen „Feind“ aus der Hölle erschlagen, erdolcht, erwürgt oder zerstückelt hat. Das oberste Ziel eines Kämpfers mit Herz, aber ohne Seele, ist es von einer optimistischen Einstellung zu seinem Himmelsfürsten zu werden, damit man begeistert für IHN seinen Schädel hinhält, wenn es darum geht zu töten, was IHM, und das kommt nicht selten vor, nicht gefällt. Gott verhilft dir zu Kraft, Mut und passenden Waffen, um sie sinngerecht einzusetzen. So wird die Energie eines Gottes darin münden, dass man seine Energie, die er einem verleiht, in etwas Gutes und Zukunftsgerichtetes investiert. Und was soll das sein? Ein Götterbote für die Übermittlung von neuen Tötungsaufträgen an den Vatikan und seine Nebenstellen rund um den Erdball?

Nicht einmal die Kardinäle würden für ihren Gottesabgeordneten, den kirchlichen Maximus, kämpfen, wenn es darauf ankommen sollte. Keiner würde wie Petrus, der ihr erstes irdisches Kirchenoberhaupt war, für den obersten Domspatzen des Vatikans, den Papst, jemandem ein Schwert um die Ohren hauen. Das Rot ihres Gewandes soll zwar das Blut signalisieren, das sie vergießen, mit Einsatz ihres Lebens, wenn sie ihren „weißen Herrn" beschützen sollen. Hahaha, lustig. Da sind die Kardinäle die ersten Gottesflüchtlinge, die mit einem Säckel voller Gold sowie Silber und Edelsteinen schnellstmöglich raus aus dem Papilenstaat wollen. Die alten Knacker, die kämpfen, bis ihr eigenes Blut fließt, um den Dahinsiechenden auf dem Petrusstuhl zu beschützen? Wie lächerlich ist diese Vorstellung. Die meisten von ihnen können selbst nicht mehr allein auf ihren Haxen (Beinen) stehen, geschweige denn kämpfen. Oder gibt es Kardinäle mit einer Kampfsportausbildung (Capoiera, Jiu-Jitsu, Karate, Kickboxen, Krav Maga usw.)? Vermutlich nicht! Die Ollen laufen, wenn sie es noch selbst können, schreiend und heulend davon, um sich und ihren Reichtum möglichst schnell in Sicherheit zu bringen. Und warum soll dann ich noch in diesen Himmel kommen, und dann mit einer glänzenden Rüstung für Gott in den Heiligen Krieg ziehen wollen? Nur damit er sein Reich vor seinem Satansbraten, dem Luzzibuam und dessen Anhänger schützt? Wenn doch Gott die absolute Macht hat, warum führt er dann einen Krieg? Bei ihm müsste doch ein Gedanke, ein Fingerschnippen ausreichen, und schon hätte er seine ewige Ruhe vor dem bösen Buben aus der Hölle. Nicht zu vergessen, Gott führt nicht nur den Krieg mit seinem Höllensohn, sondern auch mit uns Menschen, seiner alles geliebten Schöpfung, die nicht gehorchen will. Um das geradezubiegen, führt er schon seit tausenden von Jahren einen Krieg mit uns, den Menschen. Immer wieder zu sehen an dem unsagbar vielen Leid, das er überall auf der Welt zulässt. Von ihm geschürt, eingefädelt und gewünscht? So führt er vermutlich seinen Krieg – hinterlistig und brutal gegen alles und jeden, der ihm zuwiderhandelt. Nur er selbst ist nie an vorderster Front. Doch dafür hat er seine Generäle, gezüchtet in den Gotteshäusern und Klöstern, die für ihn schon dafür sorgen, dass er Krieg(t) was er will. Und sei es mit Mord und Totschlag in seinem und mit all seinen heiligen Namen, die es für ihn gibt.

Und solange sich das Christentum nicht ändert, zu dem was über sie Gutes gepredigt wird, will ich auch nicht in deren Himmel kommen. Amen.

Kirchenkritik

Eine prominente Person seit der zweiten Hälfte des 20. Jahrhunderts ist der deutsche Historiker, Religions- und Kirchenkritiker Karlheinz Deschner, der zu diesem Thema etliche Werke veröffentlicht hat. Er ist unter anderem der Autor der Kriminalgeschichte des Christentums. Sein zehn Bände umfassendes, sehr umfangreiches Werk, das unter Berufung auf viele überprüfbare Quellen Kritik am Verhalten christlicher Gemeinschaften und Kirchen übt, beleuchtet in geschichtlicher Abfolge eine Zeitspanne von den Anfängen des Alten Testaments bis Anfang des 18. Jahrhunderts. In anderen Werken, wie z.B. „Mit Gott und den Faschisten", kritisiert Deschner die Unterstützung faschistischer Systeme und Individuen durch die Kirchen.

Als ich das erste Mal ein Buch von Karlheinz Deschner in der Hand hatte und mich hineinlas, konnte ich es fast nicht mehr weglegen, so spannend und erschreckend war das, was ich gelesen habe. Viele meiner Vermutungen wurden dabei bestätigt, und das Verlangen, aus der Kirche auszutreten, wurde gefestigt.

Total informativ und sehr überzeugend sind die Bände aus der Reihe der Kriminalgeschichte des Christentums. All die Fakten erschlagen einen, wenn man das liest, was im Namen der Katholischen Kirche den Menschen an Grausamkeiten angetan wurde. Aber nicht nur das, miteinander gingen sie nicht besser um, wie Raubtiere die um das beste Stück Fleisch kämpfen, und das bis aufs Blut. Da werden selbst Päpste und Kinder nicht verschont. Nun, bei den

Päpsten drück ich mal ein Auge zu, doch nicht bei den Kindern. Und heilig war bei den Kirchenfürsten, als sie mächtiger als Könige und Kaiser wurden, keiner. Sie waren schlimmer als der Teufel. Von denen hätte er noch so einiges lernen können oder zumindest sich von den Christen fürchten müssen.

Wer heute die Kirche kritisiert, der macht das mit Recht und zu Recht. Ich nun miteingeschlossen, wenn auch oft mit Wortwitz, spitzer Zunge und vielen Nadelstichen in das Fleisch der lieblosen und der schauspielerisch perfekten Darsteller einer angeblichen philanthropischen Kirche und deren vielen sündigen Darstellern in bunt schillernden Prachtgewändern. Viele von ihnen sind professionell geschulte Darsteller der „Liebeskirche“, andere wiederum Angelernte, die die Propaganda für die Kirche und ihren Glauben nach außen erledigen. Der große Rest der Gläubigen sind die unwissenden Statisten, die dem kirchlichen Schauspiel mit ihrem Zutun den würdigen Rahmen in den immer wieder folgenden Inszenierungen abgeben.

Ganz sicher vergleiche ich mich nicht mit Voltaire, doch trete ich gerne ein wenig in seine Fußstapfen, wenn ich damit die Kirche und ihre verruchten Diener ein wenig nerven und verärgern kann, und/oder ihnen in Erinnerung bringe, wofür ihr Gott und sein Sohn eigentlich stehen. Spaß habe ich gewiss, wenn ich mich über sie lustig mache und um sie spüren zu lassen, wie es sich anfühlt, wenn man sich über andere lustig macht mit falschem Lächeln und heilsverkündenden Versprechungen - ohne Wert, an den vielen gutgläubigen Menschen, die für sie doch nur Einfältige sind, mit denen man solch böses Spiel jederzeit treiben kann.

Mit seiner Kritik am weltanschaulichen Monopol der katholischen Kirche war Voltaire ein Vordenker der Aufklärung. Sein präziser und verständlicher Stil sowie sein oft sarkastischer Witz und seine Kunst der Ironie gelten als unübertroffen.

Kritik an religiösem Verhalten – das nichts (mehr) mit dem Glauben zu tun hat

Ein mir Unbekannter sagte: „Die Kirche lebt heute davon, dass sie nicht ernst genommen wird“ und stellte die „totale Funktionslosigkeit der Kirche“ fest. Auch von den „modischen Pastoren, die das schicke Auto als Beweis avantgardistischer Christlichkeit betrachten“, war die Rede, und einige Geistliche wurden gar schlicht als „klerikale Manager“ und „Geldbeschaffer“ bezeichnet. Hat sich daran was geändert? Ganz sicher nicht.

Was kann noch grundlegend Neues gedacht und gesagt werden, nachdem Aufklärer wie Feuerbach, Marx, Nietzsche, Overbeck und Freud in ihren Schriften die Religion entzauberten? Nur Ignoranten plappern alle Kirchenweisheiten nach, obwohl doch bereits alles kirchlich Gesagte verstaubt und längst widerlegt wurde.

Kurz gesagt, solange es die katholischen Priester und ihre ungeliebten Mitläufer gibt, muss man sie kritisch angehen.

Nur was man immer wieder kundtut, wird einmal in den Köpfen haften bleiben und zum fortwährenden darüber Nachdenken animieren. Und da sich die Kirche nicht der Entropie unterzieht, weil sie viel Energie einbringt, um ihr Konstrukt aus vielen Negativen aufrecht zu halten, muss der kritische Denker, der mit der Kirche nicht einverstanden ist, auf seine Weise dafür sorgen, dass das „Lösungsmittel" tief in die Mauern der Kirche eindringt, sich dort verbreitet und das Mauerwerk bröckeln lässt. Für mich ist das dann eine künstliche, jedoch energiereiche Einbringung, um Entropie durch den freien und wachen Geist entstehen zu lassen. In diesem Fall nicht zur Erhaltung der Kirche, zu deren Standfestigkeit, sondern um sie zu zerstören, sie aufzulösen, bis in ihre einzelnen Bestandteile. Es kommt, so sehe ich es, auf Generationen von Nachkommen mit wachem Verstand an, die dazu beitragen können, darüber aufzuklären, dass die Kirche in ihrer dogmatischen Vorgehensweise gegenüber den Menschen nicht mehr zeitgemäß ist." Die Kirche darf ihr Werk der Schande nicht mehr an den Menschen begehen. Ein sich Wiederholen von oft schon Gesagtem und Geschriebenen, wenn es um Kirchenkritisches geht, ist niemals falsch. Falsch wäre es, dies nicht mehr zu machen, denn dann hat die Kirche für immer die Macht über alle und alles. Und wie sie Macht missbraucht, ist leidlich bekannt. Ich will das nicht in seiner ganzen Fülle erleben müssen, denn mir reicht, was ich selbst erlebt habe.

In der frühen Phase hatte sich das Christentum mit seinen Kritikern durchaus auch argumentativ auseinandergesetzt. Als es dann jedoch, etwa zu Beginn des 5. Jahrhunderts, die nötigen Machtmittel besaß, verbrannte es nicht nur die Schriften seiner Kritiker. Die von den Kirchen – aller Konfessionen – zu verantwortenden unfassbaren Gräueltaten, zumindest in der Zeitspanne vom 4. bis zum 18. Jahrhundert, lösen Erschrecken, Fassungslosigkeit und Wut aus. Eine Wut vor allem darüber, dass die Kirchen diese üblen Kapitel ihrer Vergangenheit bis heute schamlos verleugnen. Sie ist nicht bereit für eine schonungslose Aufarbeitung ihrer oft grausamen Vergangenheit gegenüber den Menschen, die nicht ihren Glauben annehmen wollten. Die ungezählten Opfer kirchlichen Machtmissbrauchs warten noch immer darauf, dass ihnen die Nachfahren ihrer Peiniger öffentlich Respekt erweisen und sie glaubwürdig rehabilitieren. Die meisten Gläubigen wissen wenig über die Inhalte ihrer Religion und so gut wie gar nichts über deren geschichtliche Entwicklung. Viele Medienvertreter glänzen durch blankes Unwissen, übertragen aber medienwirksam inszenierte öffentliche Auftritte des römischen Papstes. Das führt bei Kirchenvertretern zu dem Eindruck, Religion befinde sich wieder im Aufwind. Kritisches Nachdenken über das, was die Medien zeigen und berichten, unterbleibt, und so erscheint es den Kirchenoberen und den Millionen von Christen, dass die schillernd bunten Bilder von diversen kirchlichen Massenveranstaltungen, die sie zu sehen bekommen, der Wahrheit entsprechen. Doch genau genommen ist es dem kleinsten Kirchenmann klar, dass das nicht der Fall ist, doch verbreiten sie weiter und pompös Schönes und Blendendes, immer in der Hoffnung lebend, dass es wieder mit der Kirche aufwärts geht. Wenn man das Gefühl haben will, dass es wieder aufwärts geht, dann sollte man die Schuhabsätze vorne an den Schuhen anbringen. Schon gar nicht gibt es steigende und zahlende Mitgliederzahlen in den beiden großen Kirchen der Bundesrepublik Deutschland. Doch die Kirche beschönigt weiter, was die Zahlen hergeben – und der Gläubige merkt es nicht einmal – auch, weil er es nicht wahrhaben will, dass seine geliebte Kirche, durch seine Propagandaprofis, eine perfekt geschulte Lügnerin ist. Und weil er mit seinem Glauben schon genug zu tun hat. Besonders bei kirchlichen Massenveranstaltungen.

Zum Schluss noch was Aussagekräftiges

In Bezug auf die Legende, die Schriften des Alten Testaments seien von Gott inspiriert entstanden, schrieb Kirchenvater Hieronymus, er wisse nicht, wer sich diese Lüge hat einfallen lassen.

In der Lehrentscheidung vom Konzil von Trient 1545-1563 steht: „Die kanonische Geltung eines Schriftstückes als Bestandteil des Neuen Testaments hängt nicht von dessen Echtheit ab."

Jetzt eine Aussage eines evangelischen Bischofs, dessen ungewollter Satz ganz sicher, wenn auch schweigend, die Kleriker der Katholischen Kirche zustimmen. Bischof Nikolaus Schneider, früher Chef der EKD, verplappert sich in einem Spiegel-Interview (43/2014). Die Androhung ewiger Folterstrafen in einer Hölle sei ein „Geschäft" der Kirchen.

Frage: Was ist das Grausamste, das die Kirche den Menschen antut? Es ist der Untergang der Menschlichkeit durch ihre römisch-katholische Prägung.

Schlusswort

Lieber Leser, ich hoffe, dass ich Ihnen mit diesem Buch einen interessanten, wenn auch kleinen Einblick in und rund um die schillernde Katholische Kirche geben konnte. Mein Bestreben ist und war es, und wird es immer sein, aufzuzeigen wo es bei der angeblichen „Unfehlbarkeit der Katholischen Kirche“ hapert und aufzudecken, dass sie ganz sicher nicht unfehlbar ist, nicht einmal zu ihren eigenen Mitarbeitern. Von den Gläubigen ganz zu schweigen. Was ich mir jetzt zum Schluss wünsche, ist, dass mein Werk den Lesern viel Freude bereitet hat. Denn Freude ist, was ich gerne geben möchte – und das ... mit reichlich Wortwitz.

Herzliche Grüße

Alec Woods

Und jetzt noch ein herzliches **Adiós** (spanischer Gruß: **Zu Gott bzw. Gott befohlen**) das man nicht wörtlich nehmen sollte. Wäre ein Servus besser? Oder ein Tschau, oder ein „Auf Wiedersehen“? Egal, ich wünsche dem Leser für immer eine schöne Zeit.

Danksagung

Einen sehr hohen Anteil an der Fertigstellung dieses Buches, haben die Freunde meiner bereits anderen herausgebrachten Bücher. Sie waren es, die mich immer wieder reizten und lockten, erneut ein Buch zu schreiben, damit ihr Verlangen nach der Art, wie ich Bücher schreibe, zufrieden gestellt wird. Nun, den Wunsch erfülle ich gerne. Vielen Dank an euch alle – ich weiß das sehr zu schätzen.

Ganz besonders bedanken möchte ich mich auch bei Florian Chefai, Deniz Y. Dix und Daniela Wakonigg, die mir die Genehmigungen erteilten, bereits von ihnen veröffentlichte Artikel (Auszüge davon) für mein Buch verwenden zu dürfen. Diese Artikel sind wie kleine funkelnde Diamanten in meinem Buch.

Mein riesengroßer Dank, und dieser kommt von ganzen Herzen, gehört Herrn Artur Lechelt. Mit seiner freundlichen Genehmigung durfte ich Artikel, die auf seiner Homepage stehen, frei für dieses Buch verwenden. Herr Lechelt schenkte mir unbekannte, doch sehr interessante Einblicke in die Kirchenwelt, wie man sie so nicht erleben möchte. Gerne verweise ich auf die Webseite von Herrn Lechelt. www.christentum-hinterfragt.de/kontakt.htm

Lieber Herr Lechelt, Sie haben mich mit Ihrem tollen Kommentar, betreffend meines letzten Buches, sehr erfreut. Vielen lieben Dank dafür. Das war ein Ansporn für dieses und für weitere Bücher.

Und jetzt, ganz zum Schluss, darf ich eine Person nicht vergessen zu nennen – es ist mein „Schwesterherz“ bei der ich mich von ganzem Herzen für ihre großartige Hilfe bedanke. Mit ihrem Sachverstand, was das Lektorieren betrifft, hat sie, ehe das Buch veröffentlicht wurde noch tiefverborgene Ungereimtheiten im Manuskript ausgeräumt. Mit ihrer Hilfe wurde das Buch so erst zu einem wunderbaren Lesewerk.